KB116488

나만의
학생부
만들기

학생과 학부모가 함께 관리하는
나만의 학생부 만들기

지은이 정동완, 김두용, 곽충훈, 장광원
펴낸이 임상진
펴낸곳 (주)넥서스

초판 1쇄 발행 2018년 9월 25일
초판 4쇄 발행 2019년 3월 14일

2판 1쇄 인쇄 2020년 6월 15일
2판 1쇄 발행 2020년 6월 22일

출판신고 1992년 4월 3일 제311-2002-2호
주소 10880 경기도 파주시 지목로 5
전화 (02)330-5500 팩스 (02)330-5555
ISBN 979-11-6165-955-8 43370

저자와 출판사의 허락 없이 내용의 일부를
인용하거나 발췌하는 것을 금합니다.

가격은 뒤표지에 있습니다.
잘못 만들어진 책은 구입처에서 바꾸어 드립니다.

이 도서의 국립중앙도서관 출판예정도서목록(CIP)은
서지정보유통지원시스템 홈페이지(http://seoji.nl.go.kr)와
국가자료공동목록시스템(http://www.nl.go.kr/kolisnet)에서 이용하실 수 있습니다.
(CIP제어번호 : CIP2020022884)

www.nexusbook.com

학생과 학부모가 함께 관리하는

나만의 학생부 만들기

정동완 · 김두용 · 곽충훈 · 장광원 지음

넥서스에듀

셀프 브랜딩으로
원하는 대학에 꼭 들어가자!

여러분은 아직도 학교 활동과 기록을 누가 대신해 주기를 기다리시나요?

학교 활동과 기록의 주인공은 여러분입니다. 즉 여러분이 학생부의 주인공입니다. 중·고등학생들이여! 여러분의 활동과 느끼고 배운 것을 기록하고, 학교 선생님과 소통해 보세요. 자기 알림, 셀프 브랜딩(Self-Branding)으로 세상에 나를 알려야 합니다. 학생과 학부모님이 꼭 알아야 하는 학생부 평가 내용과 나를 브랜딩하는 기법, 학생부 기록에 이르기까지 학생부의 모든 것이 본책에 담겨 있습니다. 관계의 시대, 소통의 시대에서 자신을 전달할 매개체가 있어야 합니다. 그 매개체가 한 권으로 끝내는 학종 필수 매뉴얼 〈나만의 학생부 만들기〉라고 생각합니다. 3시간이면 누구나 학생부 전문가가 될 수 있습니다. 학생부로 내신과 수능 점수를 보강하고 여러분이 원하는 대입의 길을 찾기를 희망합니다.

본책은 교육의 상향평준화를 꿈꾸는 '오늘과 내일의 학교' 연구진에서 개발한 것으로, 1부는 대학 입시, 2부는 학생부의 핵심, 그리고 3부는 심화된 소통을 위한 학생부 항목별 평가, 브랜딩 및 기록으로 구성되어 있습니다. 〈나만의 학생부 만들기〉를 통해 여러분이 원하는 대학에 꼭 들어가기를 기원합니다!

❶	인적사항	난 나다! 특기자 전형
❷	학적사항	나의 학교 이력
❸	출결사항	근면성실하신가요?
❹	수상경력	나를 증명하자!
❺	자격증	전공별 관련 자격증
❻	진로희망	꿈을 정하고, 경험하면서 꿈은 멋지게 성장!
❼	창체의 자율활동	내가 주인공! 자치, 적응, 행사, 특색 자유하자!
	창체의 동아리활동	동아리 짱이 되자! 자리에 대한 책임을 깊게 통감하자!
	창체의 봉사활동	봉사하라! 내가 얼마나 가치 있는 사람인지 알게 될 것이다!
	창체의 진로활동	온 마을이 너를 키울 것이다!
❽	과목별 세부능력 및 특기사항	학생부의 심장! 가장 강력한 스펙은 '교과' 역량!
❾	독서활동상황	독해라! 삶의 멘토를 만나자!
❿	행동특성 및 종합의견	질문하고, 배우는 것을 종합해 보여라!

진로·진학 정보

기관명	홈페이지
강원진로교육원	http://jinro.gwe.go.kr
경기도진로진학지원센터	http://jinhak.goedu.kr
경남진로교육센터	http://www.gne.go.kr/jinro/index.gne
경북진로진학지원센터	http://jinhak.gbe.kr/
광주진로진학정보센터	http://jinhak.gen.go.kr
대구진학진로정보센터	http://jinhak.dge.go.kr/main/main.php
대전진로진학지원센터	http://www.edurang.net/main.do?s=course
부산진로진학지원센터	https://dream.pen.go.kr/center/
서울진로진학정보센터	http://www.jinhak.or.kr/uat/uia/main.do
세종학부모지원센터	http://www.sje.go.kr/parents/main.do
울산진학정보센터	http://jinhak.use.go.kr
인천진로진학지원센터	http://www.ice.go.kr/main.do?s=jinhak
전남진로진학지원센터	https://www.jne.go.kr/index.jne?menuCd=DOM_000000104009000000
전북진로진학센터	http://jinro.jbe.go.kr/main/main.jbe
제주진로진학지원센터	http://jinro.jje.go.kr
충남진로교육지원센터	http://career.edus.or.kr/main.do?s=career
충북진로교육원	http://jinro.cbe.go.kr/home/main.php
커리어넷	http://www.career.go.kr/cnet/front/main/main.do
워크넷	http://www.work.go.kr/jobMain.do
EBSi 진학상담실	http://www.ebsi.co.kr/ebs/ent/enta/retrieveExpEntAdvLst.ebs
기적의 TV, 상담받고 대학가자	http://tbsefm.seoul.kr/cont/tv/Daehakgaja2/index/index.do
한국대학교육협의회	http://www.kcue.or.kr
한국전문대학교육협의회	http://www.kcce.or.kr/web/main/index.do

▶ 센터 사이트 방문 후 필요한 자료 활용하기
▶ 센터를 직접 방문해서 상담을 받거나 사이트에서 온라인 상담 신청 가능
▶ 상담 받은 내용을 포트폴리오에 정리해서 담임선생님과 소통하고 보관하기
  * 사이트에 꼭 들어가서 상담 신청 및 방문 상담을 해야 합니다.

PART 3 학생부 소통 심화 내용

부록 셀프 브랜딩 워크북

나를 브랜딩하는 워크시트 다운로드
www.nexusbook.com

1. 최신 학생부종합전형 완벽 반영

2020 학종 최신개정안 및 2022 대입 개편 방안까지 반영한 최신 학생부종합전형 핵심 내용을 수록하였습니다.

2. 나를 브랜딩하는 셀프 브랜딩 전략

어떻게 하면 눈에 띄고 차별화된 나만의 학생부를 만들 수 있는지 확실한 가이드를 제시합니다.

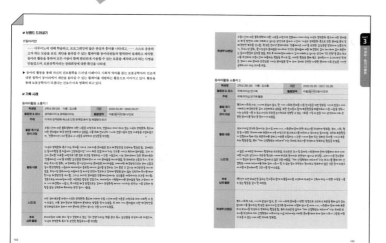

3 생생한 실제 기록 사례

선생님과 학생 소통지의 실제 기록 사례를 통해 나만의 학생부를 만들 수 있는 생생한 가이드라인을 제시합니다.

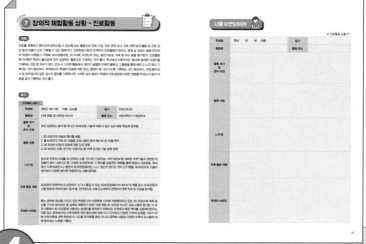

4 대입 성공을 위한 셀프 브랜딩 워크북

부록으로 제공되는 셀프 브랜딩 워크북을 통해 실제 학생부 기재 요령에 따라 나만의 학생부를 만들어 볼 수 있습니다.

2022 대학입학제도 개편방안 &
고교교육 혁신방안에 대한 안내

 1

대입전형 구조 개편

1) 정시 수능위주전형 비율 확대

정시 비율이 30% 이상으로 확대될 수 있도록 권고함. 하지만 학생부교과전형 30% 이상인 대학은 자율에 맡김

> 따라서 상위권 대학은 어쩔 수 없이 정시 비율 30% 이상의 방향으로 갈 것이고, 지방 대학은 정시 비율을 높이는 것에는 부담이 있으므로 교과전형 30% 이상 확대하는 방향으로 변화될 것이라 생각됩니다.

2) 수시 수능최저학력기준 활용

수시 수능최저학력기준 활용은 대학 자율에 맡김. 과도한 수능최저학력기준을 적용할 경우 부정적으로 평가하여 재정지원에 불리하도록 할 예정

> 결국 의치한(의대, 치대, 한의대) 등과 같이 최상위 학과의 경우 최저기준을 적용하는 것을 자율로 하겠지만 일반적으로 최저기준을 적용하는 것에는 부정적 평가를 할 가능성이 있습니다. 그럼에도 불구하고 상위권 대학, 최상위 학과 등에는 여전히 수능최저기준이 적용될 것이라고 생각됩니다.

 2

수능 체제 개편

1) 수능 과목구조 및 출제범위

국어·수학·직업탐구를 공통+선택형 구조로 개편

> 2015 개정교육과정의 과목 중 국어, 수학, 직업탐구에 대한 공통+선택형으로 시험이 개편되었습니다. 여기에서 문제가 될 수 있는 것은 선택과목의 편중입니다. 예를 들어 국어의 경우 화법과 작문, 언어와 매체 중 학생들은 좀 더 쉬운 언어와 매체 과목을 선택할 것이며, 수학의 경우에도 대학에서 가산점이나 과목 지정을 하지 않는다면 비교적 쉬운 확률과 통계로 몰릴 가능성이 높습니다.

사회/과학 탐구의 문·이과 구분을 폐지하고, 자유롭게 2과목까지 선택 가능

> 2015 개정교육과정의 취지와 맞게 나가고자 한 흔적이 보입니다만, 과연 실효성이 있을까 생각되는 부분입니다. 이과계통의 학과에서 과탐 2과목에 가산점을 준다는 등의 기준을 정한다면 큰 의미가 없는 변화가 될 수 있기 때문입니다.

학생의 선택권 확대를 위해 기하, 과학II 과목 출제

> 결국 학생들의 학업 부담이 줄어든 부분이 전혀 없다는 이야기입니다. 이전의 학생들과 마찬가지로 학업량은 그대로입니다. 그리고 대학에서 선택과목을 지정하느냐 혹은 가산점을 주느냐의 문제에 대해서는 잘 살펴 봐야 합니다. 예를 들어 미적분 또는 기하 과목에 가산점을 주거나 필수 선택과목으로 선택하는 학교들이 나온다면 그 부분도 간과할 수 없는 부분이 될 것 같습니다.

과목(영역)	2021 수능	2022 수능
국어	독서, 문학, 화법과 작문, 언어	공통 : 독서, 문학 선택 : 화법과 작문, 언어와 매체 중 택1
수학	학생부종합전형	(문과/이과 구분 폐지) 공통 : 수학Ⅰ, 수학Ⅱ 선택 : 확률과 통계, 미적분, 기하 중 택1
영어	영어Ⅰ, 영어Ⅱ	영어Ⅰ, 영어Ⅱ
한국사	한국사	한국사
탐구	**일반계** : 사회/과학 계열 중 택2 (계열 구분) ※사회 : 9과목 ※과학 : 8과목(과학Ⅰ·Ⅱ)	(문과/이과 구분 폐지) **일반계** : 사회·과학 계열 구분 없이 택2 ※사회 : 9과목 ※과학 : 8과목(과학Ⅰ·Ⅱ)
탐구	**직업계** : 직업계열 중 택2 ※직업 : 10과목 (농·공·상업·수산·가사 5개 계열당 2씩)	**직업계** : 전문공통(성공적인 직업생활) + 선택(5개 계열 중 택1) ※직업 : 6과목 (성공적인 직업생활, 농업기초기술, 공업일반, 상업경제, 수산·해운산업의기초, 인간발달)
제2외국어 / 한문	9과목 중 택1 (독일어Ⅰ, 프랑스어Ⅰ, 스페인어Ⅰ, 중국어Ⅰ, 일본어Ⅰ, 러시아어Ⅰ, 아랍어Ⅰ, 베트남어Ⅰ, 한문Ⅰ)	9과목 중 택1 (독일어Ⅰ, 프랑스어Ⅰ, 스페인어Ⅰ, 중국어Ⅰ, 일본어Ⅰ, 러시아어Ⅰ, 아랍어Ⅰ, 베트남어Ⅰ, 한문Ⅰ)

파란 박스 부분은
절대평가 적용 과목

출처 : 교육부 홈페이지(http://www.moe.go.kr)

2) 수능 평가방법

영어, 한국사, 제2외국어 / 한문 절대평가 실시

비정상적인 아랍어 선택 광풍이 초래한 일이라고 생각합니다. 2022학년도 수능부터는 아랍어를 선택하는 학생이 없어질 것이라 생각됩니다. 또한 전 과목 절대평가로 가기 위한 기본 작업이라고 보는 견해도 있습니다.

3) 수능 EBS 연계율

EBS 연계율 간접 연계로 50%로 축소

이 부분은 많이 걱정되는 부분입니다. 아예 폐지를 하든지, 아니면 아예 연계율을 높이든지 둘 중 하나라도 해야지, 이득을 보는 집단(예를 들어 폐지하면 일반 학생들, 높이면 지방 학생들)이 있을 텐데요, 이 방침은 모든 학생들이 안 할 수도 없고, 그렇다고 집중해서 할 수도 없는 형태로 바뀌었습니다. 왜 이 항목에서 저는 "계륵"이 생각날까요?

❸ 학생부 종합전형 공정성 재고

1) 고교 학생부 기재 개선

과도한 경쟁 및 사교육 유발 요소·항목 등 정비
→ 인적 / 학적사항 : 부모 정보 삭제 후 인적 / 학적 사항 통합

> 원래 입학사정관들이 크게 관심을 가지는 부분이 아니었습니다. 특히 학생의 출신이나 청탁 등의 문제가 생기지 않도록 제공하지 않는 것으로 판단됩니다.

수상경력 : 현행대로 기재하되, 대입 제공 수상경력 개수 제한
→ 대입 제공 수상경력 개수(안) : 학기 당 1개 이내(총 6개까지 제공 가능)

> 이제부터는 대회 참가에 '선택과 집중'이 필요합니다. 하지만 너무 신중한 선택과 집중보다는 자신이 관심을 가지고 진로 희망과 연관 있는 대회에는 준비 과정과 참가하여 배우고 변화된 것으로도 자기소개서나 다양한 분야에 활용할 수 있으므로 적극적으로 확인할 필요가 있습니다.

자율동아리 : 기재 동아리 개수를 학년당 1개로 제한하고, 객관적으로 확인 가능 사항만 기재
→ 동아리명 및 간단한 동아리 설명만 한글 30자 이내(공백 포함)로 기재

> 자율동아리를 크게 축소시켜 학생의 학업역량, 전공적합성, 인성, 발전가능성을 나타낼 수 있는 방법이 줄어들 것으로 보입니다. 특히 전공적합성을 나타내기에 가장 좋은 활동이었으므로 전공적합성을 나타내는 것에 문제가 발생할 수 있습니다. 하지만 학년당 1개는 가능하므로 이제부터 자율동아리는 본인이 흥미를 가지는 분야로 신중하게 선택하여 활동하는 것이 중요하며, 자율동아리 개별 활동은 특기사항에 기재할 수 없으므로 자료를 모아 자기소개서에 사용하는 것이 좋을 것으로 판단됩니다. 그리고 자율동아리 이외의 영역에서 전공적합성을 나타낼 수 있도록 준비하는 것도 좋은 방법입니다.

소논문 활동 : 소논문(R&E)은 학생부 모든 항목에 미기재

> 소논문 또는 R&E 말고 다른 활동(연구보고서, 심화탐구보고서 등)을 한다면 크게 문제가 없을 것이라 생각됩니다. 여기서 문제가 되는 것은 대학교와 연계하여 활동하거나 외부기관과 연계하여 이뤄지는, 고등학생의 수준에서 힘들어 보이는 소논문 또는 R&E라고 생각됩니다. 따라서 일반고의 학생들에게는 큰 문제가 되지 않는 항목입니다.

자격증 및 인증취득 상황 : 현행대로 기재하되 대입 활용자료로 미제공

> 원래 특성화고 학생들을 제외하고는 크게 관심을 가지던 항목이 아니었지만, 간혹 자격증을 따서 기록하는 학생들이 있었습니다. 하지만 이제는 대입 활용 자료로 미제공되므로 학생부종합전형에 영향이 없습니다.

청소년 단체활동 : 학교 밖 청소년 단체활동은 미기재하고, 학교교육계획에 따른 청소년 단체활동은 '청소년 단체명'만 기재

> 청소년 단체명만 기재할 수 있으므로 활동이나 역할은 크게 중요하지 않게 평가됩니다.

학교스포츠클럽 활동 : 학생의 개별적 특성을 중심으로 기재하도록 간소화

방과후학교 활동 : '교과학습발달상황'의 '세부능력 및 특기사항'에 기재하던 '방과후학교 활동'은 학생부에 미기재

> 현재 학생의 관심도, 노력 정도를 나타내는 항목이었으나, 기재하지 않도록 함으로써 학생들의 방과후 수강 자체가 수능이나 학력향상 위주로 흘러갈 가능성이 보입니다.

봉사활동 실적 : 봉사활동 실적은 현행대로 입력할 수 있지만, 봉사활동 특기사항란은 삭제하였습니다.

> 봉사활동 특기사항은 미기재로 바뀌었으나 봉사활동 시간은 입력 가능하므로 크게 문제가 되지 않겠습니다. 필요하다면 종합의견에 봉사활동 특기사항을 입력하면 됩니다.

방과후학교 : '방과후학교 활동'은 학생부에 미기재

> 방과후학교 활동이 학생부에 기재되지 않게 되었으므로 학생들이 자신의 진로나 적성에 맞춰 방과후학교를 선택하기보다는 학업능력을 향상시킬 수 있는 방과후학교 활동을 선택하거나 개인적인 사교육에 의존할 가능성이 높아졌다고 생각합니다.

기재 분량 감축 : 봉사활동 특기사항은 미기재, 나머지 영역들은 과도하다고 생각되는 부분들은 축소하기로 결정하여 아래의 표와 같이 삭제되거나 축소됨.

항목	현행					개선안				
	자율	동아리	봉사	진로	계	자율	동아리	봉사	진로	계
창체 특기사항	1,000	500	500	1,000	4,000	500	500	미기재	700	2,200
행특 종합의견	1,000					500				

> 전체적으로 입력하는 글자 수가 줄었다는 것은 생기부 입력이 정말로 중요해졌다는 뜻입니다. 계획적으로 선생님과 소통하며 활동을 해야 하며, 특히 과목별세부능력 및 특기사항과 행동특성 및 종합의견의 중요성이 더욱 높아질 것이라고 생각됩니다.

2) 대학의 선발 투명성 재고

자기소개서 서식 개선 : 사실 중심 개조식보다는 서술형으로 기술하도록 유도함. 1번, 2번 문항을 통폐합하여 1,500자로 작성하도록 함. 3번 문항은 학생의 개별 특성이 보다 잘 드러나는 방향으로 질문 방식을 개선하여 4개 문항 5,000자를 3개 문항 3,100자로 변경함.

> 자기소개서 1번, 2번 항목이 통폐합되면 좀 더 글쓰기가 쉬워질 것입니다. 3번 문항도 실천 사례가 잘 드러나도록 수정되므로 자신의 경험을 바탕으로 기록해 두고 자료를 모아야 합니다. 자소서는 큰 변화 없이 지금처럼 준비하면 되는데, 글자 수가 줄었으므로 좀 더 짧은 문장에 자신의 생각이나 장점을 나타내야 하므로 글쓰기가 더 중요해졌습니다.

교사추천서 폐지

> 교사추천서가 폐지되었습니다. 따라서 학교생활기록부 중 추천서 역할을 하는 행동특성 및 종합의견이 더욱 중요해졌습니다. 특히 3학년 행동특성 및 종합의견은 평가에 미반영되므로 1, 2학년 자료가 아주 중요합니다.

4

대학별고사 개선

1) 적성고사 폐지 및 논술 폐지 유도

적성고사 폐지 및 논술 폐지는 중하위권 학생들과 내신이 안 좋은 학생들의 중위권, 상위권 학교로의 진학 경로가 사라진다는 것을 의미합니다. 하지만 논술은 폐지 권고이고, 적성은 폐지되오니 그 차이를 기억하면 좋겠습니다.

2) 면접

학생부 기반 면접 원칙, 제시문 기반 구술고사가 필요한 경우에만 하도록 유도

3) 블라인드 면접

블라인드 면접은 학교, 이름 등의 정보를 가린 채 면접 보는 것을 의미합니다. 교복 착용도 금지합니다. 지금도 서울대를 비롯하여 많은 학교들이 블라인드 면접을 하고 있습니다. 하지만 평가자가 학교생활기록부를 꼼꼼히 보면 어떤 학교 출신인지를 알 수 있는 정보들이 포함되어 있으므로 크게 실효성이 있을지는 의문입니다.

4) 진로선택과목

2019학년도 고 1부터 진로선택과목의 경우 석차등급 및 표준편차 미제공, 원점수, 평균, 성취도, 수강자 수, 성취수준별 학생 비율 제공

진로선택과목을 선택할 때 성적에 영향을 받아 과목을 고르지 않도록 하고, 자신의 꿈과 끼에 맞는 적성에 따라 과목을 선택하게 하려는 교육부의 의지가 보입니다. 하지만 각 학교별로 진로선택과목의 절대평가로 인해 성적의 인플레이션 현상을 불러일으킬 수도 있습니다.

학교생활기록부 기재 개선 비교표(고등학교 관련)

순	항목		현행	개선
1	인적사항		학생 정보, 가족상황(부모 성명, 생년월일), 특기사항	**학적사항과 통합** 부모정보(부모 성명, 생년월일) 및 특기사항(가족변동사항) 삭제
2	학적사항		졸업 연월일, 학교명, 검정고시 합격 정보 등	**인적사항과 통합**
3	출결상황		질병·무단·기타	질병·미인정·기타 ※ '무단' → '미인정'
4	수상경력		수상명, 등급(위), 수상연월일, 수여기관명, 참가 대상(참가 인원) 입력	상급학교 진학 시 제공하는 수상경력 개수 제한
5	자격증 및 인증 취득상황		대입자료로 제공	대입자료로 미제공
6	진로희망사항		진로희망, 희망사유 입력	졸업 연월일, 학교명, 검정고시 합격 정보 등
7	창의적 체험 활동 상황	봉사 활동	실적 및 특기사항 기재	**항목 삭제** 학생의 진로희망은 창체 진로활동특기사항에 기재(대입 미제공)
		동아리 활동	**(자율동아리)** 자율동아리명, 활동 내용 등을 특기사항란에 기재	가입 제한은 두지 않고, 기재 가능 동아리 개수를 제한(학년당 1개)하고, 객관적으로 확인 가능 사항(동아리명, 동아리 소개)만 기재
			(소논문) 동아리, 교과세특란에 (논문명, 참여시간, 참여 인원) 기재	소논문 기재 금지
			(청소년단체) 교육과정에 편성된 청소년단체, 학교교육계획에 포함된 청소년 단체, 학교 밖 청소년 단체활동 모두 기재 (단체명, 활동 내용)	**(교육과정에 편성된 청소년단체)** 단체명, 활동 내용 모두 기재 **(학교교육계획에 따른 청소년단체 활동)** 단체명만 기재 **(학교 밖 청소년단체 활동)** 미기재
			(학교스포츠클럽활동) 구체적 활동 내용 (포지션, 대회출전 경력, 역할, 특성 등) 기재	학교스포츠클럽활동 기재 간소화 ※ 정규교육과정 내 : 개인특성 중심 ※ 정규교육과정 외 : 클럽명(시간)
		진로 활동	진로 관련 활동내용 및 상담 내용 등 기재	진로활동 특기사항에 진로희망분야 기재 추가 (대입 자료로 미제공)
		기재 분량	특기사항 기재분량 : 3,000자	특기사항 기재분량 축소 : 1,700자
		누가 기록	NEIS 활용 전산 기재·관리 원칙	누가기록 기재·관리 방법 시도 위임
8	교과학습 발달상황		**(방과후학교)** 방과후학교 활동(수강) 내용 기재	방과후학교 활동(수강) 내용 미기재
			(교과세특) 특기할 만한 사항이 있는 과목 및 학생에 한해 기재	현행 유지
9	독서활동상황 (중·고)		제목과 저자만 입력	현행 유지
10	행동특성 및 종합의견		기재분량 : 1,000자 누가기록 나이스에서 관리	기재분량 축소 : 500자 누가기록 기재·관리 방법 시도 위임

출처: 교육부 홈페이지(http://www.moe.go.kr)

PART 1

대학 입시 분석

01 | 대입전형의 이해

우리나라 대학 입시제도가 1945년 광복 이후 현재까지 무려 25번이나 바뀐 것을 알고 계신가요? 평균 3년에 한 번꼴로 바뀌었다는 계산이 됩니다. 이러한 계산을 살펴보면 "교육은 백년대계이다"라는 말이 무색할 정도인데요, 수능 도입 이후의 상황은 더욱 심각하다는 것이 문제입니다. 무려 25년간 시험 방식이 12번이나 변경되었습니다. 한 치 앞을 내다볼 수 없는 대입 제도에 학생과 학부모는 길을 잃고 안개 속을 헤매는 느낌일 것 같습니다. 하지만 '지피지기면 백전백승'이라 하였으니 이렇게 복잡한 대입제도라 할지라도 바르게 이해하면 좋은 성과를 거둘 수 있습니다. 이에 현재부터 2022학년도 대입전형에 이르기까지 그 전형을 살펴보고자 합니다.

❶ 대입전형 표준화 (4+2 체제)

구분	전형 유형	주요 전형 요소
수시(4개)	학생부교과전형	학생부 교과 내신 성적 등
	학생부종합전형	교과, 비교과, 면접 등(학생부, 자기소개서, 추천서 등 활용)
	논술 위주 전형	논술(+ 학생부 교과) 등
	실기 · 실적 위주 전형	실기 + 학생부(증빙서류 활용 가능)
정시(2개)	수능 위주 전형	수능 성적 (+ 학생부 교과)
	실기 · 실적 위주 전형	수능 성적 + 실기 + 학생부 교과 (+ 면접) (증빙서류 활용 가능)

❷ 대입전형의 방향성과 특징

❶ '대입전형 간소화 방안'의 도입으로 4+2 체제로 정립

❷ 수시는 학생부* 중심, 정시는 수능 중심 체제 유지

❸ 논술 위주 전형 및 특기자 전형의 축소

❹ 학생부종합전형 및 정시전형의 확대

❺ 학령인구 감소를 감안한 대학 전체 모집정원 감소를 추진하고 있지만 급속한 학령인구 감소로 대학입학정원이 수험생의 수보다 많아짐

❻ 고른기회전형 및 지역인재전형 선발 비중의 증가

❼ 전국 대학 선발 인원 : 학생부교과전형 > 학생부종합전형 > 정시(수능 위주 전형) 순

❽ 주요 15개 대학 선발 인원 : 정시(수능 위주 전형)>학생부종합전형>교과전형 순

❾ 대입 공정성 강화방안에 따라 16개 대학**의 정시 선발 비율을 늦어도 2023학년도 대학입시 때까지 40%까지 확대하기로 함

---

* '학교생활기록부'의 줄임말. 이하 '학생부'로 통일함

** 건국대, 경희대, 고려대, 광운대, 동국대, 서강대, 서울시립대, 서울대, 서울여대, 성균관대, 숙명여대, 숭실대, 연세대, 중앙대, 한국외대, 한양대

❸ 주요 전형 설명

가. 학생부교과전형

❶ 학생부 교과(내신성적)를 정량적으로 평가하여 선발함

❷ 면접, 수능 최저기준이 있는 경우 경쟁력과 충족 여부에 대해 판단 후 지원

❸ 모든 전형 중 합격 예측 가능성이 가장 높은 전형

❹ 최상위권 대학에서는 거의 선발하지 않는 전형(선발하더라도 다른 조건이 존재함)

❺ 전국 대학 기준으로 가장 많은 인원을 선발하는 전형

❻ 서울 상위권 15개 대학 기준으로 학생부종합전형과 수능위주 전형에 비해 선발인원이 적은 전형

❼ 지방 거점 국립대학교 & 서울 중위권 대학에 입학하기를 희망하는 학생들이 준비해야 하는 전형

❽ 대학별로 반영과목의 차이와 진로선택과목(3등급제 평가 과목)의 반영 방법이 다름으로 대학별로 내신성적의 차이가 발생할 수 있음

❾ 내신 등급이 좋은 일반고 학생에게 적합한 전형

나. 학생부종합전형(학종)

❶ 학생부 교과(내신성적)와 비교과를 정성적으로 평가하여 선발함

❷ 면접, 수능 최저기준이 있는 경우 경쟁력과 충족 여부에 대해 판단 후 지원

❸ 추천서가 폐지되고 자기소개서도 축소되었으므로 학생부가 가장 중요한 서류이므로 학생부의 항목간 연계성 및 종합적 경쟁력 평가 후 지원을 결정

❹ 전국 대학 기준으로 학생부교과전형 다음으로 많은 인원을 선발하는 전형

❺ 서울 상위권 15개 대학 기준 가장 많은 규모의 모집인원을 가진 전형

❻ 평가 서류의 질이 점점 좋아지고 있어 평가의 어려움을 겪고 있는 전형

❼ 서울 상위권 대학 및 특수대학(과학기술원, 사관학교, 경찰대 등) 지원 시 준비해야 하는 전형

다. 논술 위주 전형

❶ 논술성적과 내신성적을 정량적으로 평가하여 선발함(내신성적의 반영비율이 낮음)

❷ 수능 최저기준 충족 가능성을 반드시 확인 후 지원

❸ 논술시험의 시기에 따라 실질 경쟁률의 차이가 많음(수능 후 논술 전형의 경우 실질 경쟁률이 하락함)

❹ 학생부종합전형이 준비되지 않았다면 서울과 수도권 중상위권 이상 대학을 희망하는 학생들은 반드시 고려해야 하는 전형

❺ 최근 논술 출제 경향 : '고교 교육과정 내 출제', '평이한 문항의 출제'

❻ 전체적으로 논술전형의 선발인원은 감소시키고 정시전형의 선발인원을 증가시키는 추세임

라. 실기 위주(특기자) 전형(수시)

❶ 해당 특기 실적과 학생부를 평가하여 선발함

❷ 대체로 예체능 학생을 위한 전형이나 문학, 어학, 컴퓨터/IT, 수학/과학 특기자도 모집

❸ 대입 공정성 강화 정책의 일환으로 문학, 어학, 수학/과학 특기자의 경우 점점 그 규모가 축소되고 있으나 SW특기자전형은 확대되고 있는 추세임

❹ 학생부종합전형 + 특기의 개념으로 이해하는 것이 좋음

마. 정시(수능 위주 전형)

❶ 수능 성적을 정량적으로 평가하여 선발함

❷ 대입 공정성 강화 정책으로 모집인원이 점점 증가하는 있으며 상위권 대학의 경우 전체 모집인원의 40%까지 확대될 예정임

❸ 패자부활전의 개념이 강해 재도전하는 학생들(반수생, 재수생 등)이 많이 지원함

❹ 2022학년도 부터 서울 상위권 15개 대학 기준 가장 많이 뽑는 전형으로 부상하였음. 결국 2023학년도 부터는 정시(수능 위주 전형)의 인원과 학생부종합전형이 상위권 대학을 지원할 수 있는 최선을 선택이 될 것임

❺ 재학생의 경우 6번의 수시 원서를 접수하고 불합격하는 경우 전형임

02 | 학생부종합전형의 중요성

요즘 학교에서는 내신 성적순이 아닌 진학 결과가 종종 발생합니다. 예를 들어 2.5등급인 학생은 A대학 B학과에 합격했는데 같은 대학, 같은 학과에 지원한 같은 고등학교의 1.5등급인 학생은 불합격하였습니다. 바로 학생부종합전형으로 지원한 경우 발생한 일이지요. 이렇게 학생부종합전형은 기존의 내신 성적과 같은 정량적인 자료만으로 뽑는 것이 아니라 학생의 학업역량, 전공적합성, 인성, 발전가능성 등을 정성적으로 평가하여 뽑습니다. 이렇게 학생부종합전형으로 합격한 학생은 학교 만족도뿐만 아니라 학교에 대한 충성도도 높고, 학점도 다른 전형으로 합격 한 학생에 비해 높습니다. 여기에서 학생부종합전형의 중요성에 대해 조금 더 상세히 알아보고자 합니다.

① 왜 학생부종합전형인가?

❶ 논술이나 수능처럼 1회성 시험을 통한 정량평가로는 학업역량이나 발전가능성을 평가할 수 없어서 미래사회가 요구하는 다양한 인재를 발굴하기 위해 실시되는 전형임

❷ 수능이 실시된 1994년 이후 학원을 통한 입시준비가 보편화 되면서 학교 수업이 소외되고 학교에서 이루어지는 다양한 활동이 명목만 남고 실시되지 않는 것처럼 공교육의 붕괴가 발생함. 이러한 이유로 공교육 정상화의 한 축을 담당하는 전형으로 학생부종합전형을 실시함

❸ 학교생활에 충실한 학생들이 별도의 사교육 없이 대학에 진학할 수 있는 체제를 만들고자 확대된 전형임

❹ 2020학년도 대입 수시모집 인원 비중이 약 78%로 사상 최고 수준이며, 이 중에서도 학생부종합전형은 24% 이상의 비중을 차지해 계속 증가하는 추세를 나타내고 있음. 정부의 정시확대 정책으로 점차적으로 교과전형과 특기자전형 그리고 논술전형의 선발비율은 줄어들고 있으나 학생부종합전형의 선발비율은 일정 수준을 유지하거나 조금 증가하는 추세임

❺ 대학에서 진행한 연구 결과에 따르면, 학생부종합전형으로 선발된 학생들이 수시의 다른 전형이나 정시 전형 입학생들에 비해 높은 학업성취도를 나타냈고 학교와 학과의 만족도 높은 것으로 나타남

❻ 교과성적 이외에도 비교과, 자기소개서, 면접 등 다양한 것을 종합적으로 검토하는 전형이므로 다른 전형에 비해 교과성적이 우수하지 않은 학생들도 준비를 통해 합격할 수 있는 전형임

❼ 수치화된 정량평가의 방식에서 벗어나 다양한 요소를 반영해 정성평가함. 학교에서 이루어진 수업에 대한 충실성이 가장 중요하게 반영되므로 수치적 내신이 아니라 학업 충실성 측면에서의 내신이 중요함

② 학생부종합전형 중요 요소

❶ 학생부종합전형에는 일반적으로 2개의 서류(학생부, 자기소개서)를 제출함

❷ 서류의 중요도는 학생부 〉〉〉 자기소개서의 순서임

❸ 학생이 자신의 학생부를 이해하고 자신의 역량과 활동에 대해 알고 있는 것이 자기소개서를 작성을 하는 데 큰 도움이 됨

❹ 자신의 전공 탐색에 도움이 되는 과목을 선택하여 이수하는 것도 중요한 요소임

❺ 학교가 학생 개개인에게 다양한 교육 경험을 제공할 수 있는 교육과정을 운영하는가도 중요한 요소임

❻ 교과 교육과정 재구성, 수업 방법, 평가, 기록의 내실화를 이루려는 학교의 노력도 중요함

❼ 각 대학의 인재상 및 학생부종합전형 선발 방식을 이해하고 준비하는 것이 중요함

03 | 학생부종합전형 준비하기

앞에서 우리는 대입전형을 이해하고 학생부종합전형의 중요성에 대해 살펴보았습니다. 중요성을 알게 되었으니 이제 우리가 어떠한 방법으로 학생부종합전형을 준비할지 살펴보고자 합니다. 여기에서는 자신이 원하는 학과 및 대학에 들어가기 위해서 학생부종합전형을 준비하기 위한 단계를 보여 주고자 합니다. 자신을 브랜딩하고, 계획 및 목표를 설정하는 것을 준비의 시작으로 인식하고 노력한다면 좋은 결과가 있을 것이라 생각합니다. 자, 그럼 어떤 단계로 준비해야 하는지 살펴보도록 하겠습니다.

❶
진로기반 학생부 브랜딩이 정답이다.

❶ 자신이 하고 싶은 것이 무엇인지, 어떤 분야에 관심이 있는지, 자신의 강점과 약점은 무엇인지 파악하는 것이 중요함

❷ 고등학교 시기의 특성(변화 가능성이 있는 시기)을 알고, 변화를 두려워하지 말고 자신만의 브랜드를 구축하는 것에 중점을 둠

❸ 스스로 선택, 탐색하고 길을 찾아가는 과정을 보여 주어야 함

❷
학교활동을 기반으로 계획을 설정하자

❶ 학생부종합전형은 학교생활을 자기주도적으로 충실히 이행한 학생을 선발하는 전형

❷ 학교에서 제공하는 다양한 교육활동을 파악하는 것이 중요함 (학교교육계획서*, 학교 알리미, 가정통신문 등 참조)

❸ 관심 분야에 대한 도전이나 자신을 알아가는 과정의 중요성에 대해 이해하고 준비함

❹ 모든 과정은 적극적, 자기주도적으로 자신에게 맞게 활동하는 것을 중심으로 계획함

---

* 매년 초 학교에서 발행하는 학교의 모든 교육 계획이 수록된 책자

❸
**어려운 목표를
만나면 피하지 말고
돌파하자**

❶ 소수가 선택하는 어려운 과목*일지라도 나의 관심분야라면 선택함

❷ 상을 받기 힘든 대회일지라도 나의 관심분야 대회라면 참가함**

❸ 고등학생의 수준에서 읽기 어려운 책일지라도 나의 관심분야 책이라면 끝까지 읽음(이해의 정도는 학생에 따라 다를 수 있음)

❹ 실패할지라도 관심분야에 대한 연구보고서 작성 활동을 끝까지 해봄

❹
**기록의 중요성을
잊지 말자**

❶ 학생부종합전형에서 학생부는 제일 중요한 요소 중 하나이므로, 평소의 기록이 중요함

❷ 고1부터 고교 3년간의 모든 활동을 기록하는 습관을 기름

❸ 모든 기록은 활동이 발생한 즉시 취합하여 기록하는 것이 중요함

❺
**가장 중요한 것은
소통이다**

❶ 위의 1번 ~ 4번까지의 모든 활동은 교사와의 소통을 통해 학교생활기록부에 기재되지 않는다면 모두 무용지물이므로 교사와의 소통에 집중하는 것이 중요함

❷ 소통은 수업시간, 쉬는 시간, 중·석식 시간, 자습시간, 특별활동시간 등 어떤 시간에도 가능함을 잊지 말 것

❸ 항목별 소통의 주체를 정확하게 파악하여 소통하는 것이 중요함

" 학생부는 교사가 기록하는 것이다. 이는 불변의 진리이다. 학생들은 단지
자신을 브랜딩하고, 계획을 설정하고, 어려운 목표를 설정하여 노력하고,
그러한 과정을 기록하여 교사와 소통하는 것이 필요할 뿐이다. "

---

* 소인수 과목 – 수강 인원이 13명 이하의 과목으로 원점수와 평균 점수만 기록되는 과목으로 심화과목으로 많이 개설됨

** 대회와 관련된 내용은 수상 실적을 제외하고 학생부 어디에도 입력할 수 없음. 하지만 참가하고 노력한 것은 자기소개서나 추천서에 입력할 수 있으므로 참가를 권장함

04 | 학통(학생 소통) 포트폴리오

'학통'은 학생 소통의 약자로 학생이 교사와의 소통을 통해 학생부를 완성한다는 의미로 만든 단어입니다. 앞서 학생부종합전형 준비하기에서도 보셨듯이 재료를 준비하는 계획하고 활동하는 과정도 중요하지만 그러한 활동들이 학생부에 잘 녹아들 수 있도록 교사와 소통하는 것이 가장 중요합니다. 여기에서는 학생이 교사와 왜 소통해야 하며 어떻게 소통하는 것이 좋은가를 살펴보는 단계입니다. 이 단계를 잘 살펴보고 학통을 위한 포트폴리오 작성의 틀을 익혀 실전에 사용하시기 바랍니다.

①
왜
해야 하는가?

학생부는 선생님과 소통하는 자료이고, 학생부 기록을 위한 활동의 주체는 학생이다. 본인이 활동한 동기, 역할, 느끼고 배운 점, 그리고 후속 활동과 변화를 알리는 방법은 '소통'이다. 우선 자신과의 소통을 통해, 자신의 장점과 진로를 생각해 보고, 친구들과 부모님, 그리고 선생님, 전문가들과 소통을 통해 성장해 가는 과정을 기록해야 한다. 선생님, 부모님과 학통 포트폴리오의 기록을 보며 대화를 하고 피드백을 받는 것이 핵심이다.

❶ 학기 중 활동사항을 기억하기가 어렵기 때문에 기록이 필요함

❷ 선생님과 소통하고 주기적으로 코칭받을 이야깃거리의 기록이 필요함

❸ 학생부 항목별 기재란의 특징을 모르면 기록이 힘듦. 각 항목 포인트의 이해가 필요함

❹ 학생부 각 항목별 자신의 활동 사항과 내용을 체계적, 유기적으로 연결해야 함

❺ 자신의 체험 및 연구활동의 과정에 대한 기록을 통해 자신의 성장을 확인함

❻ 학생의 느끼고 배운 점, 즉 학생의 학교생활 모든 것을 선생님이 알 수 없으므로 자료 제시가 중요함

②
무엇을
해야 하는가?

❶ 학기 중 활동 사항을 포트폴리오에 기록함

❷ 포트폴리오를 가지고, 선생님과 2주에 한 번씩 소통하고 주기적으로 코칭받음

❸ 학생부 항목별 기재란에 쓰여질 내용(왜, 무엇을, 어떻게 했는가의 기록)을 정리함

❹ 학생부 각 항목별 자신의 활동 사항을 누적하며 체계적으로 내용을 정리함

❺ 자신의 체험 및 연구 활동의 과정에 대해 기록함

> **학생부, 무엇을, 어떻게 쓸 것인가?**
>
> 1. 무엇을 쓸 것인가?
>   - 학생의 학교생활을 구체적이고 실질적으로 작성하자
>   - '무엇을 어떻게 배우고 성장했는가?'를 중심으로 작성하자
>
> 2. 어떻게 쓸 것인가?
>   - 학생의 구체적인 활동을 기반으로 특별함에 초점을 맞춰 작성하자

❸ 언제, 어떻게 소통해야 하는가?

❶ 가능한 한 2주에 한 번씩 학통 포트폴리오로 소통함

❷ 포트폴리오를 가지고, 담임 선생님, 교과목 담당 선생님, 동아리 선생님들과 본인이 하고, 느끼고, 배운 점을 공유함

❹ 얼마나 자주 학생부 기록 정리를 해야 하는가?

❶ 1년에 최소 두 번 정리

❷ 7월 1학기 기말 고사 후 정리

❸ 12월 2학기 기말 고사 후 정리

❹ 2월 학생부 점검 및 정정 기간을 통해 1년의 활동을 최종 정리

05 | 대학별 학생부종합전형 평가 요소

학생부종합전형을 평가하는 기준은 각 대학별로 차이가 있으며, 학교별로 정성평가를 하기 때문에 '깜깜이 전형'이라는 말을 듣기도 합니다. 하지만 자세히 살펴보면 학생부종합전형도 많은 부분이 공개되어 있다는 것을 알 수 있습니다. 여기서는 대학별 학생부종합전형 평가 요소를 살펴보려고 합니다. 학교별로 다른 평가 기준을 가지고 있지만 결국은 아래의 표와 같이 4개의 주요 요소를 기준으로 평가할 수 있습니다. 이 4개의 평가 요소는 2019학년도 입시부터 6개 대학(연세대, 중앙대, 경희대, 한국외대, 건국대, 서울여대)이 학생부종합전형 평가 요소로 합의한 것입니다. 따라서 일부 학교의 생활기록부 평가 요소들을 비교해 보고 어떠한 준비를 하는 것이 좋을지 고민해 봅시다.

※ 수도권 대학 일부

대학 \ 평가 요소	학업역량	전공적합성	인성	발전가능성	기타
연세대*, 중앙대, 경희대, 한국외대, 건국대, 서울여대	●	●	●	●	
고려대	●	●	●	●	노력과 성장과정
서울대	●				학업 태도, 학업 외 소양
한양대			●		인성 및 잠재력
경인교육대	●		●		
서강대	●			●	
서울교육대			●		교직적성
서울시립대	●		●		잠재역량
성균관대	●				개인역량, 잠재능력
숙명여대	●	●			전형적합성
이화여대	●			●	학교활동의 우수성
홍익대	●		●	●	열정
한국외대	●	●		●	

---

* 2019학년도부터 6개 대학(연세대, 중앙대, 경희대, 한국외대, 건국대, 서울여대)이 공동 연구하여 4개의 영역으로 나누어 평가하기로 함.

※ 비수도권 대학 일부

대학 \ 평가 요소	학업역량	전공적합성	인성	발전가능성	기타
경북대		●	●	●	자기주도성
경성대	●		●	●	자기주도성
대구경북과학기술원	●				탐구역량, 사회적 역량
부경대	●	●	●	●	자기주도성
부산대	●	●	●	●	
충남대	●	●	●		자기주도성
충북대		●	●		적극성
포항공과대	●				잠재력
한국해양대		●	●	●	(기본소양)
전남대	●		●		
전북대	●	●	●	●	
제주대		●	●		자기주도성
강원대	●	●	●		잠재능력
대구교육대			●		교직능력, 교직적성
진주교육대	●		●		교육 잠재력
부산교육대	●		●		재능, 교직적성
광주교육대	●	●			비교과 활동
공주교육대	●		●		교직역량
청주교육대	●			●	지도자적 성품
춘천교육대	●		●		발전 잠재력
전주교육대	●		●		학습 환경, 학교생활 충실도, 창의적 체험활동
한국교원대		●			발표능력, 의지 및 열정

06 학종 평가 요소* 및 상세보기

앞에서 우리는 각 대학별 학생부종합전형 평가 요소를 알아보았습니다. 이제는 공통적인 평가 요소인 학업역량, 전공적합성, 인성, 발전가능성 각각의 소단위 평가 항목과 학생부의 어떠한 항목에서 평가되는지를 알아보려고 합니다. 이러한 평가 요소와 관련된 학생부 평가 항목의 관계를 안다면 우리가 무엇을 준비해야 할지도 알 수 있지 않을까요?

전공 관련 교과목 이수 및 성취도
고교 교육과정에서 지원 전공(계열)에 필요한 과목을 수강하고 취득한 학업성취의 수준

전공에 대한 관심과 이해
지원 전공(계열)에 대한 궁금증을 해결하기 위해 주의를 기울인 태도와 알고 있는 정도

전공 관련 활동과 경험
지원 전공(계열)에 대한 관심을 충족시키기 위해 노력한 과정과 배운 점

협업능력
공동체의 목표를 달성하기 위하여 상호 신뢰를 바탕으로 함께 돕고 함께 생활할 수 있는 역량

학업성취도
교과목의 석차등급 또는 원점수(평균/표준편차)를 활용해 산정한 학업능력 지표와 교과목 이수 현황, 노력 등을 기반으로 평가한 교과의 성취수준이나 학업적 발전의 정도

나눔과 배려
상대방을 존중하고 이해하여 원만한 관계를 형성하며, 타인을 위하여 기꺼이 나누어 주고자 하는 태도와 행동

소통능력
상대방의 의견을 경청하고 공감할 수 있으며, 자신의 정보와 생각을 효과적으로 전달할 수 있는 역량

학업태도와 학업의지
학업을 수행하고 학습을 해 나가는 자발적인 의지와 태도

학습자가 스스로 학습 목표를 설정하고 적절한 학습 전략을 선택하여 계획을 수립·실행하는 과정

도덕성
공동체의 기본윤리와 원칙에 따라 행동하고, 부정 또는 부당한 행동을 하지 않는 태도

탐구활동
어떤 대상에 대해 호기심을 가지고 깊고 폭넓게 탐구할 수 있는 능력

성실성
책임감을 바탕으로 꾸준히 노력하여 자신의 의무를 다하는 태도와 행동

전공적합성 지원 전공(계열)과 관련된 분야에 대한 관심과 이해, 노력과 준비 정도

학업역량 학업을 충실히 수행할 수 있는 기초 수학 능력

학생부 종합전형 평가 요소

인성 공동체의 일원으로서 필요한 바람직한 사고와 행동

발전가능성 현재의 상황이나 수준보다 질적으로 더 높은 단계로 향상될 가능성

자기주도성
스스로 목표를 설정하고 적절한 전략을 선택하여 계획을 수립하고 실행하는 성향

경험의 다양성
학교 교육의 다양한 영역에서 직접 겪거나 활동하면서 얻은 성장 과정 및 결과

리더십
공동체의 목표 달성을 위해 구성원의 화합과 단결을 이끌어가는 역량

창의적 문제해결력
창조적이고 논리적인 사고로 문제를 해결하는 능력

* 출처 : 연세대 포함 6개 대학 발표 - 대입전형 표준화 방안 연구

학업역량 & 전공적합성

구분	평가 요소	
	1. 학업역량	2. 전공적합성
평가 항목	• 학업성취도 • 학업태도와 학업의지 • 탐구활동(지적호기심)	• 전공 관련 교과목 이수 및 성취도 • 전공에 대한 관심과 이해 • 전공 관련 활동과 경험
학교생활 기록부 항목	1.인적 · 학적사항 　– 직접 반영이 아닌 학교의 형태(특목고, 자사고, 　　일반고)를 참고 3.수상경력 　– 교과 관련 각종 활동 및 프로그램 관련 수상실적 5.창의적 체험활동상황 　– 지적호기심을 해결하기 위한 탐구활동의 유무 　　및 연계성 6.교과학습발달상황 　– 계열별 이수과목 성취도 　– 학기별 학업성취도 추이 6.세부능력 및 특기사항 　– 교내 관련 각종 활동 및 프로그램 참여 　– 이수 교과의 깊이 및 이수 상황 　– 학업에 기울인 노력과 학습경험 　– 탐구형 : 과제연구, 심화탐구, 심화과목 이수 　　등의 활동) 7. 독서활동상황 8.행동특성 및 종합의견	3.수상경력 　– 전공교과목 관련 대회 또는 활동 수상실적 5.창의적 체험활동상황 　– 전공 관련 활동실적의 지속성, 우수성, 다 　　양성 6.교과학습발달상황 　– 전공 관련 교과 학업성취도 및 학기별 성적 　　추이 　–전공 관련 교과목 선택 여부 7.독서활동상황 　–전공 관련 도서의 독서 8.행동특성 및 종합의견 　– 지원동기, 학업계획, 진로계획의 연계성 및 　　고민의 깊이
평가 세부 내용	• 전체적인 교과성적의 정도 및 상승/하락하는 형태 • 국영수과/국영수사 과목의 성적의 정도 및 유난 　히 소홀함을 보인 과목 • 희망 전공(계열)과 관련된 과목 이수 정도 • 전공(계열) 관련 도전적인 과제나 이수를 위해 　기울인 노력 • 전공(계열) 관련 과목과 다른 과목의 성적 차이 • 과목별 이수자 수 • 과목별 원점수, 평균, 표준편차 • 지식획득을 위한 자기주도적 노력 • 자발적 성취동기와 목표의식을 바탕으로 넓고 　깊게 학습하려는 의지와 열정 • 교과 활동으로 지식의 폭 확장 및 새로운 것을 　창출하려는 노력 • 교과수업에 적극적, 집중적, 열정적 참여 • 교과 탐구활동에 적극적 참여 • 교과 탐구활동을 통한 창의적인 결과물 산출 • 학문에 대한 열의와 지적 관심 • 적극적인 탐구 의지와 호기심	• 희망 전공(계열)과 관련된 과목 이수 정도 • 스스로 선택하여 수강한 희망 전공(계열) 　과목의 수 • 희망 전공(계열)과 관련된 교과성적의 정도 • 희망 전공(계열) 관련 흥미와 관심 • 희망 전공(계열)에 대한 올바른 이해 • 자신의 경험과 희망 전공(계열)의 연관성 • 희망 전공(계열) 관련 교과관련활동(세부능력 　및 특기사항, 수상 등) • 희망 전공(계열) 관련 창의적 체험활동(자율, 　동아리, 봉사, 진로) • 희망 전공(계열) 관련 독서 정도 및 수준
자기소개서	자기소개서 1번	자기소개서 1번, 3번

＊ 글로벌 소양(세계화를 이해하고 적절히 대응할 수 있는 능력, 의사소통능력, 다문화적 소양, 열린 마음) 평가. 한국외대의 경우
　글로벌 소양 추가. 다문화를 바라보는 열린 마음, 소통의 자질 필요. 자기소개서 2번 문항으로 확인 가능

인성 & 발전가능성

평가 요소		
구분	3. 인성	4. 발전가능성
평가 항목	• 협업능력 • 나눔과 배려 • 소통능력 • 도덕성 • 성실성	• 자기주도성 • 경험의 다양성 • 리더십 • 창의적 문제해결력

학교생활
기록부 항목
	1.인적 · 학적사항
	  – 직접 반영이 아닌 특기사항의 학교폭력 관련
	    사항 유무확인
	2.출결상황
	  – 무단지각 및 무단결석
	  – 잦은 결과
	3.수상경력
	  – 인성관련 수상
	5.창의적 체험활동상황
	  – 예체능 활동
	  – 공동체정신(리더십, 조정, 화합)
	  – 학업, 동아리, 학생회, 봉사활동, 단체활동 등
	    교내 활동에서의 역량, 협력 및 갈등극복 사례
	6.교과학습발달상황
	  – 세부능력 및 특기사항에서 인성 관련 항목 평
	    가
	8.행동특성 및 종합의견
	  – 나눔, 배려, 공동체 의식
	  – 성실성
	  – 학교폭력 기재사항
		3.수상경력
		  –비전공 관련 다양한 수상
		5.창의적 체험 상황
		  – 자기주도적 교내활동 참여도
		  – 교내 활동의 다양성, 지속성, 우수성
		  – 자율동아리, 리더십(공약실천, 언론)
		  – 동아리, 협력활동, 실험, 논문 등의 교내 각
		    종 활동에 자기주도적으로 도전하여 활동
		    과정에서 창의력, 추진력, 성과 등을 보였는
		    지 평가
		  – 리더십 (2회) / 전교(부)회장
		6.교과학습발달상황
		  – 전공관련 교과목 이외의 교과목
		7.독서활동상황
		  –다양한 영역의 독서 기록
		8.행동특성 및 종합의견

평가 세부
내용
	• 자발적인 협력을 통한 공동의 과제를 완성한 경험
	• 협력이 부족한 상황에서 사람들을 설득하여 협
	  동을 이끌어낸 경험
	• 공동과제, 단체 활동을 참여 및 구성원들로부터
	  의 인정
	• 타인을 위하여 자신의 것을 나누고자 한 구체적
	  경험의 지속성
	• 봉사활동 등을 통한 나눔을 생활화 하고자 하는
	  경험의 지속성
	• 나와 다른 생각을 가진 상대방의 입장을 이해하
	  고 존중하는 노력
	• 학교생활에서 타인을 배려한 본보기로 언급되
	  거나 모범이 된 사례
	• 타인에 대한 경청 및 타인의 관심사항과 요구에
	  대한 공감과 이해
	• 자신의 의견을 효과적으로 표현
	• 자신의 생각이나 의견을 논리적 · 체계적으로
	  기술
		• 교내 다양한 활동에서 주도적, 적극적으로
		  활동을 수행하는가?
		• 새로운 과제를 주도적으로 만들고 성과를
		  내었는가?
		• 기존에 경험한 내용을 바탕으로 스스로
		  외연을 확장하려고 노력하였는가?
		• 체험활동을 통한 다양한 경험
		• 독서활동을 통해 다양한 영역에서 지식과
		  문화적 소양을 쌓기 위해 노력
		• 예체능 영역에서 적극적이고 성실하게 참여
		• 목표를 위해 도전하고 성취한 경험
		• 학생 주도 활동에서 역할을 수행한 경험
		• 구성원의 화합과 단결을 이끌어가기 위한
		  구체적인 행동 경험
		• 공동체의 목표를 달성하기 위해 계획하고
		  실행을 주도한 경험
		• 교내 활동 과정에서 창의적인 발상을 통해
		  일을 진행한 경험

평가 세부 내용	• 새로운 지식, 사고방식에 대한 열린 마음과 적극적 수용 • 집단의 규칙과 규정의 준수 및 지키기 위한 노력 • 타인에게 인정과 신뢰를 얻으며, 바람직한 행동으로 모범이 됨 • 규칙이나 규정을 어긴 경우, 자신의 잘못을 인정하고 개선하려는 노력 • 학업활동 노력의 지속성 및 꾸준함 • 관심분야, 진로 관련 활동의 지속성 • 어려운 상황에서도 일관된 모습으로 최선의 노력을 기울인 경험 • 학생의 의무를 책임감 있게 수행	• 교내 활동 과정에서 나타나는 문제점을 적극적으로 해결하기 위해 노력한 경험 • 주어진 교육환경을 극복하거나 충분히 활용한 경험
자기소개서	자기소개서* 1번, 2번	자기소개서 3번

※ 2022 대입제도 개편안에 따른 자기소개서 서식 개선

▶ 기재 방법 : 사실 중심 개조식보다는 학생의 경험과 생각을 확인 가능한 서술형으로 기술
▶ 문항 통합 : 재학기간 중 각각 '학업 경험'과 '교내 활동'을 쓰도록 한 1번, 2번 문항은 통합하여 1번 문항으로 설정함
▶ 문항 개선 : '배려, 나눔 등에 관한 실천사례'를 쓰도록 한 3번 문항은 학생의 개별 특성이 보다 잘 드러나는 방향으로 질문 방식 개선(대교협 및 대학간 협의를 통한 공동연구를 거쳐 추후 3번 문항 개선안 제시)하여 2번 문항으로 유지함
▶ 글자 수 제한 : 1, 2번 통합 문항은 1,500자 이내, 3번 및 4번 자율문항은 각각 800자 이내로 글자 수 제한. 기존 4개 문항 5,000자 → 3개 문항 3,100자로 축소

---

* 자기소개서(예시문항)
1. 고등학교 재학기간 중 지원한 분야와 관련하여 어떤 노력과 준비를 해왔는지 지원동기와 본인에게 의미가 있는 학습경험, 교내 활동을 중심으로 기술해주시기 바랍니다.(1500자)
2. 고등학교 재학기간 중 공동체(동아리, 학급, 학교 등)에 기여한 교내활동(수업활동 포함)을 본인의 특성이 잘 드러나도록 기술하여 주시기 바랍니다.(800자)
3. 대학 자율문항(800자)

07 | 학생부 항목별 평가 요소

나만의 생활기록부를 브랜딩할 때에 학생부의 각각의 영역에서 어떠한 기준의 평가 요소에 반영되는지 알아보는 것은 중요합니다. 그러한 이유로 앞에서 보았던 학생부 4대 평가 요소의 세부적인 사항들을 생활기록부 항목별 평가 요소로 재배열하면 아래의 표와 같습니다. 이 표를 통해 우리가 생활기록부의 각 영역에서 어떠한 평가 항목에 집중해서 준비해야하는지 알고 접근한다면 훨씬 강력한 생활기록부를 만들 수 있을 것입니다.

항목별 평가 요소

학교생활기록부 영역	평가 요소			
	학업역량	전공적합성	인성	발전가능성
1. 인적사항				●
2. 학적사항	●		●	
3. 출결사항			●	
4. 수상경력	●	●		●
5. 자격증 및 인증취득사항		●		
6. 진로희망사항		●		
7. 창의적체험활동상황		●		●
8. 교과학습발달상황	●		●	●
9. 독서활동상황		●		●
10. 행동특성 및 종합의견	●	●	●	●

2022학년도 대입부터는 수상경력을 학기당 1개만 제공하는 것이 유력합니다. 따라서 수상경력을 통해 나타낼 수 있는 평가 요소가 줄어들 수밖에 없습니다. 하지만 어떠한 수상을 어떠한 항목에 사용할지 정해지지 않은 상황에서 자신에게 필요한 다양한 대회나 활동에 참가하여 수상을 하는 것은 여전히 중요한 것임에 틀림없습니다. 또한 진로희망사항 영역도 삭제되어 그 내용이 창의적체험활동상황의 진로특기사항에 기재할 수 있지만 그 내용은 대입 자료로 제공되지 않습니다. 하지만 자신을 브랜딩할 때에 자신의 진로희망은 큰 목표를 나타내는 것이기 때문에 대입 자료 제공 유무와 관계없이 진로희망을 설정하고 그에 맞게 준비해야 합니다.

08 | 나의 학생부 점수는?

여러분들은 지금까지 학생부종합전형의 평가 방식, 평가 요소 등에 대해 알아보았습니다. 잘 이해하셨나요? 이제는 여러분들의 학생부 점수를 스스로 매겨 봅시다. 이를 통하여 자신의 어떤 평가 요소의 점수가 높은지, 낮은지, 생활기록부의 어떠한 항목이 잘 구성되어 있는지, 부족한지 등을 판단해 볼 수 있습니다. 자신의 생활기록부를 준비하세요. 그리고 질문에 따라 생활기록부의 항목을 꼼꼼히 살펴보시고 질문에 답을 해 보세요. 그리고 그 점수를 계산해 봅시다. 자, 이제 시작해 볼까요?

1. 학업역량

영역	평가 요소	자가평가	평가		
			상	중	하
학업 역량 (30점)	학업성취도	주요 과목 (국영수사/과) 내신 평균은 지원 대학의 학과 평균보다 좋은가? 상 : 학과평균 또는 평균 2등급 이내 중 : 학과평균 +1등급 이내 또는 평균2~4등급 하 : 학과평균 +1등급 또는 평균 4등급 초과	5	3	1
		주요 과목 내신 평균은 상승하고 있는가? 상 : 성적이 추세적으로 상승하였거나 꾸준히 유지한 경우 중 : 특정 시점에 성적이 하락했지만 회복하여 성적이 유지된 경우 하 : 성적이 추세적으로 하락한 경우	5	3	1
		과목에 대한 편차 없이 전체적으로 내신을 유지하고 있는가? 상: 학과평균보다 전과목 내신 평균이 좋거나 비슷한 경우 중: 학과평균보다 전과목 내신 평균이 +1등급 이내로 차이가 나는 경우 하: 학과평균보다 전과목 내신 평균이 +1등급 이상 차이 나는 경우	2	1	0
		주요 과목 관련 수상 실적은 많은가? 상: 관련 수상이 학년당 1건 이상인 경우 중: 관련 수상이 있는 경우 하: 관련 수상이 없는 경우	2	1	0

학업 역량 (30점)	학업태도와 학업의지	새로운 지식을 획득하기 위해 자기주도적인 태도로 노력하고 있는가? 상 : 70% 이상의 과목에 주도적인 태도 구체적 서술 중 : 30%~70%의 과목에 주도적인 태도 구체적 서술 하 : 30% 미만의 과목에 주도적인 태도 구체적 서술	5	3	1

		자발적인 성취동기와 목표의식을 가지고 넓고 깊게 학습하려는 의지
		와 열정이 있는가?
		
		상 : 자발적인 성취동기와 목표의식을 가지고 수업 등 학교 활동 전반에
		   적극 참여
		중 : 자발적인 성취동기와 목표의식을 가지고 수업 등 학교 활동 전반에
		   참가하였으나 적극적인 활동은 잘 나타나지 않음
		하 : 자발적인 성취동기와 목표의식이 잘 드러나지 않지만 활동 전반에
		   참여하려는 노력을 보임
			3	2	1

	탐구활동	학교에서 이루어지고 있는 탐구활동에 적극적으로 참여하고 있는가?
		
		상 : 교과 관련 활동과 창체활동에 깊고 폭넓게 탐구한 내용이 구체적으
		   로 서술
		중 : 교과 관련 활동, 창체활동 중 일부에 깊고 폭넓게 탐구한 내용이 구체
		   적으로 서술
		하 : 깊고 폭넓게 탐구한 내용이 서술되지 않음
			5	3	1

		각종 교과 탐구활동을 통해 창의적인 결과물을 산출하고 있는가?
		
		상 : 교과 탐구활동에서 창의적인 결과물 산출에 대한 구체적인 서술이
		   2회 이상 있는 경우
		중 : 교과 탐구활동에서 창의적인 결과물 산출에 대한 서술이 1회 이상
		   있는 경우
		하 : 교과 탐구활동에서 창의적인 결과물 산출에 대한 서술이 없는 경우
			3	2	1

2. 전공적합성

영역	평가 요소	자가평가	평가		
			상	중	하
전공 적합성 (30점)	전공 관련 교과목 이수 및 성취도	전공(계열)과 관련해 스스로 선택하여 수강한 과목은 많은가? 상 : 스스로 선택하여 수강한 전공(계열) 관련 과목이 전체 선택과목의 　　80% 이상 이수 중 : 스스로 선택하여 수강한 전공(계열) 관련 과목이 전체 선택과목의 　　30%~80% 이내 이수 하 : 스스로 선택하여 수강한 전공(계열) 관련 과목을 일부 이수	3	2	1
		전공(계열) 관련 과목* 내신 평균은 지원 대학의 학과별 평균보다 좋은가? 상 : 학과평균과 차이가 −0.5등급 또는 평균 2등급 이내 중 : 학과평균과 차이가 +0.5등급 또는 평균 3등급 이내 하 : 학과평균과 차이가 +0.5 등급 또는 평균 3등급 초과	3	2	1
		전공(계열) 관련 과목 평균은 상승하고 있는가? 상 : 전공(계열) 관련 성적이 추세적으로 상승하였거나 꾸준히 유지한 경우 중 : 전공(계열) 관련 성적이 특정 시점에 하락했지만 회복되어 유지한 경우 하 : 전공(계열) 관련 성적이 추세적으로 하락한 경우	2	1	0
	전공 관련 활동과 경험	전공(계열) 관련 수상** 실적은 많은가? 상 : 관련 수상이 학년당 1건 이상인 경우 중 : 관련 수상이 있는 경우 하 : 관련 수상이 없는 경우	2	1	0
		다양한 진로활동으로 진로를 결정하였으며, 진로 전공(계열) 관련 심화 활동을 하였는가? 상 : 진로활동에 적극적으로 참여하였으며, 전공(계열) 관련 동아리 활동 　　이 구체적으로 서술 중 : 진로활동에 적극적으로 참여하였으며, 전공(계열) 관련 동아리 활동 　　이 추상적으로 서술 하 : 진로활동에 소극적으로 참여하였으며, 전공(계열) 관련 동아리 활동 　　서술이 거의 없음	5	3	1
		전공(계열) 관련 과목 수업을 통해 자신의 전공 지식, 전공 역량을 높이 는 모습을 보였는가? 상 : 전공 지식, 전공 역량 등을 높이는 활동에 관련된 구체적 서술이 학기 　　당 2회 이상 중 : 전공 지식, 전공 역량 등을 높이는 활동에 관련된 구체적 서술이 학기 　　당 0.5~2회 이내 하 : 전공 지식, 전공 역량 등을 높이는 활동에 관련된 서술이 학기당 0.5 　　회 미만	5	3	1

---

* [학생부종합전형 모집단위별 전공 관련 교과 목록표] 참고 (P.128~130)

** 사회/과학계열 과목들은 1과목으로 인정

			3	2	1
전공 적합성 (30점)	전공 관련 활동과 경험	전공과 관련된 독서를 많이 하였는가? 상: 전공 관련 독서 학기당 4권 이상 중: 전공 관련 독서 학기당 2권~3권 이내 하: 전공 관련 독서 학기당 1권 이하			
	전공에 대한 관심과 이해	진로에 대한 관심과 활동이 구체적으로 드러나는가? 상: 진로희망이 일관적이고 진로에 대한 관심과 사유, 활동이 구체적으로 서술 중: 진로희망이 일관적이고 진로에 대한 관심과 사유, 활동이 추상적으로 서술 하: 진로희망에 변동이 많고, 진로에 대한 관심과 사유, 활동이 부족함	2	1	0
		진로활동을 통해 자신의 진로에 대한 심화탐색 및 고민의 과정이 있었는가? 상: 자신의 진로탐색의 심화과정과 전공에 관련된 활동이 구체적으로 서술 중: 자신의 진로탐색의 심화과정과 전공에 관련된 활동이 추상적으로 서술 하: 자신의 진로탐색의 심화과정과 전공에 관련된 활동이 서술되어 있지 않음	5	3	1

3. 인성

영역	평가 요소	자가평가	평가		
			상	중	하
인성 (15점)	나눔과 배려	학기 또는 학년 단위로 일관성 있는 봉사활동을 통해 태도와 생각이 변화되었는가? 상: 일관성 있는 봉사를 지속적으로 했으며 태도의 변화가 구체적으로 서술 중: 일관성 있는 봉사를 지속적으로 했으며 태도의 변화가 추상적으로 서술 하: 지속적인 봉사활동이 없으며 태도의 변화가 추상적으로 서술	3	2	1
		의미 있는 개인별 봉사활동에 참여하였는가? 상: 유의미한 개별 봉사활동 시수가 학기당 20시간이 넘는 경우 중: 유의미한 개별 봉사활동 시수가 학기당 13~19시간인 경우 하: 유의미한 개인 봉사활동 시수가 학기당 12시간 미만인 경우	3	2	1
	성실성	결석, 지각, 결과 없이 성실하게 학교생활에 임하였는가? 상: 현재까지 개근인 경우 중: 특별한 질병이 없음에도 불구하고 질병결석, 질병지각, 질병결과가 5회 이상 존재하는 경우 하: 특별한 사유 없이 미인정결석, 미인정지각, 미인정결과가 2회 이상 있는 경우	1	-1	-3

영역	평가 요소	자가평가			
인성 (15점)	협업능력 나눔과 배려 소통능력 도덕성 성실성	학교생활에서 학생의 인성적 요소(협업능력, 나눔과 배려, 소통능력, 도덕성, 성실성)가 잘 드러나는가? 상 : 동아리, 학급 활동에서 인성적 요소들 전체가 구체적으로 서술 중 : 동아리, 학급 활동에서 인성적 요소들 중 일부가 구체적으로 서술 하 : 동아리, 학급 활동에 인성적 요소들 중 일부가 추상적으로 서술	5	3	1
		인성(비교과) 관련 수상실적은 많은가? 상 : 관련 수상이 학년당 1건 이상인 경우 중 : 관련 수상이 있는 경우 하 : 관련 수상이 없는 경우	3	2	1
		학교폭력 관련하여 기재된 것이 없는가? 하 : 학교폭력 관련 사항 기재			-10

4. 발전 가능성

영역	평가 요소	자가평가	평가		
			상	중	하
발전 가능성 (25점)	경험의 다양성	기타과목* 및 비전공 관련 다양한 수상실적이 존재하는가? 상 : 적극적으로 참여하여 50%이상의 과목의 활동에 참여한 사실이 구체적으로 서술 중 : 20%~50% 정도의 과목의 활동에 참여한 사실이 구체적으로 서술 하 : 거의 적극적으로 참여하지 않았거나 20% 미만의 과목의 활동에 참여한 사실이 서술	2	1	0
		체험활동(자율, 동아리, 봉사, 진로)을 통해 다양한 경험을 쌓았는가? 상 : 유의미한 체험활동이 학기당 5건 이상 구체적으로 서술 중 : 유의미한 체험활동이 학기당 3~4건 이내 구체적으로 서술 하 : 유의미한 체험활동이 학기당 2건 이하 구체적으로 서술	2	1	0
		독서를 통해 다양한 영역에서 지식과 문화적 소양을 쌓았는가? 상 : 학기당 평균 독서량이 10권 이상 중 : 학기당 평균 독서량이 4 ~ 9권 이내 하 : 학기당 평균 독서량이 3권 이하	3	2	1
	리더십	학생회, 동아리 등 학생 주도 활동에서 역할을 수행한 경험이 있는가? 상 : 학생 주도 활동에서 주도적 역할 수행이 학기당 1회 이상 서술(구체적 임원 경력과 변화 포함) 중 : 학생 주도 활동에서 주도적 역할 수행이 학기당 0.5회~1회 이내 서술(구체적 임원 경력과 변화 포함) 하 : 학생 주도 활동에서 주도적 역할 수행이 잘 드러나지 않거나 임원 경력이 있으나 변화가 서술되지 않은 경우	3	2	1

* 기타과목 : 국영수사/과 제외한 과목

발전 가능성 (25점)	자기주도성	진로에 대한 자기주도적 노력이 구체적으로 드러나는가? 상 : 진로희망을 이루기 위한 자기주도적 노력이 구체적으로 서술 중 : 진로희망을 이루기 위한 자기주도적 노력이 추상적으로 서술 하 : 진로희망을 이루기 위한 노력이 서술되어 있지 않음	2	1	0
		동아리활동에서 새로운 도전과 탐구활동을 자기주도적으로 구성하여 활동하였는가? 상 : 동아리활동에서 새로운 도전과 탐구에 대해 2회 이상 구체적 서술 중 : 동아리활동에서 새로운 도전과 탐구에 대해 구체적 서술 하 : 동아리활동에서 새로운 도전과 탐구에 대해 추상적 서술	3	2	1
		교내 활동(수업 포함)에 주도적이며 적극적으로 참여하고 활동하였는가? 상 : 70% 이상의 과목 세특에 자기주도적 참여가 구체적 서술 중 : 30%~70%의 과목 세특에 자기주도적 참여가 구체적 서술 하 : 세부 능력 및 특기사항에 자기주도적 참여가 일부 기록되어 있거나 기록되어 있지 않음	5	3	1
	창의적 문제해결력	교내 활동 과정에서 창의적인 발상을 통해 일을 진행하였거나 문제점을 적극적으로 해결하기 위해 노력하였는가? 상 : 창의적인 발상을 통해 일을 진행하였거나 문제점을 적극적으로 해결하기 위한 노력이 학기당 평균 1회 이상 구체적으로 서술 중 : 창의적인 발상을 통해 일을 진행하였거나 문제점을 적극적으로 해결하기 위한 노력이 학기당 평균 0.5회~1회 이내 구체적으로 서술 하 : 창의적인 발상을 통해 일을 진행하였거나 문제점을 적극적으로 해결하기 위한 노력이 추상적으로 서술되었거나 없는 경우	5	3	1

❶ 점수대별 평가

▶ 학통의 강자(70-100) : 학생부의 전투력이 상당히 높은 편임. 지금과 같이 계속 열심히 준비한다면 원하는 대학과 학과에 충분히 합격 가능

▶ 학통의 일반인(40-69) : 대부분의 학생이 해당하며 강점은 자신 있게 지속적으로 활동하고, 약점은 가이드를 통해 보완하면 학통의 강자로 등극할 수 있음

▶ 학통의 약자(0-39) : 본인이 잘하고 좋아하는 진로 설계부터 천천히 만들어 가보면서 매일매일 노력하는 스스로를 칭찬하고, 한 학기 있다가 다시 평가해 보길 권장함

※이것은 대략적인 참고자료이지, 실제 평가점수는 아님. 학생부종합전형의 평가 자체가 정량평가가 아니고 정성평가이므로 이 점수는 본인의 학생부 준비 정도를 수치적으로 확인하기 위한 보조자료 이상의 의미는 갖지 않음을 기억하자.

❷ 개인 점수의 강점(자신 있게)**과 약점**(보완해 가기)

평가 항목	중학목	내 점수	강점	약점	총점
학업역량	학업성취도				14
	학업태도와 학업의지				8
	탐구활동				8
전공적합성	전공 관련 교과목 이수 및 성취도				8
	전공 관련 활동과 경험				15
	전공에 대한 관심과 이해				7
인성	나눔과 배려				6
	성실성				1
	협업능력, 나눔과 배려, 소통능력, 도덕성, 성실성				8
발전가능성	경험의 다양성				7
	리더십				3
	자기주도성				10
	창의적 문제해결력				5
합계					100

※총점 대비 나의 점수의 비율이 50%를 넘어선다면 강점, 넘지 않는다면 약점에 체크해 보고 약점으로 체크된 부분을 Part 3을 참고하여 관련 활동으로 약점을 보완하여 강점으로 만들자.

학생부종합전형 비교과 분석

	1~2등급	3~4등급	5등급 이하	일반고	특목자율
'R&E 소논문 수	0.5건	0.3건	0.2건	0.4건	0.9건
임원(학급, 전교, 동아리) 학기수	2.9학기	2.2학기	1.5학기	2.4학기	2.5학기
독서량	22.8권	17.1권	12.5권	18.8권	22.5권
봉사활동 시간	117.4h	103.5h	95h	110.5h	104.3h
학기당 평균 동아리	1.4개	1.2개	1.1개	1.2개	1.3개

09 | 나만의 학생부 만들기

정량평가가 절대적인 것이 아니라는 것을 다시 한 번 말씀드립니다. 여기에서 계산한 점수는 스스로 무엇이 강점, 약점인지를 알아보기 위한 방법입니다. 자, 만족하셨다면 부족한 요소(없다면 상대적으로 부족한 요소)를 찾아서 그 요소의 할 일을 적어 보고, 만족하지 못했다면 가장 부족한 요소를 중심으로 할 일을 적어 봅시다. 그럼, 이제부터 나만의 학생부 만들기를 해 볼까요? 점수를 계산한 파일을 참고하여 자신이 무엇을 더 한다면 그 영역의 점수를 높일 수 있을까를 기본으로 접근해 봅시다. 먼저, 자신이 생각할 때 가장 좋은 할일들을 위주로 적어 봅시다. 그 후 각 영역별 생기부 할일을 참고하여 학교생활을 기획하고 실천한다면 6개월 후 지금보다 훨씬 높은 점수의 생기부평가 점수를 받을 수 있을 것입니다.

1. 학업역량(30점)

평가 요소	자가평가	할 일 적어보기
학업 성취도	주요과목(국영수사/과) 내신 평균은 지원 대학의 학과 평균보다 좋은가? 상 : 학과평균 또는 평균 2등급 이내	
	주요과목 내신 평균은 상승하고 있는가? 상 : 성적이 추세적으로 상승하였거나 꾸준히 유지한 경우	
	과목에 대한 편차 없이 전체적으로 내신을 유지하고 있는가? 상 : 학과평균보다 전과목 내신 평균이 좋거나 비슷한 경우	
	주요과목(국영수사/국영수과) 관련 수상실적이 있는가? 상 : 관련 수상이 학년당 1건 이상인 경우	
학업태도와 학업의지	새로운 지식을 획득하기 위해 자기주도적인 태도로 노력하고 있는가? 상 : 70% 이상의 과목에 주도적인 태도 구체적 서술	
	자발적인 성취동기와 목표의식을 가지고 넓고 깊게 학습하려는 의지와 열정이 있는가? 상 : 자발적인 성취동기와 목표의식을 가지고 수업 등 학교 활동 전반에 적극 참여	
탐구할동	학교에서 이루어지고 있는 탐구활동에 적극적으로 참여하고 있는가? 상 : 교과 관련 활동과 창체활동에 깊고 폭넓게 탐구한 내용이 구체적으로 서술	
	각종 교과 탐구활동을 통해 창의적인 결과물을 산출하고 있는가? 상 : 교과 탐구활동에서 창의적인 결과물 산출에 대한 구체적인 서술이 2회 이상 있는 경우	

2. 전공적합성(30점)

평가 요소	자가평가	할 일 적어보기
전공 관련 교과목 이수 및 성취도	전공(계열)과 관련해 스스로 선택하여 수강한 과목은 많은가? 상 : 스스로 선택하여 수강한 전공(계열) 관련 과목이 전체 선택과목의 80% 이상 이수	
	전공(계열) 관련 과목 내신 평균은 지원 대학의 학과별 평균보다 좋은가? 상 : 학과평균 − 0.5등급 또는 평균 2등급 이내	
	전공(계열) 관련 과목 평균은 상승하고 있는가? 상 : 전공(계열) 관련 성적이 추세적으로 상승하였거나 꾸준히 유지한 경우	
전공 관련 활동과 경험	전공(계열) 관련 수상실적은 있는가? 상 : 관련 수상이 학년당 1건 이상인 경우	
	다양한 진로활동으로 진로를 결정하였으며, 진로 전공(계열) 관련 심화활동을 하였는가? 상 : 진로활동에 적극적으로 참여하였으며, 전공(계열) 관련 동아리 활동이 구체적으로 서술	
	전공(계열) 관련 과목 수업을 통해 자신의 전공 지식, 전공 역량을 높이는 모습을 보였는가? 상 : 전공 지식, 전공 역량 등을 높이는 활동에 관련된 구체적 서술이 학기당 2회 이상	
	전공과 관련된 독서를 많이 하였는가? 상 : 전공 관련 독서 학기당 3권 이상	
전공에 대한 관심과 이해	진로에 대한 관심과 활동이 구체적으로 드러나는가? 상 : 진로희망이 일관적이고 진로에 대한 관심과 사유, 활동이 구체적으로 서술	
	진로활동을 통해 자신의 진로에 대한 심화탐색 및 고민의 과정이 있었는가? 상 : 자신의 진로탐색의 심화과정과 전공에 관련된 활동이 구체적으로 서술	

3. 인성(15점)

평가 요소	자가평가	할 일 적어보기
나눔과 배려	학기 또는 학년단위로 일관성 있는 봉사활동을 통해 태도와 생각이 변화되었는가? 상: 일관성 있는 봉사를 지속적으로 했으며 태도의 변화가 구체적으로 서술	
	의미 있는 개인별 봉사활동에 참여하였는가? 상: 유의미한 개별 봉사활동 시수가 학기당 20시간이 넘는 경우	
성실성	결석, 지각, 결과 없이 성실하게 학교생활에 임하였는가? 상: 현재까지 개근인 경우	
협업능력 나눔과 배려 소통능력 도덕성 성실성	학교생활에서 학생의 인성적 요소(협업능력, 나눔과 배려, 소통능력, 도덕성, 성실성)가 잘 드러나는가? 상: 동아리, 학급 활동에서 인성적 요소들 전체가 구체적으로 서술	
	인성(비교과) 관련 수상실적은 있는가? 상: 인성(비교과) 관련 수상이 학기당 1건 이상	

4. 발전가능성(25점)

평가 요소	자가평가	할 일 적어보기
경험의 다양성	기타과목 및 비전공 관련 과목의 수업에 적극적으로 참여하였는가? 상 : 적극적으로 참여하여 50% 이상의 과목의 활동에 참여 사실이 구체적으로 서술	
	체험활동(자율, 동아리, 봉사, 진로)을 통해 다양한 경험을 쌓았는가? 상 : 유의미한 체험활동이 학기당 5건 이상 구체적으로 서술	
	독서를 통해 다양한 영역에서 지식과 문화적 소양을 쌓았는가? 상 : 학기당 평균 독서량이 10권 이상	
리더십	학생회, 동아리 등 학생 주도 활동에서 역할을 수행한 경험이 있는가? 상 : 학생 주도 활동에서 주도적 역할 수행이 학기당 1회 이상 서술 (구체적 임원 경력과 변화 포함)	
자기 주도성	진로에 대한 자기주도적 노력이 구체적으로 드러나는가? 상 : 진로희망을 이루기 위한 자기주도적 노력이 구체적으로 서술	
	동아리활동에서 새로운 도전과 탐구활동을 자기주도적으로 구성하여 활동하였는가? 상 : 동아리활동에서 새로운 도전과 탐구에 대해 2회 이상 구체적 서술	
	교내 활동(수업 포함)에 주도적이며 적극적으로 참여하고 활동하였는가? 상 : 70% 이상의 과목 세특에 자기주도적 참여가 구체적 서술	
창의적 문제해결력	교내 활동 과정에서 창의적인 발상을 통해 일을 진행하였거나 문제점을 적극적으로 해결하기 위해 노력하였는가? 상 : 창의적인 발상을 통해 일을 진행하였거나 문제점을 적극적으로 해결하기 위한 노력이 학기당 평균 1회 이상 구체적으로 서술	

PART 2

학생부 핵심 내용

01 | 학생부 기재 요령

본격적으로 나를 브랜딩하기 전에 먼저 학생부의 입력 가능 글자 수와 입력 팁을 확인해 봐야 할 필요가 있습니다. 여기서는 기본적으로 어떻게 학생부를 입력하며, 학생부는 어떠한 형태로 구성되어 있는지, 그리고 학생부 입력의 특기사항에 대해서 알아보고자 합니다. 입력을 어떻게 하는지 알아야만 우리가 어떠한 방법으로 정리할 수 있을지 알 수 있겠지요. 자, 이제 중요한 부분에 밑줄을 그어 가며 학생부에 대해서 알아봅시다.

①
**학생부 기본사항
기재 요령**

❶ 양이 전제가 되지 않은 질은 없으므로 기본적인 글자 수를 모두 채우는 것이 좋음. 현재 학생부에 기재할 수 있는 글자 수가 많이 줄어듦

❷ 최대 글자 수 기준은 학년 단위임. 공백을 포함한 글자 수를 의미함

❸ 입력 가능한 글자 수가 표현하고자 하는 것을 다 쓰기에는 모자라게 느껴질 만큼 준비하여 가능한 모든 글자 수를 채우는 것이 좋음

❹ 양을 채우기 위해, 외부 활동을 하라는 의미가 아니라, 무궁무진한 학교의 프로그램을 활용하여 교내 활동에서 본인의 동기, 느끼고 배운 점, 변화한 것 위주로 서술하라는 의미

❺ 항목별로 충분한 분량을 기록하기 위해서는 바이트 계산보다는 MS-Word에 내용을 기록하여 문서정보를 통하여 글자 수*를 확인하고, 충분하게 분량을 맞추는 것이 좋음.

❻ 학생부 주요 항목의 기록을 예시(각 항목별 페이지)를 통하여 확인하고, 수시로 정리하여 그 내용을 축적해 놓는 것이 좋음

---

* 글자 수 : 한글 1자 3 byte, 영어나 숫자 1자 1 byte, 띄어쓰기 1 byte, 엔터키 2 byte

연번	항목		내용
1	인적 · 학적사항		성별, 주소, 가족상황, 특기사항 등 기록

학생		성명 : 20자	성별 :	주민등록번호 :
학생		주소 : 300자		
가족 상황	부	성명 : 15자	생년월일 :	
가족 상황	모	성명 : 15자	생년월일 :	
특기사항		500자		

연번	항목	내용
2	출결상황	일정 횟수 이상의 미인정 결석은 감점 가능

학년	수업 일수	결석일수			지각			조퇴			결과			특기 사항
		질병	미인정	기타	질병	미인정	기타	질병	미인정	기타	질병	미인정	기타	
1														500자
2														500자
3														500자

연번	항목	내용
3	수상경력	교내상만 기록(대학 제공은 학기당 1개)

구분	수상명	등급(위)	수상연월일	수여기관	참가대상(참가인원)
교내상	100자				25자

연번	항목	내용
4	자격증 및 인증 취득상황	자격증 및 인증 내용(제한 있음)

구분	명칭 또는 종류	번호 또는 내용	취득연월일	발급기관
	100자			

연번	항목	내용
5	창의적 체험활동상황 (봉사활동 실적 포함)	자율, 동아리, 봉사, 진로활동 내용 기록

학년	창의적 체험활동상황		
	영역	시간	특기사항
1	자율활동		500자
1	동아리활동		500자
1	진로활동		700자
2	자율활동		500자
2	동아리활동		500자
2	진로활동		700자
3	자율활동		500자
3	동아리활동		500자
3	진로활동		700자

학년	봉사활동실적				
	일자 또는 기간	장소 또는 주관 기관명	활동내용	시간	누계시간
1		250자			
2		250자			
3		250자			

6	교과학습발달상황(세부능력 및 특기사항)	각 과목별 담당 교과목 교사가 수업 태도, 학업 역량에 대해 기록

학기	교과	과목	단위수	원점수/과목평균 (표준편차)	성 취 도 (수강자수)	성취도별 분포비율	비고
이수단위 합계							

세부능력 및 특기사항*

- 일반과목 과목별 : 500자**
- 일반과목 개인별(세부능력 및 특기사항) : 연간 500자***

〈진로 선택 과목〉

학기	교과	과목	단위수	원점수/과목평균 (표준편차)	성 취 도 (수강자수)	성취도별 분포비율	비고
이수단위 합계							

세부능력 및 특기사항

- 진로 과목별 : 500자
- 진로 개인별(특기사항) : 연간 500자

〈체육ㆍ예술(음악/미술)〉

학기	교과	과목	단위수	원점수/과목평균 (표준편차)	성 취 도 (수강자수)	성취도별 분포비율	비고
이수단위 합계							

세부능력 및 특기사항

- 예체능 과목별 : 500자
- 예체능 개인별(특기사항) : 연간 500자

---

* 세부능력 및 특기사항의 3학년 2학기 자료는 재학 중 수시전형에서는 대학에 제공되지 않음

** 과목명이 학기별로 같은 경우는 한 학년에 500자, 과목명이 학기별로 다를 경우는 한 학기에 500자를 입력할 수 있음
   (예-통합국어(1, 2학기 과목명이 동일함)의 경우는 한 학년에 500자를 입력할 수 있으며, 수학I(1학기), 수학II(2학기)의 경우는
   한 학기당 500자를 입력함)

*** 개인별 세부능력 및 특기사항의 경우 전체 통합하여 연간 500자까지 입력 가능함

7	독서활동상황*		책 제목, 저자만 입력
	학년	과목 또는 영역	독서활동상황
	1	공통 : 500자 과목별 : 250자	(1학기) (2학기)
	2	공통 : 500자 과목별 : 250자	(1학기) (2학기)
	3	공통 : 500자 과목별 : 250자	(1학기) (2학기)**
8	행동특성 및 종합의견		1, 2학년 담임교사의 추천서와 같은 역할
	학년	행동특성 및 종합의견	
	1	500자	
	2	500자	
	3	500자***	

* 교과목과 관련이 있는 독서는 각 교과목별 담당 선생님이 입력하고, 공통사항 독서는 담임 선생님이 입력함

** 3학년 2학기 독서활동상황의 경우 재학 중 수시전형에서는 대학에 제공되지 않음

*** 3학년 행동특성 및 종합의견의 경우 재학 중 수시전형에서는 대학에 제공되지 않음

❷
학생부 특기사항 기재 요령

❶ 명사형 종결 – 모든 문장의 마무리는 반드시 '~ㅁ'의 명사형으로 함

❷ 맞춤법&띄어쓰기 확인 – 작성 후, 반드시 '맞춤법'과 '띄어쓰기'가 올바른지 확인함

❸ 구체적 서술 – 추상적으로 쓰지 말고, 'what(무엇)'으로 시작해 'how(어떻게)'를 거쳐 'result(느끼고 배운 점)'로 마무리해야 함

❹ 활동명의 구체적 제시 –(활동명의 제시) 활동명만으로 전달이 어려우면 활동의 정의나 개념도 간단히 제시할 수 있음. 원칙적으로 교육활동명이 이름만으로도 활동의 성격이 잘 드러나는 구체적인 이름을 사용하는 것이 필요함

❺ 개인적이고 구체적이며 객관적인 활동내용 제시 – (학생의 구체적이며 객관적인 활동 내용) 무엇을 했고, 무엇을 썼는지 등이 구체적일수록 정황 파악과 학생 면모 파악에 좋음. 뭉뚱그려진 나열보다는 핵심활동을 구체적으로 묘사하는 것도 좋은 방법임

❻ 장점&탁월성 서술 –(학생의 활동에 대한 평가와 의미화) 과장의 유혹과 동어 반복의 함정에 유의하면서 개별 학생만이 가지는 장점이나 특징 혹은 탁월성이 잘 드러나도록 기재해야 함

❼ 결과물 축적의 중요성 – 활동 결과물을 잘 축적하고, 교육프로그램을 진행하고 나면 활동 후 학통지(학생 소통지)를 기록하고, 본인 스스로 활동 과정을 구체적으로 인지하고 활동을 통해 내적으로 성장한 요소, 교육적으로 의미 있거나 아쉬웠던 요소를 정리해야 함

❸
소통하라! 2, 7, 12를 기억하라!

❶ 담임 선생님과 교과 선생님, 동아리 지도 선생님과 '소통'이 포인트임

❷ 2주에 한 번씩 활동한 내용에 대해 말씀드리고, 활동과 수업에 대해 질문하고, 참여하고, 느끼고 배운 점도 2주에 한 번씩 나누는 것이 소통임

❸ 7월과 12월에 각 학생부의 글자 수에 맞춰, 3인칭 시점으로 정리해서 선생님께 드리며, "선생님, 이 자료 참고해 주세요!"라고 요청함 (제출하는 문서는 동료평가서, 자기평가서, 수행평가결과물, 소감문, 독후감 중 하나의 양식으로 제출 가능)
※ 주의: 절대 "적어주세요."라고 하면 안 됨

❹ 2주에 한 번씩 했던 소통과, 여러분의 참고자료를 바탕으로 선생님께서 최선을 다해 입력해 줄 것을 믿고 노력하기

02 | 학교 알리미로 학교생활 전문가되기

'학교 알리미'라고 다 아시죠? 예전에는 '학교 알리미'가 무엇인지 잘 모르는 분들이 많았지만 요즘은 학부모님들이 관심이 많으셔서 '학교 알리미'에 대해 잘 알고 계시더라고요. 혹시 아직 모르신다면 아래의 내용을 살펴보시고 학교를 선택할 때나 지금 재학 중인 학교에 대한 정보가 필요할 때 이용하시기 바랍니다.

1 학교 이름을 검색하자

*출처 : 학교 알리미 홈페이지_https://www.schoolinfo.go.kr

2 **"전체항목 열람(오른쪽 위)"을 클릭하여 시작하라**

경남 고	김해율하고등학교	🏠 ☰ 전체항목열람
학생수 1139명 (남 552명 / 여 587명)	**학교주소** 경상남도 김해시 율하1로 21	
교원수 76명 (남 24명 / 여 52명)	**대표전화/팩스** 전화 055-323-1906 팩스 055-323-1904	
설립구분 공립	**설립유형** 단설	
홈페이지 http://gimhaeyulha-h.gne.go.kr		

3 **"학생 현황 > 졸업생의 진로 현황"을 확인하라**
  - 세부 대학교와 학과는 학교 홈페이지에서 확인함

4 **"학교 교육과정 편성·운영 및 평가에 관한 사항"을 확인하라**
  - '학교별 교육과정 계획'과 '연간 학사 일정'을 보고, 본인의 월별 플래너에 기록함
  - 학교 행사 : 자율활동, 동아리활동, 봉사활동, 진로활동 일정 기록
  - 교내 대회 : 수상 참여 계획 및 미리 준비
  - 시험 일정 : 교과 준비의 핵심, 4주 학습 계획 (3번 반복 학습)

5 **"교육운영 특색사업 계획"을 확인하라**
  - 학교 프로그램의 특별함을 활용

6 **"동아리 활동 현황"을 확인하라**
  - 참여 가능한 동아리를 찾아 계획적으로 참여하고, 자신의 진로에 맞는 자율 동아리를 1개 만들고 꼭
    회장이나 부회장으로 활동함

7 **"교과별(학년별) 평가계획***"을 확인하라**
  - 평가 내용과 평가 방법을 참고하고, 수업시간에 선생님과 소통함
  - 한 학기씩 단위로 보며, 시간표로 과세특, 창체활동**을 계획함

8 **활동 후 기록하고, 교사와 소통하라**

9 **시간표로 하루씩 자기주도적 생활 계획을 세워라**
  - 스터디플래너 등을 활용하여 시간의 주인으로 살아가기
  - 하루 계획을 세우는 것이 중요함
  - 1년 4번의 기회, 학기별, 월별, 주별, 일별 학습계획
  - 온라인과 오프라인 학습 확인

---

* 시험 기간이 다가오면 학교 홈페이지와 유인물로 교과목별(학년별) 평가 내용, 평가 계획이 공고됨

** '창의적 체험활동'의 줄임말. 이하 창체활동으로 표현함

03 | 입력 불가 항목(유의사항)

가끔 배틀그라운드 게임을 할 때, 규칙을 잘 몰라 팀킬을 하는 플레이어를 보게 됩니다. 그때마다 가슴이 답답함을 느끼지만 "그 플레이어는 초보인데 아무도 규칙을 가르쳐주지 않아서 그런 것은 아닐까?"라는 생각이 들기도 합니다. 학생부 작성도 마찬가지입니다. 학생부에도 입력할 수 없는 사항 및 유의해야 하는 사항이 있습니다. 이러한 사항에 대해 미리 알고 있어야만 활동하고 자료를 모을 때, 괜한 노력을 하는 경우를 줄일 수 있습니다. 자, 그럼 학생부 입력 불가사항을 각 항목별로 살펴볼까요?

공통사항	

▶ 학교생활기록부의 문자는 한글로(부득이한 경우 영문으로), 숫자는 아라비아 숫자로 입력함

▶ 공인어학시험(토플, 토익, 텝스 등) 성적, 각종 교내·외 인증 사항, 논문(학회지), 도서출간, 발명특허 내용은 학교생활기록부 어떠한 항목에도 입력하지 않음

▶ 해외 활동실적, 부모(친인척 포함)의 사회·경제적 지위 암시 내용, 구체적인 특정 대학명, 기관명, 상호명, 강사명 등은 '행동특성 및 종합의견' 란을 포함하여 학교생활기록부의 어떠한 항목에도 기재할 수 없음

▶ 학교생활기록부의 서술형 항목은 교사가 직접 관찰평가한 내용을 근거로 입력하며, 학교교육계획에 따라 실시한 교육활동 중 교사 지도하에 학생이 직접 작성한 자료(동료평가서, 자기평가서, 수행평가 결과물, 소감문, 독후감)만 활용할 수 있음

▶ 학교생활기록부 영역별 내용은 해당 영역에만 입력해야 함. 입력 글자 수 초과를 이유로 특정 영역의 내용을 타 영역에 입력 할 수 없음

▶ 학교생활기록부 서술형 항목 입력시 특수문자, 문단구분 기호(번호) 입력은 지양하고, 서술형 문장은 명사형 어미로 종결해야함

▶ 교외상의 경우 수상경력 뿐만아니라 학교생활기록부의 어떠한 영역에도 입력할 수 없으며 시상 계획이 있는 각종 교내 대회와 행사의 준비과정 및 참가 사실은 학교생활기록부 어떠한 항목에도 입력하지 않음

<table>
<tr>
<td>

수상경력

</td>
<td>

▶ 교내상은 수상경력에만 입력하며, 어떠한 항목에도 입력하지 않음

▶ '대회'라는 용어는 수상경력을 제외한 학교생활기록부의 어떠한 영역에도 입력할 수 없음

▶ 각종 공인어학시험(토플, 토익, 텝스 등, 관련 교내 수상실적 포함) 성적, 각종 교내/외 인증사항, 교외 경시대회, 교내·외 인증시험 등의 참여 사실이나 성적(모의고사·전국연합학력평가 성적 또는 관련 교내 수상실적 포함) 및 야간자율학습과 관련된 내용으로는 시상할 수도 없을 뿐만 아니라 기재할 수도 없음

▶ 학년 초 학교교육계획서에 따라 실시한 교내상의 경우에 한하여 수상경력에 입력할 수 있음. 불가피한 경우 2학기 초(학기 시작 후 30일 이내)에 연간시상계획을 변경하여 학교장의 결재 후, 변경계획을 공개한 수상실적의 경우 입력 가능함

▶ 동일한 작품이나 내용으로 수준이 다른 상을 여러 번 수상하였을 경우, 최고 수준의 수상경력만 입력함

▶ 상급학교 진학시 수상경력은 학생별 한 학기에 한 개씩만 제공함

</td>
</tr>
<tr>
<td>

창의적 체험활동상황

</td>
<td>

▶ 창의적 체험활동상황의 실적은 한 개 영역에 입력하고, 다른 영역에 중복하여 입력하지 않음

▶ 창의적 체험활동상황의 영역별 체험활동 특기사항은 활동 장소가 국내일 경우에 한하여 다음 하나에 해당하는 경우에만 입력할 수 있음(봉사활동 제외)

– 학교교육계획에 의해 학교가 주최하고 주관한 체험활동

– 학교장이 승인하여 동일학교급 타학교에서 주최하고 주관한 체험활동

– 학교장이 승인한 교육관련기관(교육부 및 직속기관, 시·도 교육청 및 직속기관, 교육 지원청)에서 주최하고 주관한 체험활동

▶ 학교장 승인을 받았더라도 청소년단체에 소속되지 않은 학생의 경우 청소년단체에서 실시한 체험활동은 입력할 수 없음

▶ 대학에서 운영하는 체험활동이나 특정 과정은 학교장 승인하에 이수하였을 지라도 입력할 수 없음

▶ 동아리 관련 교외 학교스포츠클럽 관련 대회에 참가한 내용은 입력가능 하지만 수상실적은 '특기사항'란에 입력할 수 없음

▶ 물품 및 현금의 단순 기부는 봉사활동 시간으로 환산하여 인정할 수 없으므로 학교생활기록부 어떠한 항목에도 입력할 수 없음

▶ 학생의 징계, 학교폭력 관련 조치사항 등에 의한 학교 내 봉사활동, 사회봉사활동, 출석정지 기간의 봉사활동 등은 봉사활동실적으로 입력할 수 없음

</td>
</tr>
</table>

▶ 봉사동아리 부서에서 동아리활동의 일환으로 봉사활동을 실시한 경우, 봉사 활동 실적으로는 입력할 수 없음

▶ 창의적 체험활동상황에 자율탐구활동 중 소논문 실적(연구 주제 및 참여인원, 소요 시간)은 기재할 수 없음. 하지만 정규교육과정 이수과정에서 사교육 개 입 없이 학교 내에서 학생주도로 수행한 자율탐구활동에 한하여 기재할 수 있음

▶ 창의적 체험활동 중에 자율탐구활동을 기재할 경우 학교에서는 정규교육과 정 중에 이루어진 활동임을 증빙할 수 있는 자료(학교교육계획서를 포함한 학 교장 승인을 받은 각종 문서 또는 학생활동 산출물 등)를 보관해야 함

▶ 학교교육계획에 의한 학생의 자율동아리활동은 학년당 한 개만 입력함

교과학습
발달상황

▶ 과목별 세부능력 및 특기사항은 '기초교과(군)'과 '탐구교과(군)'의 과목은 모든 학생들에 대해 입력되어여 하고 그 외의 과목은 학업성적관리위원회의 심의를 통해 입력 대상범 위를 결정함

▶ 고교대학 연계 심화과정(University-level Program)은 정규교육과정으로 편 성된 경우에만 입력함

▶ 「공교육 정상화 촉진 및 선행교육 규제에 관한 특별법」에 저촉되는 공인인 증시험관련 내용과 방과후학교 교육 활동은 입력할 수 없음

▶ 각종 공인어학시험 참여 사실과 그 성적 및 수상 실적, 교외대회 참여 사실과 그 성적 및 수상 실적, 교외상, 교외 인증시험 참여 사실이나 그 성적, 모의고 사(전국연합학력평가 포함) 관련 원점수, 석차, 석차등급, 백분위는 입력할 수 없으며, 논문을 학회지 등에 투고 또는 등재하거나 학회 등에서 발표한 사실, 도서출간 사실, 지식재산권(특허, 실용신안, 상표, 디자인) 출원 또는 등록 사실, K-MOOC관련 내용은 입력 불가함

▶ 자율탐구활동으로 작성한 소논문 관련사항 일체는 기재할 수 없으며, 탐구보고서 등으 로 편법적 기재금지

나를 브랜딩하라
(학생부 기록의 표현 익히기)

여러분들은 어릴 적에 유명한 브랜드의 신발을 사 달라고 때 쓰고 울었던 적은 없었나요? 저는 그렇게 울고 때 쓰고 하던 기억이 아직도 가끔 나서 늙으신 부모님께 괜히 죄송해지곤 합니다. 그만큼 브랜드라는 것이 중요하지요. 특히 좋은 브랜드일수록 인지도가 높아지고 많은 사람들이 가지고 싶어 하지요. 그래서 학생부와 자소서의 성공 키워드도 마찬가지로 "나를 브랜딩하라!"입니다. 나를 어떻게 브랜딩하느냐에 따라 나의 인지도가 달라지고 나의 가치가 달라진답니다. 여러분들도 아래의 내용을 통해 어떠한 방법으로 자신을 브랜딩할 수 있는지에 대한 방법에 대해서 알아보고 실천해 보세요.

1. 브랜딩의 원리 및 필요성

TED 최고의 강의를 했던 사람 중 한명인 사이먼 사이넥은 그의 저서 『나는 왜 이 일을 하는가?』에서 애플처럼 강력한 브랜딩을 구축한 기업이 사람들의 마음을 움직인 방법을 제시했다. 그 방법은 바로 골든서클이다.

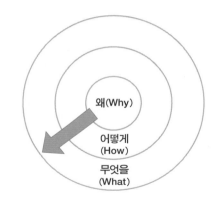

애플이 컴퓨터를 만들 당시 경쟁 업체들을 컴퓨터의 성능을 향상시키는데 모든 힘을 기울이고 광고 역시 그런 방향으로 했다고 한다. 그러나 애플은 컴퓨터의 성능을 향상시키는 것 이전에 자신들이 이 일을 왜 하는지?에 대한 물음부터 던졌다고 한다. 그리고 내린 결론이 단순히 "컴퓨터를 만드는 회사"를 넘어서 "현실에 의문을 제기하고 사람들이 더 편리하게 살아갈 수 있도록 돕는 회사"로 자신을 정의 했다. 그들의 이러한 자신에 대한 정의는 1997년 제작된 애플의 유명한 광고 "Think different"에서도 잘 드러난다.

"여기 미친 이들이 있습니다. 부적응자, 혁명가, 문제아 모두 사회에 부적격인 사람들입니다. 하지만 이들은 사물을 다르게 봅니다. 그들은 규칙을 좋아하지 않고 현상 유지도 원하지 않습니다. 그들을 찬양할 수도 있고, 그들과 동의하지 않을 수도 있으며, 그들을 찬미할 수도, 비방할 수도 있습니다. 하지만 할 수 없는 일이 딱 한 가지 있습니다. 결코 무시할 수 없다는 사실입니다. 그들은 뭔가를 바꿔왔기 때문입니다. 그들은 인류를 진보시켰습니다. 다른 이들은 그들을 미쳤다고 말하지만, 저희는 그들에게서 천재성을 봅니다. 미쳐야만 세상을 바꿀 수 있다고 생각하기 때문입니다."

-애플 Think different 광고 번역문-

자신은 단순히 컴퓨터를 만드는 회사가 아니라 세상을 진보시키는 기업이라는 이미지를 사람들에게 각인시킨 것이다. 이는 두 가지 효과를 가져오게 된다. 애플에서 근무하는 사람들은 단순히 컴퓨터를 만드는 기술자들이 아니라 세상을 변화시키는 혁명가들이라는 자부심이다. 그리고 애플의 제품을 구매하는 사람들 역시 세상의 변화에 동참하는 사람들이라는 인식이다. 이러한 Why에 대한 답이 그들은 애플의 추종자로 만들게 했고, 애플의 브랜드가 다른 기업과 차별성을 가지는 브랜드로 도약하게 만들었다.

학생부를 브랜딩하는 방법도 이와 다르지 않다. 자신이 선정한 전공을 왜 하는지 이유가 명확히 나와야 한다. 단순히 자신이 전공한 직업을 통해 돈을 벌고 먹고 살기 위한 것이 아니라, 세상을 위해 기여하는 더 높은 차원의 가치를 지향해 나갈 때, 그 일을 더 열정적이고 지속적으로 진행할 수 있는 힘이 생기게 된다. 그러한 힘은 다른 학생들과 차별되는 심화 활동을 전개하는 원동력이 된다. 그리고 이러한 심화 활동들을 통해 학생부 기록이 이루어질 때 다른 학생들과 차별화 하는 자신 만의 브랜드를 형성할 수 있게 된다.

자신의 전공을 왜 하는지에 대한 이유를 찾으려면 선행되어야 할 것이 있다. 그것은 자신이 세상에 태어난 이유인 삶의 목적, 즉 사명을 발견하는 것이다. 자신의 삶의 목적을 직업을 통해 이룰 방법을 고민하는 과정에서 전공을 왜 하고 싶은지에 대한 이유가 나오게 된다. 이것이 내가 학생부 브랜딩에서 사명(또는 진로철학)을 강조하는 이유이다. 사명을 가진 학생이 결국 진로(전공)를 "왜 하고 싶은지?"에 대한 철학적 답을 내릴 수 있게 되고 이것이 학교 활동을 더욱 깊이 있게 진행할 수 있는 힘을 가지게 되며 결국 학생부를 브랜딩할 수 있는 결과를 가져오게 된다.

2. 브랜딩을 위한 진로철학 작성법

사명을 가져라. 진로에 대한 철학적 고민을 하라고 하면 많은 학생들이 매우 어려워한다. 그러나 너무 어렵게 생각하지 말자. 자신이 선정한 직업을 왜 하고 싶은지 생각해보면 된다. 좀 더 쉽게 이야기하자면 어떤 직업인이 되고 싶은지를 생각해보면 된다. 단순하게 말하면 직업 앞에 어떤 직업인이 되고 싶은지 수식어를 붙이면 된다. 아래에 제시된 예시를 보며 자신의 진로 앞에 다른 학생들과 차별화를 나타낼 수 있는 수식어를 붙여보자.

(수식어: 어떤 직업인이 되고 싶은지? 또는 직업을 통해 무엇을 이루고 싶은지?)	(직업명(진로))

	진로(직업)	진로 철학 사례
1	정치부 기자	왜곡을 바로잡는 기사를 통해 국민적 차원의 갈등을 완화하는 팩트체크 전문 정치부 기자
2	외교관	인문학적 소양과 올바른 역사관을 바탕으로 대한민국에 대한 편견과 잘못된 인식을 바로잡는 외교관
3	애널리스트	데이터 분석을 통해 창의적인 방안을 만들어 경영 문제를 해결하는 비즈니스 애널리스트
4	영어교육자	양질의 교육 콘텐츠를 활용하여 소외계층의 맞춤형 교육을 보장해주는 영어교육자
5	로봇공학자	지체 장애인이나 노인들이 스스로 이동하는 데 불편함 없는 로봇을 제작하여 상용화 하는 로봇공학자

6	보건의료전문기자	사회적 약자의 편에서 사회 제도를 변화시키는 보건의료전문기자
7	가상현실전문가	장애인이 하고 싶은 일을 할 수 있도록 만드는 감각 유도 뇌과학 가상현실전문가
8	건축가	예술적이면서 인간과 자연에 해롭지 않고 도시의 환경문제를 개선하는 건축물을 짓는 건축가
9	역사교사	학생들에게 미래 사회 변화를 알려주어 학생들이 스스로 삶을 설계하여 자율성을 기를 수 있도록 돕는 역사교사
10	음성합성 전문가	기술 발전에 거부감을 가진 사람들이 자연스런 음성합성 기술을 통해 기술을 거부감없이 받아들여 미래를 준비할 수 있도록 돕는 음성합성 전문가
11	정치인	한 사람 한 사람을 소중히 여겨 희생을 강요하지 않는 정치인
12	스포츠 선교사	아프리카에서 운동선수의 꿈을 꾸는 사람을 도우며 복음을 전하는 스포츠 선교사

▲ 예시: 2020학년도 학생부 종합전형 합격생 진로 철학 사례

3. 학생부 브랜딩 사례

위에서 제시한 예시 중 로봇공학자의 진로를 정한 학생의 학생부 브랜딩 예시를 살펴보겠다. 이 학생이 로봇공학자가 되고 싶은 이유는 장애인 등 사회적 약자들을 위한 로봇을 만들어 상용화시키는 것이다. 이를 바탕으로 작성한 사명(진로철학)은 "지체 장애인이나 노인들이 스스로 이동하는 데 불편함 없는 로봇을 제작하여 상용화 하는 로봇공학자"이다. 이를 가지게 된 계기와 관련된 활동들을 교과와 비교과의 다양한 영역에서 진행하여 학생부를 브랜딩 하였다.

① 진로철학을 활용한 비교과 활동 브랜딩 사례

1학년 진로희망사유

학년	진로희망	학교생활기록부 기재 내용
1	로봇공학자	어려서부터 과학상자와 레고로봇 등으로 '계단을 오르는 휠체어'와 '신발을 치우는 로봇' 등을 만들며 로봇에 관심을 갖게 됨. 특히 지체장애를 가져 휠체어를 타는 형과 함께 생활하고 소통하며 장애인들의 불편과 필요한 것들에 대해 고민함. 이에 장애인이나 노인 등 사회적 약자들을 위한 로봇을 만들어 상용화하는 로봇공학자가 되기를 희망하게 됨.

앞에서 작성한 사명(진로철학)을 진로희망 사항에 작성한 사례이다. 학생이 로봇공학자의 꿈을 가진 이유를 평가자들이 정확히 알아볼 수 있도록 작성하여 다른 영역과 연계해서 평가를 받을 수 있도록 하였다. 2020년 1,2학년들은 진로희망사항 작성하는 영역이 없기 때문에 진로활동 특기사항에 작성하면 된다.

1학년 진로활동 특기사항

여름방학 중 진로탐방활동(2017.07.31.,2017.08.03.)에 자기주도적으로 참여함. 열네 분의 교수님께 인터뷰 요청, 두 분의 교수님과 인터뷰를 진행함. 로봇공학에 대한 두 차례의 인터뷰를 통해 최신 정보와 기초 정보를 습득함. 특히 자신이 관심을 갖고 있는 장애인이나 노인을 돕는 로봇은 아직 기술이 부족하여 만들지 못하고 있다는 인터뷰 내용을 바탕으로 최초로 자신이 그 사명을 이루겠다는 다짐과 도전에 대한 결의를 함.

1학년 여름방학 진로탐방 활동을 통해 자신의 사명이 구체화 된 내용을 작성한 것이다. 앞에서 진로희망사항에 작성한 것과 마찬가지로 장애인이나 노인 등 사회적 약자들을 돕고 싶어 로봇공학자가 되고자 하는 진로에 대한 철학이 명확히 드러나 있다.

덧붙여 진로탐방 활동을 위해 14명의 교수에게 인터뷰를 요청했다는 내용은 주어진 환경에서 좌절하지 않고 뚫고 나가려는 도전정신을 평가받을 수 있는 영역이다. 실제로 이 학생은 진로수업에서 방학 숙제로 내준 진로탐방활동을 매우 적극적으로 활용한 학생이다. 자신의 주변에 로봇공학자 교수가 없어서 14명의 전공 관련 교수님께 이메일을 보내 2명을 섭외해서 만나고 와서 자신 진로분야를 구체화시켰다.

1학년 자율동아리

(IT동아리반) 영화 소셜네트워크, VR서믹 및 3D프린팅 컨퍼런스 관람, 책 10년 후 4차 산업혁명의 미래, 책 IT의 역사 등에 대한 동아리원간의 생각을 공유함. 아두이노에 대해 학습하고, 7세그먼트 숫자 표현하기를 실습함. 프로그래밍에 많은 관심과 흥미를 나타내고, 스스로 응용하고자 하는 모습을 보임. 계단을 올라갈 수 있는 휠체어를 동아리원들과 협력하여 설계하고 제작함. 동아리 활동을 통하여 모든 사람이 함께 편리하게 사용할 수 있는 로봇을 제작하고자 하는 사명을 만들었으며, 로봇공학자라는 장래희망에 대한 확신을 나타냄.

사회적 약자를 위한 자신의 사명이 동아리에서 계단을 올라갈 수 있는 휠체어를 개발하는 활동으로 이어지고 있다. 활동을 하며 사회적 약자를 비롯한 모든 사람들이 편리하게 사용할 수 있는 로봇 제작자가 되겠다는 사명을 더욱 명확히 하고 있다.

2학년 진로활동 특기사항

'희망직업 보고서 발표하기' 시간(2018.09.19.)에 자신이 생각하는 직업의 의미, 직업을 가져야 하는 이유와 장애인이나 노인과 같이 홀로 살아가기 힘든 사회적 약자들이 다른 사람의 도움 없이도 혼자 살아갈 수 있도록 보살펴주고 말동무가 되어주는 로봇을 만들어 상용화시키는 일에 헌신하고 싶어서 로봇 공학자가 되기를 희망한다고 PPT 보고서를 제작하여 명확하게 발표하였음.

2학년 자율동아리

(기계제작반 : 자율동아리) '과학상자'키트를 이용하여 기본적인 틀 제작 방법 및 기어의 가감속 활용 방법, 집게, 발사대 등 다양한 장치를 제작함. 키트가 부족했지만, 타 학교 친구들에게 키트를 빌려오는 모습을 보이며 동아리 운영에 헌신함. 자신이 만들고 싶은 로봇 설계를 하여 발표하는 시간에 영화 '로봇 앤 프랭크'에 나오는 로봇을 모티브로 하여 혼자 사는 노인, 도움이 필요한 장애인 등 사회적 약자를 위한 로봇을 설계하여 발표함.

2학년 진로활동과 자율동아리 활동 역시 사회적 약자를 돕는 로봇공학자의 꿈이 계속 이어지고 있음을 확인할 수 있다. 진로활동과 동아리 활동에서 사회적 약자를 돕는 로봇공학자, 계단을 올라가는 휠체어 제작 등의 내용이 반복적으로 등장하면서 평가자들이 학생이 사회적 약자를 돕는 로봇을 만들어 상용화시키는 일에 관심이 있다는 것을 명확히 파악할 수 있도록 학생부가 브랜딩 되어 있다.

② 진로철학을 활용한 교과 활동 브랜딩 사례

1학년 사회교과 세부특기사항

사회 : '동물실험'에 대한 찬반 논술쓰기 시간에 찬성의 입장에서 인류의 발전, 실험에 대한 대체재의 부재 등을 논거로 제시하며 체계적이고 논리적인 주장을 펼침. 3분 스피치시간에 자신의 꿈인 로봇공학자로서 사회적 약자를 위한 로봇제작의 꿈을 전달하면서 사회적 약자보호라는 주제로 사회적 약자보호정책의 정당성, 보호 정책으로 나타난 긍정적 사례 등을 제시하면서 사회적 약자보호 필요성을 설득력 있게 프레젠테이션을 하여 많은 호응을 얻음.

사회교과 3분 스피치 시간에도 자신의 사명을 활용한 활동을 진행하고 있는 것을 알 수 있다. 자신의 사명을 밝히면서 주제 선정 동기를 제시했고, 구체적인 내용을 통해 좋은 반응을 얻는 내용이 기술되어 있다.

1학년 윤리와 사상 세부특기사항

윤리와사상 : 근대 윤리 사상에서 경험주의와 이성주의, 결과론적 윤리와 공리주의 및 의무론적 윤리와 칸트 윤리의 특징을 말할 수 있음. 또한 현대 삶의 문제점을 인식하고 이를 해결 할 수 있는 윤리 사상으로 덕 윤리와 배려윤리의 중요성을 충분히 인지하고 있음. 학습지 빈칸에 답을 적어 주요 개념을 잘 이해하며 수업시간에 집중해서 경청하며 수업태도가 바름. 수행평가에서 아리스토텔레스에 대해 논술한 내용이 논리적이며 뛰어남. 〈로봇에게도 윤리가 필요한가?〉라는 발표수업에서는 다가오는 미래사회에 대한 전망을 제시하고 로봇에게도 윤리가 필요하다는 결론과 그 대안을 독창적으로 제시함.

로봇이 사회 각 영역에 점점 들어오면서 로봇윤리에 대한 관심이 높아지고 있는 가운데, 학생은 윤리와 사상 시간에 발표 주제로 로봇윤리의 필요성에 대하여 발표를 하였다. 자신의 진로철학과 과목의 특수성을 잘 매칭시킨 사례이다.

1학년 기술 · 가정 세부특기사항

기술 · 가정: 평소 관심이 많았던 기계 제작에 대한 발표하기에서 '장애물을 넘는 휠체어'를 주제로 창의적 제품을 구상 및 설계 방법을 바탕으로 '턱을 올라가는 휠체어'를 제작하는 능력을 보임. 휠체어가 턱이 낮음에도 불구하고 올라가지 못하고 경사로를 통해서만 이동하는 불편함을 개선하고자 제3각법을 이용한 정투상법을 활용하여 도면을 제작하였고 '과학상자'와 'EV3', '아두이노'를 활용하여 휠체어를 제작하는 능력을 보임. …… 과제를 수행하는 과정에서 표준화의 중요성을 깨닫고 특허출원에 대한 구체적인 생각을 통해 친구들의 호응을 이끌어 냄.

기술 교과 기계제작 발표 시간에 턱을 올라가는 휠체어에 대한 발표를 진행한 내용이다. 이 내용은 학생이 자율동아리 시간에 진행했던 내용을 보완해서 교과수업 시간에 심화발표 주제로 삼은 것이다. 학생부에서 활동의 신뢰성을 주는 것은 매우 중요하다. 활동의 신뢰성을 주기 위해 가장 좋은 방법은 학생부에 드러난 활동들이 유기적으로 연계성을 가지는 것이다. 자율동아리 활동의 기록과 연계성을 가지면서 학생부의 신뢰성을 줄 수 있는 내용이다.

2학년 2학기 기하와 벡터 세부특기사항

기하와 벡터: 2학기 수업시간 중 공간좌표에 해당하는 개념과 문제해결방법 등을 같은 반 학생들 앞에서 발표 해봄으로서 공간 좌표에 대한 심화된 지식을 얻게 되었고, 자신의 부족한 점을 점검하는 계기가 됨. 포물선의 실생활 예시 중 파라볼라 안테나에 대해 조사하여 발표함. 위성통신, 무선 네트워크를 위한 데이터 통신전송과 같은 안테나의 역할이 미래 기술인 로봇 산업에서 어떻게 활용되고 발전할 수 있는 지에 대해 설명함. 포물선의 성질을 활용한 무선 통신 기술의 발달을 통해 재난 구조용 로봇의 발전을 이루겠다는 포부를 다짐.

과목의 내용을 바탕으로 실생활 이용 사례를 조사하여 발표하는 시간에 자신의 전공과 적합한 내용을 찾아 심화발표한 내용이다. 발표과제가 있는 과목은 학기 초에 교과서를 보며 발표 주제를 찾아 담당 교사와 소통을 하는 것도 좋은 방법이다. 선생님의 의견을 구하면서 발표에 필요한 자료에 대한 정보를 얻을 수 있게 된다. 대학은 선생님과 소통하며 탐구하는 학생들을 좋아한다. 왜냐하면 그런 학생들이 대학에 들어와서 교수님과 소통하여 탐구활동을 진행할 수 있을 거라 판단하기 때문이다.

2학년 미적분 I 세부특기사항

미적분1 : 수학 그 과목 자체에 대한 관심이 많고 수학이 어떻게 활용되는지에 대해서 관심이 많음. 예를들면 가속도가 양수일 경우 시간이 커질수록 속도가 커진다는 것을 발견하여 '자유낙하하는 물체도 시간이 무한대로 간다면 속도도 무한대로 커질까?'라는 궁금점을 가졌고, 시간이 무한대로 가면 일정한 속도인 종단속도에 도달한다는 것을 찾아냄. 또한 종단속도가 기압에 따라 달라진다는 것을 통해 화성과 지구의 종단속도가 다르다는 것을 파악하고 이 원리를 활용하여 화성 탐사 로봇을 착륙시킬 때 지구에서의 종단 속도가 아닌 화성에서의 종단속도로 계산해야 안전하다는 것을 알아내었음.

속도를 계산하는 미적분을 활용하여 화성과 지구의 종단속도를 계산하고 탐사 로봇을 착륙시키는 방법을 탐구한 활동이다.

2학년 지구과학 I 세부특기사항

지구과학 I : 교과목을 단순 암기하기보다는 마인드맵을 활용하여 인과관계를 파악하는 데 초점을 두어 공부하며, 작성한 마인드맵을 학급 친구들에게 공유하는 모습을 보여줌. 이론 암기에서 머무르지 않고 구름, 달, 별과 같은 자연물들을 관찰하며 배운 이론을 실생활에 적용하고, 주변 친구들에게 수시로 설명함. 태양계 행성의 특징을 배운 이후 '화성은 표면 기압이 0.007기압으로 대기가 매우 희박하기 때문에 탐사 로봇을 착륙시킬 때 지구와는 다르게 낙하산이나 역추진 분사 등의 방법으로만으로는 착륙하기 어렵기 때문에 탐사 로봇을 감싸는 다수의 에어백을 통해 착륙 시 충격량을 줄여야 한다고 주장하는 등, 각 행성의 특징에 맞는 탐사 로봇의 특징을 구상하고 발표함. 태양계 너머에 외계 생명체가 살고 있을 거라는 믿음을 갖고 있으며, 언젠가 자신이 만든 탐사 로봇으로 외계 생명체를 발견하리라는 목표를 갖고 있음.

위의 미적분에서 심화탐구한 내용과 연계된 활동이다. 화성의 탐사로봇을 착륙할 때 속도를 계산하는 것은 미적분을 활용하고, 표면기압을 확인하는 것은 지구과학에서 확인하여 실제 착륙하는 방법을 탐구한 활동이다. 최근 수업 우수 사례로 융합 수업이 많이 소개되고 있다. 그러나 일반학교에서 융합수업을 시도하려고 해도 해결해야할 난관이 많아 시도해보지 못하는 경우가 많다. 융합수업이 이루어지지 못하는 환경을 탓하지 않고 학생 스스로가 자신의 연구 주제를 교과 융합으로 진행해보는 것도 좋은 방법이다. 사전에 담당 과목 선생님에게 탐구 주제에 대한 동의를 구하고 조언구하며 진행하는 것이 좋다.

2학년 화학 I 세부특기사항

화학1 : 중화반응과 산화 환원 반응에 관련한 심화 문제를 자신만의 방법으로 잘 풀 수 있음. 탄소화합물 단원을 공부할 때 탄소를 활용한 다양한 신소재들로 로봇을 만들 수 있다면 로봇이 차갑고 딱딱하다는 편견을 깰 수 있을 거라고 생각하여 더욱 흥미를 느끼고 나아가 심화 학습에 몰두하는 모습을 보임. 자신이 조사한 내용을 수업시간 친구들 앞에서 발표하여 친구들이 잘 이해할 수 있도록 도움.

수업 시간에 탄소화합물 단원을 공부하면서 탄소를 활용한 다양한 신소재를 활용하여 로봇의 차갑고 딱딱한 단점을 극복할 수 있다는 생각을 바탕으로 심화탐구 활동을 진행한 내용이다. 이 활동에 대한 내용을 설명할 때 반짝이던 학생의 눈이 떠오른다. 다른 학생들은 그냥 흘려들을 수 있는 내용이지만 자신 만의 주제 의식을 가진 학생들은 관련된 내용이 나오면 눈을 반짝이며 심화탐구에 몰두하는 모습을 보이게 된다. 이처럼 진로철학이 명확한 학생들은 다른 학생들에게 보이지 않는 주제들을 찾아내며 자신의 학생부를 차별화 해 나가게 된다.

2학년 미적분 II 세부특기사항

미적분 II : 평소 로봇팔을 자주 만들며 로봇팔을 이용하여 물체를 이동시키는 미션을 진행하던 중 '삼각함수를 활용하여 로봇팔의 각도를 수학적인 방법으로 구할 수 없을까?'라는 궁금증을 갖고 연구를 진행함. 연구 과정에서 자신이 만들던 로봇팔이 3DOF를 가진 로봇팔이라는 것을 알게 되었고, 삼각함수가 사용되는 '역기구학'을 이용하면 끝점의 위치나 움직임에 따라 각 관절의 위치나 각도를 구할 수 있다는 것을 알게 됨. 이에 물체를 이동시키는 미션에서 역기구학을 이용하여 각도를 직접 구하였고, 그 각도에 따라 코딩을 하여 친구들 앞에서 발표함.

로봇팔 관절 각도를 수학적 방법으로 계산하는 심화탐구 활동에 대한 설명이다. 학생은 이 활동이 자신에게 매우 의미있다고 판단하여 자기소개서에도 작성하였다. 학생의 자기소개서를 첨삭하면서 알게 된 사실은 탐구활동 가운데 고교과정을 넘어서는 내용이 등장해서 매우 어려웠다고 한다. 그러나 이 활동이 자신의 사명과 연계되었기에 포기하지 않았고, 필요한 내용을 찾아 스스로 학습하여 심화탐구 활동을 끝까지 마칠 수 있었다고 한다. 이처럼 자신의 진로에 대한 철학이 명확한 학생들은 학습과정에서 역경이 찾아오더라도 학습을 해야하는 이유가 사명을 이루는 과정으로 생각하기에 좀 더 내실있고 심도 있게 진행할 수 있게 된다. 이렇게 심화된 활동들은 다른 학생들과 차별화 되는 학생부 기록을 남기게 되어 자신 만의 브랜딩을 형성할 수 있게 된다.

> 영어 Ⅱ : 영어 발표 수업에서 본인이 진로인 로봇공학과 교내 로봇제작부 동아리에서 리더십을 발휘하여 동아리를 변화시킨 과정을 급우들에게 영어로 발표하였음. 로봇공학에 대한 열정을 바탕으로 동아리 운영 1년 로드맵을 계획하고 체계적으로 활동한 사례를 사진을 활용하여 보여줌. 1학기 축제 프로그램 중 하나인 오픈사이언스에서 동아리 홍보를 성공적으로 마친 내용을 전하며 한국에서의 로봇공학의 위상을 연결함.

영어 발표 수업 시간에 영어로 발표하는 과제에서 로봇제작 동아리 활동을 영어로 발표한 내용이다. 진로와 관련이 없을 것 같은 과목도 유심히 살펴보면 자신의 진로철학과 연계해서 발표를 진행할 수 있다. 물론 모든 과목을 이렇게 하는 것은 좋은 방법이 아닐뿐더러 가능하지도 않다. 그러나 진로와 연결시킬 수 있는 내용이 나오면 연결을 시키면 좋다. 왜냐하면 다른 주제보다 더욱 열정적으로 진행할 수 있고, 학생부의 다른 영역과 연계해서 신뢰감을 줄 수 있기 때문이다.

진로와 연결시키지 못하는 교과는 전공 관련 역량 또는 기본 학습 역량을 개발하는 내용으로 심화탐구를 진행하면 좋다. 역량 개발 관련 내용은 다음 장에서 이야기하겠다.

③ 진로와 관련된 역량을 활용한 학생부 브랜딩 사례

진로관련 역량을 개발한 내용을 바탕으로 학생부 브랜딩할 수 있는 방법도 있다. 이는 최근 역량 중심 교육과정과 일치하는 방법이다. 교육부에서 정해준 핵심역량을 키우는 것도 필요하지만, 지원전공과 관련된 역량을 고등학생 때부터 키워나가는 것도 필요한 것 같다. 자기주도적으로 역량을 개발하다보면, 더 구체적이고 세밀하게 필요한 역량들을 알아갈 수 있고, 이후 대학생활을 통해 깊이 있는 역량들이 개발될 가능성이 높아진다. 위에서 제시한 예시 중 정치부 기자의 진로를 정한 학생의 진로관련 역량 중심으로 학생부 브랜딩한 예시를 살펴보겠다.

이 학생이 정치부 기자가 되고 싶은 이유는 왜곡을 바로 잡는 기사를 통해 국민적 차원의 갈등을 완화하기 위한 것이다. 이를 바탕으로 작성한 사명(진로철학)은 "정치적 갈등과 이념대립을 조장하는 제도에 대해 비판적인 시각을 가지고, 왜곡을 바로잡는 기사를 통해 국민적 차원의 갈등을 완화하는 팩트체크 전문 정치부 기자"이다. 이것을 위해 개발해야 될 역량은 "비판적&균형적 시각", "관찰력&분석력", "소통력", "글쓰기 역량", "성실성&주도력" 등으로 정하고 관련 활동을 진행하여 학생부를 브랜딩 하였다.

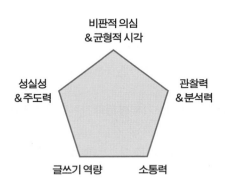

균형적 시각 등과 관련된 역량 기록 예시(2학년 진로활동 특기사항)

> 자신의 흥미와 적성에 적합한 정치부 기자를 탐구하여 거짓 정보와 가짜 뉴스가 판치는 세상에서, 건전하지 못한 시각을 가지게 된 사람들을 위해 올바른 기사를 전하는 정치부 기자가 되겠다고 다짐함. 아울러 고르게 세상을 볼 수 있는 시각을 가지기 위해 여러 언론사들의 기사를 보고, 언론과 공정함에 관한 책인 책상 위로 올라간 정치, 뉴스가 지겨운 기자등의 독서활동을 하고 꾸준히 하고 있음.

이 학생도 앞의 학생과 마찬가지로 진로활동에서 자신의 사명을 먼저 밝히고 있다. 그리고 아래 진로 관련 역량이 균형적 시각을 함양하기 위해 노력한 모습을 들어있다.

비판적 시각과 관련된 역량 기록 예시(2학년 동아리 활동)

> (학교신문(느티울)반) …… 학교신문 '느티울 봄호'에 '문과 맞아? 뒤바뀐 것 같은 2학년 시간표'라는 제목으로 계열별 교육과정의 문제점을 파악하고 학생의 요구가 반영된 교육과정으로 편성되기 바라는 내용의 기사를 작성함.

다른 학생들은 무심하게 넘어가는 학교 시간표를 보고, 계열별 교육과정의 문제점을 파악한 기사를 쓴 내용이다. 학생의 비판적 시각을 엿볼 수 있는 기록이다.

비판적 시각, 글쓰기 역량 등과 관련된 기록 예시(2학년 자율동아리)

> (스포츠커뮤니케이션반: 자율동아리) …… 자신의 관심사인 축구에 대한 뛰어난 분석력과 관찰력을 바탕으로, 보통 사람들이 생각해보지 않은 정보를 전달해주고 질문을 던지는 기사들을 작성하고 배부함. 문장 구사력과 글 구성력이 현직 기자에 버금갈 정도로 수준이 높음.

사람들이 생각해보지 않는 정보를 전달해주고 질문을 던지는 기사를 작성한다는 내용에서 비판적 시각을 문장 구사력과 글 구성력이 현직 기자와 버금갈 정도로 수준이 높다는 선생님의 평가 통해 글쓰기 역량이 탁월한 학생임을 파악할 수 있다. 학생의 역량과 관련된 교사의 평가는 학생부 종합전형 평가에서 매우 중요한 요소이다. 학종 전형에서 "학생에 대한 평가는 교사가 하고 선발은 대학에서 한다"는 이야기가 있다. 탁월한 역량이 보이는 학생에 대해서는 위의 예시처럼 긍정적 평가를 해주는 게 학생의 대학 진학에 도움이 될 수 있다.

분석력, 글쓰기 역량 등과 관련된 기록 예시(2학년 봉사활동 특기사항)

> LSP의 8기 멘토(2018.03.10.-2018.10.27.)로 활동함. 멘토링 활동을 통해 '분석력'이 관찰됨. 멘티들의 플래너를 읽고 계획 실패 원인을 분석하여 개인에 맞는 멘토링을 진행함. '나눔과 배려'역량이 있는 학생임. 자신 만의 플래닝 노하우를 정리하여 멘티들이 쉽게 익힐 수 있도록 도우며, 영어 등 과목별 공부법 등을 정리하여 나누는 모습이 자주 관찰됨. LSP기자단에 참여하여 '바인더로 방학나기', '시험기간에 바인더 사용'등 총 3개의 기사를 작성함. 글쓰기에 역량이 탁월한 학생임.

위의 마지막 문장과 마찬가지로 멘토링 과정에서 관찰되는 분석력과 기자단 활동에서 보이는 글쓰기 역량에 대한 교사의 평가에 대한 내용이다. 학생부에 동일한 역량에 대한 교사의 평가가 많을수록 학생 역량에 대한 신뢰감을 줄 수 있게 된다. 관련 역량이 학업 수행에 기초 역량이면 "학업역량"으로 전공에 필요한 역량이면 "전공적합성"에 좋은 평가를 받게 된다.

관찰력, 소통력, 문제의식 등과 관련된 역량 기록 예시(1학년 진로활동 특기사항)

팀원들과 영상을 촬영하는 과정에서 팀원들과 소통하며 의견을 내는 것에 자신감을 보이고, 창의성과 도전정신을 기름. 또한 2학기 '히어로 프로젝트'(8회)에서 버스 정류장에 줄서기가 잘 되지 않는 것을 문제로 선정하여 이를 해결하기 위하여 버스 번호별로 줄을 서는 라인을 만드는 프로젝트를 기획함. 이 과정에서 팀원들과의 소통하며 경청하는 습관을 가지게 되었으며 프로젝트 기획 과정에서 문제의식을 기름.

관찰력, 소통력, 핵심파악능력 등과 관련된 역량 기록 예시(2학년 진로활동 특기사항)

LSP진로교육(2018.03.10.-2018.10.27.)을 통해 창업, 창직 역량 함양을 위한 기업가 정신 교육을 받음. 1학기에는 리더로서 팀을 이끌며 팀원 전체가 프로젝트에 집중할 수 있도록 돕는 모습이 관찰됨. 2학기에는 학생들이 학업 외에 재능을 펼칠 무대가 부족하다는 문제점을 포착하여, 재능을 발현시킬 수 있도록 돕는 프로젝트를 진행함. 영상 캠페인을 전개할 때, 패널로 출연하여 프로젝트가 성공적으로 진행할 수 있도록 노력함. 활동을 통해 의사소통력, 핵심파악능력 등이 관찰됨.

기업가정신교육을 통해 관찰력, 소통력, 문제의식, 핵심파악능력 등의 역량을 드러낸 내용이다. 기업가정신교육은 학교 안에서 발생한 다양한 문제점에 대해 학생의 관점에서 파악하여 모둠원들과 협업을 통해 해결해 나가는 프로젝트 기반 교육이다. 이 과정을 통해 위에서 제시한 관찰력, 소통력, 핵심파악력 뿐 아니라 문제발견력&문제해결력, 창의융합력, 도전정신, 자기주도력, 협업력 등 미래사회에 필요한 다양한 역량을 개발할 수 있다.

1학년 자율활동 특기사항(성실성, 주도력 등과 관련된 역량 기록 예시)

LSP플래닝 교육(2017.03.11.-2017.10.21.)에 참여하여 자기주도력 향상을 위한 습관형성 교육을 받음. 지속적인 학습을 위해 습관의 중요성을 깨달아 30일 습관프로젝트에 성실히 참여함. 이 활동을 통해 '핸드폰 안하기', '매일 운동하기', '1시 취침' 등을 체화시킬 수 있었음. 그 결과 규칙적인 생활패턴이 삶에 자리 잡게 되었고 수업시간에도 졸지 않고 집중 할 수 있었음. 플래닝을 활용한 시간 관리를 통해 낭비하는 시간을 줄이게 되었고 할 일을 계획하고 마침으로써 공부하면서 성취감을 느끼게 되었음. 구체적으로 시험기간에 3주전부터 공부량과 목표를 계획하여 미리미리 공부하게 되었음. 매주 금요일 아침 7시에 진행되는 경안나비 독서모임에 80% 정도 참여함. 가장 기억에 남는 도서로 '미움 받을 용기'를 꼽았음. 책을 통해 자존감이 낮았던 자신의 모습을 깨닫고 세상을 긍정적으로 바라보게 되었음.

플래닝 교육과 독서모임을 성실성, 주도력 등을 드러낸 학생부 사례이다. 학종 전형이 본격화 되면서 학생들의 활동이 매우 다양해지고 있다. 이러한 다양한 활동을 학생들이 주도적으로 진행하기 위해서 반드시 필요한 역량이 바로 플래닝 역량이다. 플래닝 교육을 제대로 진행하면 학생은 분기단위의 계획부터 일일단위의 계획까지 주도적으로 수립하며 실행할 수 있는 역량을 기를 수 있게 된다. 그 과정에서 기획력, 실행력, 자아성찰력, 분석력, 성실성, 주도력 등 인간 고유의 역량들을 개발 할 수 있다.

글쓰기 역량 기록 예시(1학년 국어 I 세부특기사항(이하 세특))

국어 I : 학습지를 통해 문학의 4가지 갈래인 서정, 서사, 극, 교술 갈래의 특징을 이해하고 이를 실제 문학작품에 적용할 수 있게 됨. 특히, '배를 매며'라는 시를 배운 후 이때 배운 지식을 바탕으로, 주어진 제재에 맞는 3연 12행의 각운을 갖춘 시를 지어 제출함. 적절한 곳에 적당한 수사법을 사용하여 시를 보다 풍부하고 아름답게 만들었음. 자칫 혼동하기 쉬운 맞춤법과 띄어쓰기를 정확하게 인지하여 사용하고 응용할 줄 앎.

국어 시 쓰기 과제를 통해 글쓰기 역량을 드러낸 기록이다.

창의력, 발표력 등 기록 예시(1학년 사회 세특)

사회 : '글로벌 경제와 국민경제'의 수업시간에 핫머니의 행태가 글로벌 경제에 미치는 영향을 '캐피틀리즘'이라는 게임을 통해 설명하는 등 창의적이고 전달력 높은 발표를 하여 많은 호응을 받음. 고령화와 저출산문제 해결방안의 논술쓰기에서 제시된 통계자료를 체계적으로 분석하여 논리정연한 주장을 펼침

사회 발표 활동을 통해 교사가 창의력과 발표력에 대한 평가 기록이다.

관찰력, 분석력 등 기록 예시(1학년 한국사 세특)

한국사: 역사적으로 중요한 사실에 대해 집중적으로 학습하고 탐구활동에 대한 질문을 자주하여 학급의 다른 친구들의 이해를 도와 역사학습시간에 중요한 질문을 하면 '또 중요한 질문을 하였네' 하는 학급친구들의 감탄과 인정을 받고 있음. 역사학습에 있어서 중요한 점을 판단하는 역사적 판단력이 두드러져 특히, 경제사 분야에 대한 관심을 가지고 관료전과 녹읍의 차이, 전시과의 변천에 대해 비교하여 그 공통점과 차이점을 교과서와 학습지를 바탕으로 자신만의 노트로 재구성하여 질문하고 보다 고차원적인 역사이해를 하고 있음.

학습 시간에 중요한 질문을 많이 한다는 교사의 평가와 더불어 '또 중요한 질문을 하였네'라는 친구들의 반응을 제시하여 관찰력이 탁월한 학생임을 드러낸 기록이다. 교사의 평가와 더불어 친구들의 반응이 들어가면 수업 시간 학생의 활동을 구체화 시키는데 도움이 된다.

비판적 시각, 분석력 기록 예시(2학년 확률과 통계 세특)

확률과통계: 확률과 통계와 관련된 자유주제 보고서를 기사자료의 통계왜곡과 문제해결의 필요성을 주제로 언론들이 제공하는 통계자료가 미치는 영향과 통계왜곡의 폐해에서 벗어날 수 있는 방법에 대해 작성함. 대표적인 통계오류인 표본의 부적절성, 표본 자체의 부족의 예를 제32대 미국대통령선거와 제20대 우리나라 총선을 예로 들어 설명하였음. 이 밖에도 통계조사를 하는 회사의 수익을 위해 수입원에 이익이 될 수 있는 통계자료로 언론을 움직일 수 있음을 설명하며 통계왜곡으로부터 벗어나기 위해 국민들이 비판의식을 가지고 여러 독립변수를 잘 살펴보며 통계자료를 분석할 수 있어야 함을 알림.

통계자료가 미치는 영향과 통계왜곡의 폐해에서 벗어날 수 있는 방법과 관련된 탐구주제를 통해 비판적 시각과 분석력 등의 역량을 파악할 수 있다.

글쓰기 역량 기록 예시(2학년 독서와 문법 세특)

독서와 문법: '헷갈릴 수 있는 문법과 표현'을 주제로 발표함. 주제 선정 이유 및 실수하기 쉬운 우리말 문법과 표현을 다양한 예시를 통해 제시함. 노랫말을 예시로 들어 흥미를 이끌어낸 점, 청중의 흥미를 분석한 점, 실수를 줄이기 위한 방안을 설명한 점 등이 돋보이는 발표였으며 정확한 우리말 구사에 대해 함께 생각하게 하는 의미있는 시간이었음. 또한 기사 작성에 능숙하여 논리적인 글을 잘 쓰며 근거를 충실히 제시하여 주장을 설득력 있게 펼쳐 나감. 이를 통하여 조금씩 현실을 개선하려 하는 노력이 돋보임.

헷갈릴 수 있는 문법과 표현을 주제로 발표 수업을 통해 글쓰기 역량을 드러낸 사례이다.

관찰력(문학적 글쓰기 중요성), 균형적 시각 등 기록 예시(2학년 문학 세특)

문학: 문학과 언론의 관계에 주목하고, 둘의 관계에 대해 다각도로 접근한 논설문을 작성함. 언론이 문학으로부터 무엇을 얻을 수 있는지를 고민하면서 문학의 언어적 함축성과 경제성이라는 가치가 4차 산업혁명 시대에 AI에 의해 대체될 수 없는 고유한 장점일 수 있으며 언론정립을 위해서 문학적 언어를 통해 기사 자체의 질을 높이는 것이 중요하다고 생각함. 텍스트에 더 이상 많은 시간을 할애하지 않는 현대의 대중에게 언론이 제 역할을 다하기 위해서 간결하지만 모든 것을 담아낼 수 있는 문학적 언어가 유의미하며 정확한 커뮤니케이션을 추구해야 하는 저널리즘의 생명력도 담보할 수 있다고 생각함. 그리고 이어령이 '우상의 파괴'에서 언급한 문학의 본령과 문학인들의 시대적 사명이 저항성이듯, 사상과 이념, 진형논리에 구속되지 않고 오직 진실과 정의를 추구하는 것만이 언론이 저널리즘을 올바로 추구하는 길이라는 주장을 밝힘.

4차 산업혁명 시대 AI에 대체되지 않는 인간 고유의 장점으로 문학의 언어적 함축성과 경제성을 제시하며 문학적 글쓰기의 중요성을 강조한 내용이다. 텍스트에 많은 시간을 할애하지 않는 현대의 대중들의 특성을 파악하며 간결한 문학적 언어의 필요성을 제시한 내용을 통해 전공에 대한 관심과 더불어 관찰력 등을 파악할 수 있다.

4. 나를 표현하기 위한 언어의 온도

기록할 때 가능한 한 다른 표현을 활용하라.
표현이 다양할수록 나의 역량이 다채롭게 보인다.

▶ 다양한 능력을 언어로 표현하라!

▶ 교과별 핵심역량을 찾으라!

▶ 긍정언어를 구사하라!

▶ 사고언어를 찾으라!

▶ 나만의 감성언어를 찾으라!

▶ 미래사회 핵심역량과 요구하는 인재상을 찾으라!

▶ 탐구형 보고서를 구성하라!

▶ 스토리를 구성하라!

가) 인문계열 학교생활기록부 기재 내용과 핵심역량*

구분	학교생활기록부 기재 내용	세부핵심역량
창의적 체험활동 특기사항	면학 분위기 조성에 기여하였으며	설득 및 대화력
	역할분담 활동 등에 적극 참여함	적극적 행동력
	학급 구성원으로서의 단결심, 협동심 배양	협동의식
	공동체 속에서 살아가는 데 필요한 노력과 화합의 가치를 습득하게 됨	공동체의식
	나의 새로운 모습을 발견하는 기회를 얻게 됨	자기관리력
	다양한 영어 표현들을 익힘	외국어능력
	몽고와의 문화교류 수업에 적극적으로 참여	세계정치, 경제, 사회문화에 대한 통찰력, 적극적 행동력
	다른 나라를 이해할 수 있는 시간을 가짐	세계 표준에 대한 이해와 적용 능력
	역할분담 활동에 주도적으로 참여	적극적 행동력
	열의와 성의를 다해 적극 참여함	끈기와 인내력
	단결심과 협동심을 배양함	협동의식
	우리나라 시사적 주제에 관심이 많음	한국 정치, 경제, 사회, 문화에 대한 통찰력
	학급 공동체를 위해 성실하게 봉사함	공동체 의식
	자신의 의견을 적극적으로 발표함	능동적 표현력
	학급 공동체를 위해 성실하게 봉사함	공동체 의식
	각종 활동에 적극적으로 참여함	적극적 행동력
	타인을 배려하는 자세	배려심, 협력
	민주시민으로 성장할 수 있는 토대	공동체 의식
	심성프로그램에서 자기 자신을 발견하고	자기관리력
	타인을 이해하는 열린 마음을 갖게 됨	대인관계능력
	집단의 활동을 활성화하는 역할	조직 관리력
행동특성 및 종합의견	꾸준히 학습계획을 작성하여 실천하고	자기주도적학습력
	친구들과 교우관계가 좋으며	대인관계능력
	예의바르고 착실함	도덕성
	여러 과목에 대해 학문적 호기심을 가지고	지적호기심
	사회현상에 대한 관심을 갖고	한국 정치, 경제, 사회, 문화에 대한 통찰력
	시각장애 복지관에서 꾸준히 봉사활동을 하고	다양성 인정
	영어에 많은 관심과 노력을 기울임	외국어능력
	학업은 자신의 계획에 따라 시간을 안배하여 자기주도적으로 하고	자기주도적학습력
	자신의 희망진로 분야에서 반드시 성공할 것을 확신함	폭넓은 조망력

* 출처 : 이화여대 학생부종합전형

나) 자연계열 학교생활기록부 기재 내용과 세부핵심역량*

구분	학교생활기록부 기재 내용	세부핵심역량
창의적 체험활동 특기사항	학교생활에 잘 적응할 수 있도록	환경변화에 대한 적응력
	진로에 대한 맵을 그리고 꿈에 대한 계획수립 방법을 배움	자기주도적학습력
	영어에 대한 관심과 흥미가 많으며 학급 친구들에게 영어과목의 멘토 역할을 함	외국어능력
	면학분위기 형성에 명쾌한 의견을 제시함	공동체 의식
	AP교육과정을 수료하여 빛의 반사, 굴절, 간섭 현상 알아보기	정보 및 과학기술 습득
	과학적 탐구능력과 실험수행능력	지적 호기심
	실험 결과로부터 과학의 이론과 법칙을 이끌어냄	첨단과학기술에 대한 이해와 활용 능력
	과학의 달 명사초청 강연을 듣고 과학경시대회 참가	정보 및 과학기술 습득
	사고력이 풍부하고	합리적 사고력
	판단력이 예리하며	가치판단능력
	발표에 적극적이며	능동적 표현력
	논리력과 추리능력이 뛰어나고	합리적 사고력
	매사에 적극적인 학생임	적극적 행동력
	카오스이론, 나비효과 등에 관심이 많음	정보 및 과학기술 습득
	왕성한 호기심	지적 호기심
	토론과 제작활동에 능동적 참여	능동적 표현력
행동특성 및 종합의견	친절하여 친구들과 잘 어울림	대인관계능력
	지적 호기심이 많아	지적 호기심
	급우들과 잘 어울리며	대인관계능력
	맡은 일을 능동적으로 잘 처리하고	능동적 표현력
	감수성이 예민하며	문화적 민감성
	동물에 대한 관심이 많고	다양성 인정
	과학에 대한 안목	첨단 과학기술에 대한 이해와 활용 능력
	목표의식이 뚜렷하며	폭넓은 조망력
	자기관리능력이 뛰어나고	자기관리력
	실패를 두려워하지 않고	실패의 수용능력
	항상 열심히 노력하는	끈기와 인내력
	발전적인 학생	폭넓은 조망력

* 출처 : 이화여대 학생부종합전형

다) 강조하고자 하는 역량에 따른 표현*

구분	학교생활기록부 기재 내용
문제를 해결하는 사고	(문제) 이해하기, 분석하기, (조건, 정보) 파악하기, (관계) 파악하기, 계획하기, 탐구하기, 일반화하기, 특수화하기, 유추하기, 분류하기, 조사하기, 거꾸로 생각하기, 단순화하기, 그림으로 나타내기, 표 만들기, 식 세우기, (다양한 전략) 구사하기, 계산하기, (절차) 수행하기, 문제 해결하기, 적응하기, 활용하기, 점검하기, 반성하기, 평가하기, 설명하기, 정당화하기, 질문하기, 비판하기, (의견) 존중하기, (의견) 조정하기, 의사결정하기, 토론하기, 제안하기, 종합하기, (문제 상황) 모델링하기, 변환하기, 분석하기, 적용하기, 활용하기, 해석하기, 결론도출하기, 점검하기, (조건) 변경하기, 유사성 찾기, 비교하기, 관련짓기, 확정하기, 생성하기, (문제) 만들기
추론하는 사고	관찰하기, 추측하기, 규칙 찾기, 탐구하기, 일반화하기, 특수화하기, 유추하기, 형식화하기, 작도하기, 순서짓기, 대입하기, 단순화하기, 계산하기, 절차 따르기, 풀기, 해 구하기, 함수 구하기, 이해하기, (조건, 정보) 파악하기, 분석하기, 정의하기, 관계짓기, 비교하기, 구별짓기, 측정하기, (단위, 식) 변환하기, 공식유도하기, (구, 개수, 경우의 수) 세기, 어림잡기, 분해하기, 합성하기, 정당화하기, 반례 찾기, 예증하기, 증명하기, 설명하기, 규칙정하기, 반성하기, 되돌아보기, 비판하기, 평가하기, 검토하기, 판단하기, 반별하기, 확인하기
창의 융합능력	(새로운 관점에서 문제해결방법이나 전략) 찾아내기, (새로운 관점에서) 문제 제기하기, 발견하기, 창작하기, 상상하기, 발명하기, 만들기, (많은 해결방법이나 해답) 찾아보기, (문제해결방법이나 전략 2개 이상) 제시하기, (개발형 문제에서 다양한 해답) 산출하기, (다양한 관점에서 해결방법이나 전략 아이디어) 찾아내기, 여러 범주(대수, 기하, 식, 표, 그래프)에서 해결책 찾아내기, (다양한 관점에서) 문제제기하기, (수학적 아이디어) 구체화하기, (수학적 사실을 표, 그림, 모델, 수학용어, 기호 등을 사용하여) 간단명료하게 표현하기, (수학적 아이디어) 정련하기, 정교화하기, (여러 풀이나 설명 중에서) 완결성 높은 것 찾아보기, (서로 다른 주제, 서로 다른 학년의 수학지식, 기능, 경험 사이의) 관계 찾기, 관련짓기, 연결하기, 통합하기, 재구성하기, (수학 문제 상황에 두 가지 이상의 지식과 기능을) 적용하기, (수학 문제 상황에 두 가지 이상의 지식과 기능을 사용해) 문제 해결하기, (실생활이나 타 교과 상황과 관련된 수학적 지식, 기능, 경험 등을) 찾아보기, 적용하기, 연결하기, 관련짓기, 융합하기
의사소통능력	그리기, (수, 시각) 읽기와 쓰기, 표현하기, 형식화하기, 서술하기, 작도하기, 이해하기, (표) 만들기, (그래프) 그리기, 꾸미기, 채우기, 이름짓기, (그림, 식, 표 등으로) 나타내기, 표현하기, 선택하기, 변환하기, 바꾸기, 설명하기, 쓰기, 말하기, 보여 주기, 토론하기, 경청하기, 질문하기, 파악하기
정보처리능력	(자료를) 수집하기, 조사하기, 기록하기, 탐색하기, 생성하기, 표현하기, 분류하기, 정리하기, 열거하기, 배열하기, 비교하기, 묶기, 분석하기, 분류하기, 분할하기, 시각화하기, 평가하기, 예측하기, 설명하기, 해석하기, 종합하기, 활용하기, 선택하기, 조직하기, 공학적 도구 활용하기, 시각화하기
태도 및 실천능력	(수학에 대해) 관심 및 흥미 갖기, (수학의) 가치 인식하기, 역할 이해하기, 필요성과 유용성 인식하기, 편리함 인식하기, (즐거움, 성취감, 동기화 의지, 안정감, 만족감, 도전의식, 적극성, 자신감, 끈기) 갖기, 목표설정하기, 계획세우기, 조절하기, 점검하기, 평가하기, 시간 관리하기, 자율적 태도, (수학적 논리나 사회규범을 기준으로 가지고) 공정하고 정직한 태도를 취하기, (책임감, 도전정신, 용기) 갖기, 배려하기, 존중하기, 협력하기, (수학적 논리나 사회규범을 기준과 같은) 논리적 근거를 토대로 의견제시하기, 이유 설명하기, (수학적 논리나 사회규범을 기준으로) 합리적 의사결정하기
학생의 문화정체성 파악하기	사회적 현실인식, 수학적 가치의 차별성, 국내 수학연구발표 환경을 인식해 연구논문이 어떤 상황에서 의미 있게 발표될 수 있는지를 확인함. 학생의 가치를 명확히 찾아 기술하기

* 출처 : 이동흔의 학생부 기록 스토리

PART 3

학생부 소통 심화 내용

01 | 특기자 전형 : **인적·학적사항**

인적·학적사항은 학생의 인적사항과 학적사항(어떤 중학교를 졸업하였고, 어떤 고등학교에 입학하였으며, 언제 전학을 가고, 언제 전입을 했는지와 같은 사항)을 기재하는 항목입니다. 이 항목은 대입자료로 제공되지 않는 항목이므로 중요하지는 않습니다. 하지만 이 항목에 근거하여 우리의 성장배경이나 교육여건 등을 드러낼 수 있으므로 대입자료로 제공되지는 않으나 살펴볼 필요가 있습니다. 물론 이 항목을 살펴봐야할 학생이 많지는 않습니다. 하지만 자신이 조금은 특수한 상황이라면 이 항목에 기록하고 나중에 활용할 수 있도록 하는 것도 좋습니다.

❶ 인적·학적사항

학생정보	성명 :　　　　　　　　성별 :　　　　　　　　주민등록번호 : 주소 :
학적사항	○○○○년 ○○월 ○○일 ○○중학교 제3학년 졸업: ○○○○년 ○○월 ○○일 □□고등학교 제1학년 입학 :
특기사항	500자

☑ 평가 항목

학교생활기록부영역	평가 요소			
	학업역량	전공적합성	인성	발전가능성
인적 · 학적사항	●		●	

▶ 대학에 직접적으로 제공되지 않는 항목임

▶ 이 항목을 토대로 자기소개서를 작성할 경우 학업역량, 인성을 평가함

▶ 특별한 사유가 있을 경우에만 의미 있게 평가되는 항목

▶ 성장배경과 교육여건 참고

▶ 농어촌전형 : 역경극복사례 감안

▶ 특기사항을 통해 학적 변동이 잦거나 특이한 사항을 확인하여 인성, 태도 등 평가

▶ 자사고, 특목고, 상위권 학교에서 일반고로 전학의 경우 확인 사안

▶ 특성화고에서 전학 관련해서도 확인 사안

▶ 자퇴를 해서 검정고시를 치르는 경우 확인

▶ 학력 비인가 고등학교, 대안학교의 재학의 사유

▶ 특기사항에 학교폭력으로 인한 사항 등이 입력된 경우 회의를 거쳐 반영 방법을 결정(좋지 않은 평가를 받을 가능성이 높음)

☑ 나를 브랜딩하라!

▶ 학적 변동이 잦거나 특별한 사유가 있으면 구체적인 이유를 자기소개서에 기록함

▶ 제시한 사유가 대학의 인재상이나 모집단위와 연관된다면 입학사정에 반영됨

▶ 학생이 재학했던 학교의 교육환경을 파악하여 학생의 성장과 발전가능성을 이해함

▶ 내신을 이유로 전학을 많이 가고 있음. 관련해 면접에서 물어볼 여지가 있어, 전학 사유(교우관계, 내신, 전학하려는 학교의 교육과정 장점 등)를 생각해 두어야 함

살펴보기

▶ 농어촌 특별전형 : 당해 연도 입학정원의 4% 이내. 농어촌 출신이 지원할 수 있음

▶ 특성화고 특별전형 : 당해 연도 입학정원의 5% 이내, 단 2019년까지 1.5% 이내로 감축하기로 결정됨. 특성화고 졸업자가 지원할 수 있음(2022년 및 매년 입시 요강 확인 요망)

▶ 재외국민 특별전형 : 당해 연도 입학정원의 2% 이내. 단, 순수외국인(부모 모두 외국인인 외국인)과 국외 교육과정 12년 이수자, 북한이탈주민의 경우는 모집인원의 제한 없음

▶ 장애인 등 대상자 특별전형 : 제한 없음

▶ 산업체 위탁교육생 : 교육부에서 별도 정원 통보

▶ 특성화고졸 재직자 : 농어촌, 전문계고, 기회균형 포함 11% 이내(계산방식은 기회균형과 동일. 단, 농어촌, 전문계, 기회균형의 최대치인 9%를 채우고도 2%가 더 남으므로 정부에서 이 전형을 권장한다고 볼 수 있음. 그러나 모든 대학이 그 2%를 위해 전형을 신설하지는 않음). 특성화고나 마이스터고를 졸업하고 입학일 기준으로 3년 이상 취업하면 지원자격이 주어짐

▶ 서해5도 특별전형 : 정원 1% 이내 선발이 가능(모집단위별 제한은 5%). 이 전형은 고등교육법 시행령에 따라 시행되는 전형들과 다르게 시행에 대한 법적 근거가 2011년 시행된 '서해5도지원특별법'의 시행령 제11조임. 서해 5도 지역 출신이 지원할 수 있음

▶ 기회균형 특별전형 : 2008년 2월 고등교육법 시행령의 개정에 따라 생겨난 전형. 농어촌, 전문계고교의 인원을 포함하여 당해 연도 모집정원의 9% 이내. 이 전형을 전혀 시행하지 않고 농어촌 4%, 전문계 5%의 최대치를 뽑을 수도 있고, 농어촌과 전문계 전형을 시행하지 않고 기회균형만으로 9%를 선발할 수도 있다는 뜻임. 그 범위는 대학이 재량껏 정할 수 있음. 기초생활수급자가 지원할 수 있음

군인 또는 소방공무원으로 15년 이상 근무한 자의 자녀	소년 · 소녀 가정의 자녀
다자녀 가정(4자녀 이상)의 자녀	아동복지시설에서 보호받은 자
다문화가족의 자녀	민주화운동 관련자 본인 또는 그의 자녀
조손가정의 자녀	의사(상)자 본인 또는 그의 자녀
장애인부모 자녀	환경미화원의 자녀
국가보훈대상자	고엽제후유의증 환자 자녀
만학도	특수임무유공자 자녀
군부사관/경찰공무원/소방공무원/교정직공무원 15년 이상 재직 중인 자의 자녀	기초생활수급자 및 차상위 계층 등
도서 · 벽지 지역 5년 이상 근무자인 자의 자녀	

02 근면, 성실 : **출결사항**

출결사항은 학생의 성실성을 살펴볼 수 있는 중요한 항목입니다. 특히 시대가 바뀌면서 부모님 시절에는 결석, 지각, 조퇴하는 일이 거의 없었지만 요즘은 이러한 출결사항이 나타나는 학생들이 생각보다도 많습니다. 그래서인지 각 대학에서는 이 항목으로 학생들의 성실성을 평가합니다. 이 책을 읽는 여러분들은 그 누구보다도 성실하게 학교생활에 임해서 학교생활에서 성실성을 입증할 수 있기를 바랍니다.

❸ 출결사항

| 학년 | 수업일수 | 결석일수 | | | 지각 | | | 조퇴 | | | 결과 | | | 특기사항 |
		질병	미인정	기타	질병	미인정	기타	질병	미인정	기타	질병	미인정	기타	
1														500자
2														500자
3														500자

☑ 평가 항목

| 학교생활기록부영역 | 평가 요소 | | | |
	학업역량	전공적합성	인성	발전가능성
출결사항			●	

▶ 미인정결석일수 혹은 미인정지각, 미인정조퇴, 미인정결과를 평가에 반영함

▶ 특별한 사유가 있을 경우에만 의미 있게 평가되는 항목

- 결석 · 지각 · 조퇴 · 결과의 질병 · 미인정 · 기타 등 모든 항목

- '미인정' 조퇴 · 결석 · 결과 · 지각은 그 사유가 주요한 평가 요소

- 미인정(결석, 결과, 지각) 감점 – 2회 이상인 경우 부정적 영향 미칠 가능성 있음

▶ 성실성의 평가 지표

☑ 나를 브랜딩하라!

❶ 학생부 기본사항

▶ 미인정결석, 미인정지각, 미인정조퇴, 미인정결과의 사유를 특기사항과 자기소개서에 적극 설명하는 것이 바람직함

　예1) 1학년 때 미인정결석이 3회 기록되어 있는 학생의 경우, 진로에 대한 고민과 부모님과의 갈등 때문에 '미인정결석'을 했다는 사실을 구체적인 사례를 들어 언급할 수 있는 적극성이 필요함

　예2) 매일 미인정지각하는 A와 B 학생 모두 내신 성적은 2점대 중반이었을 때, A는 본인의 성적보다 나은 원하는 학교에 입학하고, B는 성적에 맞게 입학을 함. 그 이유는 A는 출결 특기사항에 한 부모 밑에서, 초등학생인 동생의 등하원을 돕다가 지각을 했다는 부분이 기록되어 있었음

▶ 학생의 교과성적이 급락한 경우 출결사항을 참고하여 학생의 특이사항이 있는지 판단함

❷ 학생부 특기사항

▶ 질병 결석에도 사유(소명)를 기록하는 것이 좋음 : 특히 교육대학, 사범대학, 의과대학 등 성실함을 특히 요구하는 계열 응시 시 참고하는 경향 있음

▶ 전교학생회장, 전교부학생회장, 전교학생회부장, 학급반장, 학급부반장, 학급의회의장, 학급의회부의 장, 동아리회장 및 이에 준하는 임원으로 활동한 학생의 선발을 목적으로 하는 전형의 경우, 출결상황은 더 엄격한 평가와 냉정한 잣대로 평가함. 특히 교육대학, 사범대학, 의과대학 등 성실함을 중요시하는 계열을 지원할 때 참고하는 경향이 있음. 특히 '리더십 중요 요소' 전형에서 여자대학에서 더 엄격히 보는 경향 있음

▶ 학교폭력 기록 : 입학전형위원회 → 반성의 내용이 있을 경우에 기록 가능함

▶ 학교생활 부적응, 부모 간병, 가사 조력과 같은 사유는 특기사항에 기록해야 함

▶ 출결과 관련한 신체적, 정신적 건강상태, 가정환경 파악, 학교폭력 등의 내용을 특기사항에 기술해야 함

▶ 미인정결석의 경우, 질병 관련 사항이 많을 경우 '특기사항'란에 긍정적 기재가 좋으니, 학교와 수업에 성실히 임해서 실수를 만회하는 노력이 필요함

03 | 특별한 나 : **수상경력**

수상경력은 입학사정관들이 많이 보는 학생부 항목 중 하나입니다. 특히 4가지 평가요소 모두의 평가 대상이 되는 항목입니다. 하지만 학기당 1개의 수상경력만 제공할 수 있게 된 지금 수상경력의 중요성은 낮아졌을까요? 물론 학생이 제공하는 수상경력에 따라 평가할 수 있는 영역이 축소될 것은 당연하지만 그럼에도 불구하고 수상경력은 자신의 능력과 관심분야를 나타낼 수 있는 중요한 수단입니다. 따라서 수상 할 기회가 있다면 참가하는 것이 당연합니다. 물론 상을 받을 가능성이 없는 대회들도 많겠지요. 그렇다고 미리 포기하지 말고 참가해 보세요. 그러면 그 과정에서 새로운 것을 배우고, 그 배운 것이 나에게 또 다른 이득이 될 때도 있을 테니까요. 하지만 자신과 관련없는 대회나 활동에 참여하는 것은 추천하지 않습니다. 왜냐하면 이제는 '선택과 집중'이 더욱 중요하게 여겨지기 때문이지요.

❹ 수상경력

구 분	수상명	등급(위)	수상연월일	수여기관	참가대상(참가인원)
교내상	100자				

☑ 평가 항목

학교생활기록부영역	평가 요소			
	학업역량	전공적합성	인성	발전가능성
수상경력	●	●	●	●

▶ 대학에 제공되는 학생이 선택한 1학기 당 1개의 수상경력만을 대상으로 평가함

▶ 모든 평가 요소에 반영되는, 대학에서 큰 의미를 두고 평가하는 항목이므로 본인이 어떠한 영역의 수상을 제공하느냐에 따라 평가받을 수 있는 영역이 달라짐

　-학업역량 : 학업 관련 수상이 주요 평가 요소

　-전공적합성 : 전공 관련 수상을 평가의 주요 자료로 활용할 뿐만 아니라 전공 관련 노력의 성과 척도 (특기)로도 활용

　-인성 : 학업관련 이외의 수상은 인성적인 분야의 수상이 주요 평가 요소

　-발전가능성 : 자기소개서에 상과 관련하여 적혀있다면 지원 동기나 노력한 내용, 수상 내용과 배경을 통해 정성적 평가 자료로 활용하거나 자기 주도적 발전 가능성을 파악하는 데 활용

▶ 양적 평가뿐만 아니라 질적 평가(등위), 과정과 내용도 중요시함

　-교과와 비교과의 모든 수상실적은 전공적합성, 학업계획, 고난 극복 등의 평가 대상임. 교과와 수상경력, 활동 등은 종합적으로 검토하여 평가하며, 분리하여 평가하지 않음

　-관심 영역의 일관성*과 학년별 확장성 **등을 확인할 수 있으면 좋음

---

* 예를 들어 기계공학에 관심이 있다면 수학, 과학에 대한 수상 실적이 전체 학년에 계속 나타남

** 예를 들어 기계공학에 관심이 있다면 2학년, 3학년이 되면 물리 관련 과목에 대한 수상이 있음

☑ 나를 브랜딩하라!

❶ 학생부 기본사항

▶ 개인 수상 실적이 단체 수상 실적보다 영향력이 크지만, 단체 수상의 경우는 자기소개서에 실제 본인이 활동했던 내용을 상세히 기록하면 영향력이 커짐

▶ 특정 영역의 능력을 나타내고 싶다면 경시 대회, 봉사상 등 2회 이상이 연속적인 받는 것이 도움이 됨

▶ 전공(모집단위)과 관련된 수상 부분이 동아리활동이나 수업활동 등과 연결되는 것이 바람직함

　예시) '세부능력 및 특기사항'에 '영어 말하기에 관심 가지고 노력함'이라고 기재되고, 교내 영어 말하기 대회에서 입상했으며 독서활동상황에도 영어 관련 기록이 있으면 좋은 평가를 받을 수 있음

▶ 대회에서 수상하지 못하더라도 대회 준비 과정이나 그로 인해 달라진 점 등을 선생님과 소통하면 이 내용을 선생님께서 추천서 작성 시 사용할 수 있음

▶ 교내상의 수상인원은 참가인원의 20%로 권장되지만, 학교 규모나 대회 성격을 고려해서 학교장이 비율을 지정할 수 있음. 따라서 학교 교육계획서나 가정통신문 등을 확인하여 수상비율을 확인하고 도전하는 것도 가능함

▶ 학년별 수상비율을 보면 2학년이 가장 많고, 1학년, 3학년 순으로 되는 경우가 많음. 따라서 1학년, 3학년 때에 조금 더 노력을 기울인다면 다른 학생들과 차별화된 생활기록부를 만들 수 있음

❷ 활동 내용

　▶ Step 1 : 학교 알리미에서 학교 대회 일정 확인

　▶ Step 2 : 학통 캘린더에서 해당 일정 확인(전략적 준비)

　▶ Step 3 : 전공 관련 대외 대회 일정 체크, 관련 학과 선배들의 활동 주목하기

■ 진로역량 중심으로 학기당 1개의 상을 선정하는 방법

학기	받은 상	최종선정
1학년 1학기	강연소감문쓰기대회 장려상(3위), 독서감상문쓰기대회 장려상(3위), 백일장(산문부문) 우수상(2위), 영단어경시대회 은상(2위), 정보윤리표어공모대회 장려상(3위), 교과우수상, 봉사상	백일장(산문부분) 우수상(2위)
1학년 2학기	독서경시대회 장려상(3위), 진로탐방대회 금상(2위), 플래너 활용능력대회 은상(3위), 과학경시대회 동상(3위), 수학창의사고력대회 은상(2위), 영단어경시대회 동상(3위), 진로포트폴리오 공모전 은상(3위), 교과우수상, 봉사상	수학창의사고력대회 은상(2위)
2학년 1학기	백일장(산문부문) 최우수상(1위), 생활법경시대회 금상(1위), 영어단어경시대회 동상(3위), 교과우수상, 봉사상	생활법경시대회 금상(1위)
2학년 2학기	한글날 기념 글쓰기 대회 버금상(2위), 독서경시대회 장려상(3위), 독도사랑 글짓기 대회 최우수상(1위), 독서감상문쓰기대회 우수상(2위), 영어단어경시대회 은상(2위), 고사성어 경시대회 은상(3위), 수학시짓기대회 장려상(3위), 교과우수상, 봉사상	독도사랑 글짓기 대회 최우수상(1위)
3학년 1학기	생활법경시대회 금상(1위), 교과우수상, 봉사상	생활법경시대회 금상(1위)

▶ 2020학년도 학종 합격생 사례를 참고하여 작성한 예시이다. 이 학생의 진로철학은 '국민적 차원의 갈등을 완화하는 팩트체크 전문 정치부 기자' 이다. 진로철학을 이루기 위해 필요한 핵심역량은 글쓰기 역량, 논리력, 사회현상 이해력 등이 이다. 백일장(산문부분) 우수상(2위), 독서사랑 글짓기 대회 최우수상(1위) 등으로 학생이 글쓰기 역량을 지니고 있다는 것을 확인할 수 있다. 팩트체크를 하기 위해서는 논리력이 핵심인데 수학창의사고력대회 은상(2위) 및 생활법 경시대회 금상(1위)를 통해 논리력이 있다는 것이 확인이 된다. 또한 생활법 경시대회에서 지속적으로 참여하고 1위를 차지한 내용을 통해 사회현상에 매우 관심이 많으며 사회현상에 대한 이해가 깊다는 것을 확인할 수 있다. 학기별로 상의 등위도 올라가고 있음이 확인된다.

교내 대회 일정 예시(샘플, 각 학교 교육계획서 참고)

	분류	수상명	참가 대상	시행일	수상 비율	담당부서
1	교과	우수 다독 학생	전학년	7, 12월	참가자의 20%	국어과
2	교과	독서퀴즈 대회	전학년	9월	참가자의 20%	국어과
3	교과	독후감 쓰기 대회	전학년	6, 10월	참가자의 20%	국어과
4	교과	논술경시대회	전학년	4월	참가자의 20%	국어과
5	교과	백일장	전학년	5월	참가자의 20%	국어과
6	교과	수학과 연극 대회	1학년	6월 중순	6팀	수학과
7	교과	수학 UCC 대회	1학년	11월 중순	6팀	수학과
8	교과	통계 포스터 대회	2학년	5월, 10월	6팀	수학과
9	교과	수학마인드맵 대회	2학년 문과	5월, 10월	10명	수학과
10	교과	수학 독서 대회	2학년 이과	6월	10명	수학과
11	교과	주말 수학 문제 대회	3학년 이과	6월	10명	수학과
12	교과	수학 활동 대회	3학년 문과	6월	10명	수학과
13	교과	수학 R&E 소논문 대회	1, 2학년	8월	10팀	수학과
14	교과	영어 디베이트대회	1, 2학년	5월	참가인원의 20%	영어과
15	교과	영어 Essay 쓰기 대회	1, 2학년	9월	참가인원의 20%	영어과
16	교과	영어 연극 UCC 대회	1, 2학년	12월	참가인원의 20%	영어과
17	교과	발명품 아이디어 대회	전학년	9월	참가인원의 20%	과학과
18	교과	융합과학 탐구대회	전학년	4월	참가인원의 20%	과학과
19	교과	꿈돌이사이언스페스티벌 교내 예선대회	전학년	3월	참가인원의 20%	과학과
20	교과	과학탐구대회 교내 예선대회	2학년	4월	참가인원의 20%	과학과
21	교과	탐구토론대회	1, 2학년	4월	참가인원의 20%	과학과
22	교과	가우스상(수학)	3학년	5월	참가인원의 20%	과학과
23	교과	뉴턴 상(물리)	3학년	5월	참가인원의 20%	과학과
24	교과	아보가드로 상(화학)	3학년	5월	참가인원의 20%	과학과
25	교과	멘델상(생명과학)	3학년	5월	참가인원의 20%	과학과
26	교과	베게너 상(지구과학)	3학년	5월	참가인원의 20%	과학과
27	교과	중국어 경시대회	2학년	12월	참가인원의 20%	중국어과
28	교과	일본어 경시대회	2학년	12월	참가인원의 20%	일본어과
29	교과	한문 학력 왕 선발대회	전학년	6월	참가인원의 20%	한문과
30	교과	역사 장원 선발 대회	전학년	9월	참가인원의 20%	사회과
31	창체	창의미술실기대회	전학년	6월	참가인원의 20%	미술과
32	교과	시사상식 왕 선발 대회	전학년	6월	참가인원의 20%	사회과
33	교과	학습 이끎이상	전교생	8월/2월	참가인원의 20%	방과후
34	창체	자율동아리 우수자	전교생	8월/12월	참가인원의 20%	방과후

35	창체	교내체육대회	1, 2학년	5월	참가인원의 20%	예체능부
36	창체	교내스포츠클럽대회	1, 2학년	7월	참가인원의 20%	예체능부
37	창체	7560+체력왕선발대회	1, 2학년	7월	참가인원의 20%	예체능부
38	창체	흡연(약물 · 비만) 예방 공모전	전교생	6월	참가인원의 20%	예체능부
39	창체	창업독후감 대회	2학년	5월	참가인원의 5%	진로진학상담부
40	창체	WiFi 창업발표 대회	2학년	11월	10팀	진로진학상담부
41	창체	WiFi 창업 포트폴리오 대회	2학년	11월	10팀	진로진학상담부
42	창체	꿈을 담은 입학용 자기소개서쓰기 대회	전학년	3학년 5월 1, 2학년 11월	참가인원의 10%	진로진학상담부
43	창체	나의 인생 로드맵 발표대회	1학년	12월	참가인원 의 5%	진로진학상담부
44	창체	꿈디딤 포트폴리오 경진대회	1학년	7, 11월	참가인원 의 5%	진로진학상담부
45	창체	우수 진로플래너 표창	전학년	7월, 12월		진로진학상담부
46	창체	동아리활동 우수자	1, 2학년	학기말	참가인원 의 5%	연구부
47	창체	동아리활동 경진대회	1, 2학년	학기말	참가인원 의 5%	연구부
48	창체	후배사랑 글짓기 대회	3학년	3월	참가인원 의 5%	탐구부
49	창체	학교환경정화를 위한 캠페인 자료 아이디어 대회	전학년	3월	참가인원의 20%	탐구부
50	창체	학교폭력예방 및 안전한 학교생활을 위한 우리들의 정책발표대회	전학년	4월	참가인원의 20%	탐구부
51	창체	더불어 사는 사회를 위한 생각 발표대회	전학년	5월	참가인원의 20%	탐구부
52	창체	나라 사랑하는 마음 표현하기 대회	전학년	6월	참가인원의 20%	탐구부
53	창체	학교폭력예방 정책의 효율성 연구대회	전학년	7월	참가인원의 20%	탐구부
54	창체	창의적 특색활동 보고서 작성 대회	전학년	11월	참가인원의 20%	탐구부
55	창체	창의적 특색활동 결과물 및 포스터 전시대회	전학년	11월	참가인원의 20%	탐구부
56	창체	창의인성교육을 위한 소그룹 탐구활동 보고서 발표대회	1, 2학년	10월	참가인원의 20%	탐구부
57	창체	체험학습 보고서쓰기 대회	전학년	5, 10월	참가인원의 20%	학년부
58	창체	수학여행 테마 사진전	1학년	5월	참가인원의 20%	학년부
59	창체	UCC 공모전	3학년	12월	참가인원의 20%	학년부
60	창체	자기주도학습상	전학년	1, 2학기	참가인원의 20%	학년부
61	창체	'나도 지구지킴이' 실천사례 대회	전학년	6월	참가인원의 20%	환경사회교육부
62	교과	교과우수상	전학년	학기말	교과목 수학학생 수 대비 상위 0~4% 이내	평가부
63	일반	개근상	전학년	학년말	결석, 지각, 조퇴, 결과가 없는 자	학년부
64	일반	봉사상	전학년	5, 7, 12월	추천받은 학생	환경사회교육부
65	일반	선행상	전학년	수시	추천받은 학생	생활 지도부
66	일반	효행상	전학년	수시	추천받은 학생	생활 지도부
67	일반	모범상	전학년	수시	추천받은 학생	생활 지도부
68	일반	기능상	전학년	수시	추천받은 학생	학년부

☑ 기록 사례

<교내/교외 대회 활동 보고서>

학생명	1학년 11반 11번 이름 : 김소통	활동 일시	2020년 5월 23일
대회명	통일 골든벨 대회	등위	금상(개인)
준비 과정 및 참가 계기	평소 한국의 외교관계에 대한 관심을 가지고 신문기사나 사설 등을 읽으면서 대북 문제 해결을 위해서는 해당 국가들의 노력뿐만 아니라 동북아시아 국가들의 관계 파악도 필요하다는 것을 느끼며 공부하던 중 북한과 관련된 여러 가지 지식을 습득하고 정리하고자 지원하게 되었음 1. 통일 관련 기사 스크랩 2. 우리나라 정권들의 통일 정책 비교·분석 3. 동아시아사 교과목과 연계한 동북아 관계 정리 4. '민주평화통일자문회의'사이트에 나와 있는 통일 관련 개념 정리		
배우고 느낀 점	대회에 참가하기 위해 그동안 단편적으로 알고 있던 지식들을 묶어서 동북아시아의 외교의 방향성과 흐름에 대해 알게 됨. 또한 민주평화통일자문회의 사이트에 있는 다양한 통일 관련 개념을 정리하고 공부함으로써 통일에 대한 주관적인 생각과 방향성을 정리하고 친구들에게 조리 있게 이야기해 줄 수 있게 되었음. 또한 우리나라 정권별 대북 정책의 흐름과 방향성에 대해 알게 되어 향후 어떠한 대북 정책이 더 효율적인지 궁금증을 가지게 되어 더 조사하고 싶은 생각을 하게 됨. 통일 관련 심화 내용을 공부함으로써 꿈꾸고 있는 학예 연구사로서의 진로를 확고히 하는 계기가 됨. 지식을 가지고 있는 것과 그것을 활용하는 것에 큰 차이가 있음을 대회를 통해 느껴 자신이 가지고 있는 지식을 그냥 지식에 그치게 하지 않고 사용할 수 있는 다양한 방안을 간구해 보고 싶다는 생각을 함.		
추후 심화 활동	'광복 70년의 역사와 100년의 꿈'이라는 주제로 소논문 활동을 진행		
학생부 브랜딩			

04 | 전공별 관련 자격 : **자격증 취득**

예전에는 자격증 및 인증 취득상황에 많은 자료를 입력할 수 있었습니다. 그래서 많은 학생들이 학원을 다니며 다양한 종류의 자격증을 취득했지요. 이렇게 학교활동보다 밖에서 이뤄지는 활동에 집중하는 현상이 발생해 지금처럼 대부분의 자격증을 입력할 수 없게 되었을 뿐만 아니라 2022학년도 대입 전형부터는 입력은 가능하지만 대입자료로 제공되지 않고 평가항목에서도 제외되었습니다. 그러나 자격증을 취득하려는 동기, 노력의 과정 등은 충분히 자소서에 녹여낼 수 있고, 진로 관련 역량을 향상시킬 수도 있지요. 그러니 진로와 관련된 자격증이 있다면 한 번쯤 도전해 보는 것은 어떨까요?

❺ 자격증 및 인증 취득상황

구 분	명칭 또는 종류	번호 또는 내용	취득연월일	발급기관
	100자			

☑ 평가 항목

학교생활기록부영역	평가 요소			
	학업역량	전공적합성	인성	발전가능성
자격증 및 인증 취득상황		●		

▶ 학생부에 기재할 수는 있지만 대학에는 제공되지 않음

▶ 직접적인 평가 항목으로 사용되지 않지만 자기소개서 작성 등을 통하여 관심분야에 대한 전공적합성을 나타낼 수 있는 항목이나 자격증이 제한적임

- 자기소개서에 적을 경우 모집 단위 관련 자격증 평가 활용. 전공 관심과 열정, 기초 소양 능력 파악에 활용

- 취득할 수 있는 자격증은 홈페이지(http://www.q-net.or.kr)에서 확인 가능

- 고등학생이 재학 중에 취득한 것으로 함

▶ 2021년에도 입력할 수 있는 자격증은 15개 부처 50종목

※ 교육부 기재 예시

소관부처	자격종목	등급	자격관리자	공인 유효 기간
기획재정부	경제이해력검증시험(TESAT)	S급, 1·2·3급	한국경제신문사	~21.11.09.
	경제경영이해력인증시험 (매경 TEST)	최우수, 우수	매일경제신문사	~21.12.21.
과학기술 정보통신부	PC활용능력평가시험(PCT)	A, B급	(주)피씨티	~22.02.16.
	인터넷정보관리사	전문가, 1·2급	(사)한국정보통신 진흥협회	~22.02.16.
	리눅스마스터	1·2급		~22.03.14.
	SQL자격	전문가, 개발자	(재)한국데이터진흥원	~22.12.31.
	네트워크관리사	2급	(사)한국정보통신 자격협회	~24.01.19.
	PC정비사	1·2급		~22.01.14.
	데이터분석	전문가, 준전문가	(재)한국데이터진흥원	~22.12.31.
문화체육 관광부	한국실용글쓰기검정	1·2·준2·3·준3급	(사)한국국어능력평가협회	~21.12.31.
	소프트웨어자산관리사 (C-SAM)	2급	(사) 한국소프트웨어 저작권협회	~23.01.12.
보건복지부	점역교정사	1·2·3급	(사)한국시각장애인연합회	~22.03.31.
법무부	디지털포렌식전문가	2급	(사)한국포렌식학회	~22.12.16.

☑ 나를 브랜딩하라!

▶ 공식적으로 대학에 제공되지 않는 항목이므로 자격증 취득 여부가 큰 의미가 있지는 않음

▶ 자격증 스터디와 자율동아리 : 자격증, 동아리 활동, 관련 과세특 기록, 진로 활동에 연계해서 기록할 수 있어서 1석 3조

▶ 일반고에서 취득할 수 있는 자격증을 중심으로 준비해 두면 유리함

▶ 특성화고교전형: 중요(고교에서 취득한 기능사자격증)

▶ 자격증보다는 내신 성적이 더 중요하다는 것을 깨닫고 내신성적 향상에 집중해야함

▶ 보통 유효 기간이 2년이라서 학업 부담이 없는 중3부터 고등학교 1학년 1학기까지 준비해서 1학년 2학기에 자격증을 취득하는 것이 좋음

05 | 학교에서 나를 드러내는 활동 : **자율활동**

자율활동은 공동체 안에서 이뤄지는 활동이 대부분 기록되기 때문에 리더십, 공동체의식을 나타내기 좋은 활동입니다. 공동체 안에 자신의 전공과 관련하여 기여한 활동이 있다면 전공적합성을 평가받을 수도 있습니다. 특히 진로철학이 반영된 활동을 진행한다면 학생부에서 자신의 브랜드를 드러낼 수도 있습니다. 그러나 자율활동 기록을 살피다보면 특별히 다른 학생들과 차별점이 드러나지 않은 경우가 많습니다. 자신의 역할이 명확하지 않거나 공동체에 기여한 점이 눈에 드러나지 않을 경우 다른 학생과 차별성 있게 기록되기 어려운 단점이 내포되어 있습니다. 평가요소를 고려하여 자율활동을 통해 어떤 평가를 받고 싶은지 정해서 활동을 진행해보면 어떨까요? 아직 정하지 못했다면 다음 내용을 통해 정해볼까요?

❺ 창의적 체험활동상황 : 자율활동

학년	창의적 체험활동상황		
	영역	시간	특기사항
	자율활동		500자

☑ 평가 항목

학교생활기록부영역	평가 요소			
	학업역량	전공적합성	인성	발전가능성
창의적 체험활동상황		●	●	●

▶ 학교교육계획(정규교육과정 포함)에 의해 학교에서 주최하고 실시한 활동

▶ 모든 활동의 동기, 활동내용, 느끼고, 배운 점, 성과 그리고 활동으로 변화한 가치관 등을 자기소개서와 연계하여 평가 자료로 활용

▶ 전공적합성, 인성(리더십, 자기주도성 등), 발전가능성을 주로 평가함

▶ 객관적 사실에 기초해 학교에서 주관하고 실시한 활동에 참여한 활동을 평가함

▶ 예전에는 학교평가 성격을 가지며, 개인평가 성격(리더십과 참여도)도 가졌으나 최근에는 학교평가보다는 학교에서 이루어지는 교육활동에 학생이 구체적으로 어떻게 참여하였는가를 평가함

▶ 개인의 창의적 기획과 활동 결과를 평가함

▶ 활동과정에서 드러나는 개별적 행동특성, 참여도, 협력도, 실적 등을 평가함

▶ 학생의 관심 분야에 대한 이해 자료로 활용함

▶ 지속적인 활동경험은 학생들에게 인정받는 리더십 및 진정성에서 높은 평가를 받음

▶ 리더십 활동은 학급 부서 활동도 중요하지만 부반장 이상의 경력을 위주로 평가함

▶ 팀원이라도 역할을 충실히 수행하고 팀에 긍정적인 기여를 했다면 평가에 반영함

▶ 수상경력의 '모범상', '봉사상', '선행상'에 대한 구체적인 근거를 기록해 주는 경우가 있는데, '리더'라는 결과적 자료가 아니라 리더로서 학급 또는 학교 내에서 어떤 역할을 수행하고, 그 과정에서 어떤 기여를 했고 어떤 결과를 가져왔는지에 대한 구체적인 기록으로 리더십 역량, 공동체의식, 의사소통능력 등을 평가할 수 있음

☑ 나를 브랜딩하라!

❶ 학생부 기본사항

<자율활동 활동내역>

영역		활동 내용(예시)
자율활동	자치·적응활동	• 기본생활습관형성활동 – 예절, 준법, 질서 등 • 협의활동 – 학급회의, 전교회의, 모의의회, 토론회, 자치법정 등 • 역할분담활동 – 1인 1역 등 • 친목활동 – 교우 활동, 사제동행 활동 등 • 상담활동 – 학습, 건강, 성격, 교우 관계, 상담활동, 또래 상담 활동 등
	창의주제활동	• 음악활동 – 성악, 합창, 뮤지컬, 오페라, 오케스트라, 국악, 사물놀이, 밴드, 난타 등 • 미술활동 – 현대 미술, 전통 미술, 회화, 조각, 사진, 애니메이션, 공예, 만화, 벽화, 디자인, 미술관 탐방 등 • 연극·영화활동 – 연극, 영화 평론, 영화 제작, 방송 등 • 체육활동 – 씨름, 태권도, 택견, 전통무술, 구기운동, 수영, 요가, 하이킹, 등산, 자전거, 댄스 등 • 놀이활동 – 보드 게임, 공동체 놀이, 마술, 민속놀이 등

▶ 자치활동, 적응활동, 창의주제활동을 기록하는 것

▶ 자치활동, 적응활동, 행사활동, 학교특색활동, 학급 및 학교체험활동, 환경교육, 학교폭력예방교육, 안전교육, 성폭력예방교육 등 자신에게 크게 영향을 주지 않은 활동의 경우 행사일과 행사명 등 단순 사실(fact) 위주로 간략하게 기재하는 것이 가독성이 높음

▶ 아무리 좋은 내용이나 많은 내용일지라도 복사·붙임이나, 단순나열 내용은 같은 학교 지원자의 학생부와 비교하여 공통된 부분은 제외하여 평가하므로 평가에 반영되지 않음(글자 수의 낭비)

▶ 활동 결과에 대한 평가보다는 활동과정에서 드러나는 개별적인 특성, 참여도, 협력도 등을 구체적으로 입력하는 것이 좋음

▶ 보통 시기 순으로 나열하는 경우가 많지만 학생의 활동 중요도 순(자신의 진로와 관련되어 의미 있는 순)으로 앞부분부터 기록하는 것이 좋음

▶ 활동마다 문단을 나누어주면 읽기가 좋음

▶ 입력 글자수가 1,000자에서 500자로 줄어들었으므로 입력할 내용을 좀 더 신중하고 선택하는 것이 중요함. 특히 자신이 강조하고 싶은 영역의 평가요소를 포함한 활동 위주로 선정하는 것이 좋음

❷ 학생부 특기사항

▶ 고교 알리미를 통해서 학교의 행사에 대해 미리 알고 준비하는 것이 좋음

▶ 활동과정에서 드러나는 자신의 자율적이고 자발적인 개별적인 행동 특성, 참여도, 협력도, 활동실적 등을 구체적으로 입력하는 것이 좋음

▶ 정규교육과정 또는 학교교육계획에 의해 실시한 학생 상담활동, 자치법정 등도 자율활동 특기사항에 입력하는 것이 좋음

▶ 자신의 역할을 구체적으로 보여 주어 주도성, 리더십, 봉사정신 등을 드러내어 지원 전공과의 관련성을 표현하는 것이 좋음

▶ 교사 업무를 보조하는 역할이 아닌 학생 스스로 자신의 역할을 수행했음을 나타내는 것이 좋음

▶ 행사 진행 과정 중 본인의 행동을 기록하여 담임 선생님과 소통하는 것이 필요
　　예) 학급 임원 선거 시작 전, 의사 진행 발언을 통해 후보자의 정보가 불충분함을 이유로 선거 일정 연기를 요청하였음

▶ 학생회의 경우 전통적 행사(체육대회, 축제, 수능응원, 학생회 선거 등)의 기본 형식에 대한 반성(개선)을 토대로 수정·보완하는 프로그램 구성이 좋음

▶ 리더십 : 학생들의 권리에 주목하여 학생 간의 문제 또는 교사와의 갈등 발생 시 해결을 위한 기획, 조정 능력, 비전 제시가 좋음. 공약이나 단체 목표 설정과 달성을 위한 노력을 부각하는 것이 좋음

▶ 펠로우십 : 직책이 없는 학생의 경우, 공동체 안에서 자신의 역할 수행과 그 역할의 중요성을 중심으로 기록하는 것이 좋음

▶ 학급 임원이나 동아리 회장은 2회 이상 하는 것이 좋음

▶ 자기소개서 1번 항목을 작성하는 것처럼 '동기 – 과정(학생이 한 역할을 구체적으로 기재) – 결과(학생의 변화된 점, 배우고 느낀 점) – 후속조치(발전된 모습)'의 4단 구성을 따르면서, 이 기록이 대학에 보내는 추천서라 생각하며 작성하는 것이 좋음

　① 자율활동에 참여하게 된 동기가 무엇인가? (동기)
　② 자율활동 내용은 무엇인가? (활동 내용)
　③ 자율활동을 통해 무엇을 배우고 느꼈는가? (배우고 느낀 점)
　④ 자율활동 이후 어떤 활동을 했는가? (후속 활동)

자율활동 영역별 샘플

영역		세부활동 내용 활동 체크
자율활동	자치 · 적응활동 (적응활동)	• 기본 생활 습관 형성 활동 – 예절, 준법, 질서 등 • 협의활동 – 학급회의, 전교회의, 모의의회, 토론회, 자치법정 등 • 역할분담활동 – 1인 1역 등 • 친목활동 – 교우 활동, 축하, 사제동행 활동 등 • 상담활동 – 학습, 건강, 성격, 교우 관계 상담활동, 또래 상담 활동 등 • 입학, 진급, 전학관련 활동 본인이 참여하고, 느끼고 배우고, 변화 경험하기
	자치 · 적응활동 (자치활동)	〔총학생회 구성원〕 협의활동 (총학생회 회장, 부회장) 총학생회 회장으로 학생들의 의견을 건의할 수 있는 건의함 설치를 공약으로 내세워 실천함 (총학생회 총무부장, 도서부장) 총학생회 도서부장으로 학생들의 도서대출 기간 연장을 건의함. (체육부장, 봉사부장 등) 체육부장으로 체육대회의 대진표를 선생님들과 함께 작성함 〔학급 구성원〕 학급 건의함 설치, 중간(기말)고사 대비 요약정리, 멘토/멘티, 교실 뒷정리하기, 매일 아침 하루 5개씩 영단어 칠판에 쓰기, 자율학습 반장하기, 또래 상담해 주기, 학급문집 만들기, 학교행사와 관련된 모든 사진을 찍은 후 CD로 만들어 배포하기 (학급 임원–반장) 담임 보조, 각종 학급행사 기획, 진행, 의견수렴 및 조정 (학급 임원–부반장) 반장과 함께 학급행사 기획, 진행, 의견수렴 및 조정 (학급 임원–학습부장) 자기주도학습 참여 인원 체크 등 담당 (학급 임원–총무부장) 출석부 관리, 각종 제출 서류 관리 (학급 임원–환경부장) 재활용, 분리수거, 청소, 각종 게시물 등 관리 (학급 임원–미디어부장) 컴퓨터, 빔프로젝트 등 관리 (학급 임원–체육부장) 체육시간 관리, 체육대회 연습 관리 〔활동〕 모의 의회, 토론회, 자치법정, 간부 수련회 참가 등 본인이 참여하고, 느끼고 배우고, 변화 경험하기

창의주제활동 (행사활동)	〔시업식, 입학식, 졸업식, 종업식〕 학생부 간부로 입학식 준비, 학급별 동영상 제작활동을 통해 졸업식 참여, 댄스팀으로 졸업식 공연활동, 방송반으로 종업식 방송담당 활동 〔**수학여행**〕수련활동, 현장학습, 문화답사, 국토순례 등 방문하는 장소에 대한 역사, 지리, 자연생태학적인 조사를 하여 작은 책자로 만들어 배포하기, 버스 탑승 시 안전요원하기(안전벨트 및 인원체크), 방장(잠잘 때 방 인원체크, 아침 식사할 때 함께 식사하러 가기 등)하기, 관광지에 대한 사전조사를 하여 급우들에게 여행 안내하기, 수학여행을 갔다 온 후 멋진 장면을 그림으로 그린 후 교실에 게시하기(미대를 생각하는 학생의 경우) 〔**교내체육대회**〕학생 건강 체력 평가 등 친구들과 함께 단체전 줄넘기 대회 준비하기, 응원부장을 담당하여 응원소품 및 응원에 적극 참여하기, 체육대회 이후 환경정화활동하기, 선수 출전, 주장, 적극적 참여, 응원단장, 반티 의견 〔**각종 강연회**〕 강연회를 듣기 전 강사가 쓴 책을 미리 읽고 질문하기, 강연회를 듣고 난 후 강사가 쓴 책이나 관련된 책을 읽고 독후감상문 쓰기, 강연회를 듣고 난 소감을 작성하여 학급에서 발표하기 〔**학교축제**〕전시회, 발표회, 학예회, 경연대회 등 축제관리위원회로 활동하기, 반대표로 장기자랑에 참여하기, 반별 대회 의견 내기 및 준비 참여 〔**체험전 참석**〕 수학체험전, 영어체험전 등 교과별 체험전 참석 ⇨ 본인이 참여하고, 느끼고, 배우고, 변화 경험하기
창의 주제 활동(특색활동)	• 음악활동 – 성악, 합창, 뮤지컬, 오페라, 오케스트라, 국악, 사물놀이, 밴드, 난타 등 • 미술활동 – 현대 미술, 전통 미술, 회화, 조각, 사진, 애니메이션, 공예, 만화, 벽화, 디자인, 미술관 탐방 등 • 연극/영화 활동 – 연극, 영화 평론, 영화 제작, 방송 등 • 체육활동 – 씨름, 태권도, 택견, 전통무술, 구기운동, 수영, 요가, 하이킹, 등산, 자전거, 댄스 등 • 놀이활동 – 보드 게임, 공동체 놀이, 마술, 민속놀이 등 • 주제탐구활동–학생들이 창의주제를 선정하여 탐구하는 활동 ⇨ 본인이 참여하고, 느끼고, 배우고, 변화 경험하기

☑ 브랜드 드러내기

특색활동

> 학급특색사업으로 실시한 '아침을 여는 5분 스피치'에서 탐사보도에 대해 소개함. 평소 즐겨보던 '그것이 알고싶다'라는 프로그램의 SNS 채널을 통해 취재과정의 비하인드 스토리를 알게 되고 범죄, 정치 부패, 기업 비리와 같은 특정 주제를 직접 조사해 캐내는 형태의 저널리즘에 관심을 갖게 됨. 보도까지 적게는 수 개월, 길게는 몇 년을 소비하며 언론인으로서 방관자나 관찰자로 머무르지 않고 가치판단을 통해 선과 악을 구분하여 국민의 알 권리를 보장하는, 탐사보도의 긍정적인 측면을 소개함. 최근 방송정지처분을 받고 있는 사건을 예비언론인으로서 지켜보며 SNS 채널 운영을 통해 보도의 자율성을 보장받는 사회를 희망함을 밝힘.

▶ 자율활동을 통해 자신의 진로철학을 드러낸 사례이다. 5분 스피치 활동에서 자신의 지원전공인 언론에 대하여 발표하며, 보도의 자율성을 보장받는 언론에 대한 자신의 진로에 대한 철학을 명확히 드러내고 있다.

☑ 기록 사례

자율활동 - 자치 소통지

학생명	2학년 2반 2번 이름 : 김소통	기간	2020.03.02. ‒ 2021.02.28.
활동명 & 장소	학급 도서부원 & 교실	활동영역	⟨자율⟩/동아리/봉사/진로
주제	학급 도서부원으로 활동함		
활동 계기 및 준비 과정	평소에 책 읽기를 좋아하고 친구들에게 책 읽는 문화를 확산시키고 싶어서 도서부원에 지원함		
활동 내용	❶ 도서정리 및 도서 대출 반납 의무 수행 : 청결한 학급 도서를 유지함 ❷ 교내 도서주간행사(2020.10.12.‒2020.10.16.) : 독서퀴즈대회를 제안하여 행사를 주관하여 진행함. 독서퀴즈대회에서 다룰 3권의 책을 선정하여 이 대회를 위해 3권의 책을 완독하였으며 중요한 내용을 뽑아 O/X 퀴즈 형태로 만듦		
느낀 점	❶ 도서를 전담으로 정리하는 한 사람의 수고로, 모든 친구들이 읽고 싶은 책을 정해진 기한 동안 읽을 수 있도록 도와준 것이 보람됨 ❷ 교내 도서주간행사에서 도서부원 모두가 한마음 한뜻으로 진행이 잘 이루어지도록 함께 계획하고 준비함으로써 협동심을 기르게 됨. 특히 독서퀴즈대회에서 다룰 책을 협의할 때 학생들에게 도움이 될 만한 책이 무엇인지를 생각하면서 선정하게 됨. 그리고 선정하는 과정에서 다양한 책을 접하면서 상식이 풍부해짐		
추후 심화 활동	학급문집 만들기 : 담임 선생님께 건의하여 우리 학급문집을 만들 계획		
학생부 브랜딩			

자율활동 - 행사 소통지

학생명	2학년 2반 2번 이름 : 김소통	기간	2020.04.22.
활동명 & 장소	강연회 & 시청각실	활동영역	⟨자율⟩/동아리/봉사/진로
주제	역사탐방 강연회에 참가함		
활동 계기 및 준비 과정	역사에 관심이 많고 특히 우리 땅인 독도에 관해 더 알고 싶은 마음에 강연을 듣게 됨. ❶ 독도에 관한 사전 조사 : 독도의 지리적, 역사적 근거 조사 ❷ 강연회 : 독도가 한국 땅인 이유를 역사적, 지리적 사실에 근거하여 이해함 ❸ 독도사랑 캠페인 : 독도에 대한 중요성을 깨닫고 독도에 관한 문서를 검색하여 정리하여 주변 친구들에게 내용을 설명하였고 그 이후에 학급게시판에 게시하면서 독도에 대한 이해를 높임		
활동 내용	내가 조사하여 알고 있었던 독도의 지리적, 역사적 배경은 빙산의 일각이었고 더 많은 사료를 통해 확실히 독도가 우리 땅임을 알게 됨		
느낀 점	❶ 강연회에서 교수님의 설명을 듣고 독도가 일본 땅이 아님을 확실히 알 수 있게 됨. 더 나아가 내가 직접 일본 땅이 아니라는 역사적 사실의 근거를 직접 확인하기 위해 책을 찾아보는 노력을 함 ❷ 주변의 사람들에게 독도의 영역적 가치, 경제적 가치, 환경·생태적 가치에 대한 자료를 만들어 배포함으로써 독도의 중요성을 깨달았으며, 우리나라 영토인 독도를 지켜야겠다는 생각을 하게 됨		
추후 심화 활동	독도 관련 탐구보고서 작성 계획 : 독도가 우리 땅인 것에 대한 역사적 배경을 철저히 탐구하는 탐구보고서를 작성함으로써 나의 관심사인 역사에 대한 학업적인 역량을 보여 줄 예정임		
학생부 브랜딩			

※ 각 자율활동 후에, 간단하게 활동을 기록을 하고, 기록들을 모아서 2주에 한 번, 담임 선생님과 소통을 하는 것이 좋음. 어른에게는 조언을 구하는 것이 가장 좋은 소통 방법임.

☑ 학기말 소통 기록 사례

창의적체험활동 - 자율활동 기재 예시

학년	창의적체험활동 상황		
	영역	시간	특기사항
1	자율활동	28	평소 책 읽기를 좋아하며 책에서 인생의 지혜를 배우기를 좋아하던 학생은 책읽기 문화를 확산시키기 위해 학급 도서부원으로 신청하여 일 년간 활동을 함. 평소에는 학급문고를 관리하여 도서 대출과 반납업무를 성실히 수행하여 급우들이 편리하게 도서를 대출할 수 있도록 함. 교내 도서주간행사(2020.10.12.~2020.10.16.)에는 급우들의 독서에 대한 흥미를 높이기 위해 고등학생들에게 필요한 책 3권을 선정하여 독서퀴즈를 출제하여 학급에서 퀴즈풀기 활동도 실시함. 이러한 활동을 통하여 학생들이 책 읽기에 흥미를 가지며 책을 읽는 횟수가 늘어남에 따라 자신의 작은 노력이 학급의 문화를 바꿀 수 있음을 알게 되고 학급의 다양한 일에 더욱 적극적으로 참여하는 계기가 됨. 독도 문제에 대해 관심을 가지며 고민하던 학생은 독도에 관련된 역사특강(2020.04.22.)이 있다는 소식을 듣고 사전조사를 통해 독도의 지리적, 역사적 근거를 정리하여 특강에 참여함. 특강을 통해 자신이 조사한 것은 우리가 알아야할 독도에 관한 자료의 일부분에 불과하였다는 것을 깨달았으며 역사적, 지리적 관점에서 독도가 우리 땅임을 확실히 알게 되어 그 사실을 친구들에게도 알리고 싶어 독도에 관련된 탐구보고서를 작성하여 발표하는 활동에도 적극적으로 참여함.

자치활동 관련 샘플

 학급 반장(2020.03.01.– 2021.02.28.)으로서 학급 게시판에 교과 수업별 과제를 게시하여 학급의 면학 분위기 조성에 기여하였으며, 봉사활동에도 관심이 많아 온라인 서칭을 통해 급우들이 참여할 수 있는 다양한 봉사활동을 학급 홈페이지에 링크와 함께 안내함.

▶ 학급 반장은 리더십을 잘 나타낼 수 있는 재료임에도 불구하고, 크게 학생의 리더십이나 반장으로의 봉사정신이 잘 나타나지 않는 아쉬움이 남는 기록임.

 학급 반장(2020.03.01.– 2021.02.28.)으로서 선거 때 자신이 내세웠던 첫 번째 공약인 학급 구성원들의 학업능력 향상에 힘쓰는 모습을 보임. 학기 초 자습시간에 몇몇 급우들이 학습을 방해하는 상황에서 소리치거나 화내지 않고, 개개인별로 만나서 이 시기의 중요성과 다른 사람들에 대한 배려를 부탁하여 조용한 학습 환경을 만드는 모습도 보임. 부반장과 함께 학급 게시판에 교과 수업별 과제를 게시하고 수업 내용을 요약 정리하여 게시함으로써 학생들이 수업에 잘 참여하고 학업능력을 증진시킬 수 있도록 배려함. 또한 학급차원에서 의미 있는 봉사활동에 참여하고자 하는 마음으로 웹서핑을 통하여 다양한 봉사활동 계획을 찾아 학급 홈페이지에 안내하는 모습을 보이는 등 자신이 내건 공약을 끝까지 실천하려고 노력하는 의지와 실천력을 보여 줌.

▶ 학급 반장으로 자신이 약속한 공약을 끝까지 이행하기 위해서 노력하는 모습이 잘 드러나고 있으며 갈등상황도 반장으로써 잘 극복하는 모습이 보여 인성적인 측면에서 좋은 평가가 가능함. 또한 개별적인 다양한 활동이 구체적, 순차적으로 적혀 있어 학생의 계획성과 책임감이 느껴지며, 전체적으로 주도성, 리더십, 봉사정신 등도 잘 드러나는 기록임.

 놀이동산으로 반별체험학습을 다녀온 후 탐구한 내용을 바탕으로 한 기사를 작성함. 놀이공원에서 일어날 수 있는 안전사고(놀이기구 사고, 질서, 에스컬레이터 등)의 다발성과 이를 예방하기 위한 주의사항을 주제로 하여 정보와 사진을 취재하고 기사 초고 작성, 퇴고 과정을 통해 안전에 대한 경각심을 일깨울 수 있도록 함. 또한 아쿠아리움에 관한 동물생명보호 차원에서의 문제점을 알리기 위해 이름표가 부착된 동물, 제한된 서식 반경, 관람 태도가 동물에게 미치는 영향을 새로운 관점으로 접근함. 사소한 체험에서도 다양한 시각으로 바라보는 자세와 기자로서 가져야할 책임감에 대해 고민하며 실제 작성된 기사로 친구들에게 큰 관심과 호응을 얻음.

 학급 학습부장으로 학급에서 자체적으로 실시하는 멘토링 활동이 잘 이루어질 수 있도록 우수한 멘토와 학습이 필요한 멘티를 각 개인적 특성을 잘 살펴서 연결해 주는 모습을 보임. 본인 또한 우수한 수학적 학업능력과 성실하고 모범적인 학습 태도를 바탕으로 수학 멘토로서의 역할을 훌륭하게 수행함. 특히 수학을 어려워하는 자신의 멘티를 위해 매 수업시간마다 노트를 필기하고 그것을 쉬운 말로 풀어쓰는 노고를 마다하지 않고 멘티의 눈높이에 맞는 수학노트를 만들어 제공함. 멘티와 같이 공부하는 활동을 통해 타인을 도운다는 생각보다는 자신이 더욱 성장하는 과정이라 생각하며 노력한 결과 수학뿐만 아니라 국어 성적도 향상됨.

1년 동안 책임감과 창의성으로 학급 봉사부장(2020.03.01.– 2021.02.28.)직을 성실히 수행함. 학급의 청결을 유지하는 데 가장 중요한 부분이 무엇일까 살펴보던 중 쓰레기통 주변이 늘 지저분한 것을 발견하고 발상의 전환으로 "쓰레기통을 없애자"고 학급회의 때 의견을 냄. 많은 학생들의 반대에도 불구하고 굴하지 않고 논리적인 근거를 제시하여 필요성을 역설한 결과 쓰레기통을 없애고 개인 봉투를 휴대하기로 결정함. 처음에는 이러한 변화로 인하여 학생들이 귀찮아하며 불평했지만 점점 깨끗해지는 교실환경을 보며 결국에는 많은 학생들이 기뻐하며 즐겁게 학교생활을 할 수 있는 계기를 마련해 줌. 이러한 일들을 통하여 어떤 일을 해도 계획적으로 그리고 성실하게 해내는 학생임을 여러 선생님들께 인정받음.

 전교 학생회 회장 선거에 출마하여 낙선하였으나 당선된 후보의 학생회 봉사부장 제의에 관하여 비록 낙선하였으나 자신의 공약사항을 지킬 수 있는 기회라 생각하고 수락하여 전교 학생회 봉사부장(2020.03.01.– 2021.02.28.)으로 활동함. 활동하는 과정에서 자신이 내세웠던 공약 중 야간 운동장 조명 설치를 위해서 학생회 회의, 선생님들과의 협의, 교장선생님과의 면담을 하는 등 노력하는 모습을 통해 2학기에 야간조명이 설치될 수 있도록 함. 이러한 과정을 통해 학생의 실패에 좌절하지 않는 의지와 노력 그리고 끈기가 다른 학생들의 모범이 됨.

적응활동 관련 샘플

 장애이해교육(2020.03.10.)을 통해 장애를 가진 친구들이나 이웃들이 겪을 고초에 대해 생각해 보고 장애인을 배려할 수 있는 건전한 사회를 마련해 갈 수 있는 자세를 가짐.

▶ 장애이해교육이라는 적응활동 관련 교육이 이루어졌으나 보편적이며 추상적인 진술로만 이루어져 학생의 개별적인 특성이나 활동이 전혀 나타나지 않음.

 장애이해교육(2020.03.10.)을 통해서 장애를 가지고 있음은 '다르다'는 것이며, '차이'가 아니라 '다름'의 의미로 접근해야하는 것임을 깨닫게 됨. 그러한 깨달음을 바탕으로 단순히 장애만을 이유로 차별 받는 일은 없어야한다는 생각을 하게 됨. 예전에 같은 반이었던 특수교육대상학생을 단순히 장애인으로 바라본 자신을 돌아보는 계기가 됨. 자신과 뜻을 같이하는 급우들과 함께 정신지체장애인들을 돌보는 기관에서 정기적으로 봉사활동을 하며 진정한 배려와 나눔은 생각의 변화에서부터 시작된다는 것을 알아가는 모습을 보임.

▶ 평소 자신이 잘못 생각하고 있던 장애에 대한 새로운 시각을 가지게 됨. 예전에 자신의 삶에 대해 반성하는 모습을 통해 진정한 변화를 나타내며 도덕성, 나눔과 소통의 능력을 갖추는 모습을 보여 줌. 또한 그러한 변화를 실천하기 위해 봉사활동을 다니는 등 나눔과 배려에 관한 소양도 갖추었다는 것을 알 수 있는 서술임.

 자신을 사랑하기 프로젝트의 일환으로 실시된 자살예방교육(2020.07.27.)을 통해 생각보다 많은 사람들이 정신적 고통을 겪고 있는 것을 알게 됨. 특히 또래인 청소년 자살에 대해 깊은 관심을 가지며 이러한 것을 예방할 방법에 대해서 고민하며 다양한 온라인 강의와 책을 보며 자살예방에 대한 구체적인 방법들에 대해 알아가는 모습을 보임. 청소년 자살을 비롯한 모든 자살은 결국 정신과 마음의 문제임을 깨닫고 급우들이 긍정적이고 적극적인 마음으로 생활할 수 있도록 하는 것이 중요함을 알고 긍정적 마음가짐에 대한 글을 작성하여 학급게시판에 게시하는 활동을 함.

 학교폭력예방교육(2020.03.24.)을 받으며 "폭력의 전염성은 생각하는 것 보다 더욱 심각하다."라는 말에 큰 충격을 받고 자신은 그러한 경험이 없었는지 다시 한 번 돌아보는 계기가 됨. 또한 자신의 주변에 이러한 전염병과 같은 폭력이 발생하지 않도록 하는 근본적인 대책이 필요하다는 생각을 가지고 뜻을 같이하는 친구들과 '학교폭력의 실태와 발생 원인'이라는 보고서를 작성하여 학교홈페이지 및 학교 신문에 기고함. 이 활동을 통해 많은 학생들이 학교폭력의 심각성과 문제점에 대해 알게 되고 그로 인해 학생들끼리 서로 조심하며 배려하는 모습들이 확산되는 것을 보고 스스로 대견해 함.

행사활동 관련 샘플

 교내축제(2020.10.14.–2020.10.26.)의 준비위원으로 참가하여 학교축제가 새로운 성격으로 잘 진행될 수 있도록 의견을 제시하는 등 축제 준비를 위한 많은 노력을 기울임. 축제의 한 프로그램인 즉석 장기자랑에 참가하여 노래를 부르는 등 축제를 준비하는 준비위원이었지만 학생으로 축제를 직접 즐기며 느끼는 모습도 보임. 열심히 노력하는 자세가 친구들의 모범이 됨.

▶ 축제준비위원으로의 역할이 모호하게 서술되어 있고 학생의 구체적 역할이 잘 나타나지 않아 학생 개별활동을 확인하기 힘듦. 단순히 축제를 준비하고 즐겼다는 정도의 사실만 확인할 수 있음.

 교내축제(2020.10.14.–2020.10.26.)의 준비위원으로 참가하며 학교축제의 성격을 '와서 보는 축제'에서 '직접 체험하고 느끼는 축제'로 바꾸기 위해서 노력하는 모습을 보임. 기존의 학교 축제는 공연 위주의 프로그램과 전시 위주의 프로그램으로 인하여 일반 학생들의 참여가 부족했다는 점에서 문제를 제기하고 새롭게 체험 부스위주로 축제를 운영하고, 즉석 장기자랑과 같이 쌍방향으로 소통할 수 있는 프로그램들로 구성하자고 제안함. 본인도 즉석 장기자랑 프로그램에 노래로 참가하여 직접 몸으로 축제를 즐기고 느끼는 모습을 보임. 프로그램을 기획하는 단계부터 준비하고 실천하는 모든 과정에서 자신의 역량을 집중하여 실천하는 모습이 다른 준비위원들과 친구들에게 모범이 됨.

▶ 축제준비위원으로 참가하여 기존 축제의 문제점을 파악하고 구체적인 방향성을 제시하며 새로운 방향으로 축제를 운영하자고 제안하고 자신이 주축이 되어 축제를 준비하는 과정이 잘 드러나 있음. 창의적 아이디어를 제시하고 일에 대한 집중력과 열정을 가지고 활동하는 학생임을 알 수 있음.

 함께 만들어가는 여행(2020.05.18.–2020.05.20.)에서 '내 고장 역사 보물'이라는 학급 테마로 지역 일대의 역사 자료를 조사함. 내 고장의 역사와 관련된 인물과 사건을 소개하는 역할을 맡아 테마 여행 첫째 날 인물의 사상과 업적에 대해 조사한 내용을 발표함. 주목 받지 못한 역사적 인물과 사건을 발견해 내고, 지역의 긍지를 높이는 역할을 함. 둘째 날에는 '아임 스타'에 참가하여 진주를 빛낸 인물로 직접 작곡한 랩을 열창하면서 콘서트와 같은 열띤 분위기를 이끌어 감. 특히 자신이 탐구했던 인물의 생애와 사상을 더 널리 홍보하기 위한 방안으로 랩을 만들어 활동이 연결되게 한 것이 인상적임.

평소 사회문제에 대한 관심이 많고, 특별히 일본 문화와 일본어에도 관심이 많던 학생은 교내 모의 UN총회(2020.10.19.)에 일본 대표로 참가하여 일본의 주변 국가와의 외교 분쟁에 대한 입장을 발표함. 철저한 준비와 유창한 일본어를 구사하여 다른 대표들로부터도 찬사를 받는 모습을 보임. 평소 예리한 관찰력으로 사물을 관찰하는 모습을 자주 보이며 매사 신중하고 계획적으로 수행하는 학생의 성격상 국가 간에 발생하는 외교문제를 객관적으로 바라보며 신중하지만 계획적으로 접근하여 해결할 수 있는 능력이 있는 학생으로 평가됨. 지금처럼 준비하고 노력한다면 본인이 희망하는 전문 일본어 통역사는 물론이고 일본과 한국의 여러 가지 외교문제를 해결하는 외교관의 역할도 가능할 것이라 생각됨.

특색활동 관련 샘플

 무한도전! 42.195km 가족걷기(2020.7.16. – 2020.7.17.)에 참가하여 자신의 한계를 체험하고 극복하는 방법을 익히며 건강한 체력과 강인한 정신력의 중요성을 깨닫고 부모님과 함께하는 체험을 통하여 가족애를 함양하고 더 많은 대화를 나누는 활동을 통해 부모님과 더 가까워지는 계기가 됨.

▶ 힘든 활동을 피하지 않고 도전한 도전정신이 드러나지만 추상적인 진술로 인하여 한계를 어떻게 체험했으며 극복하였는지에 관한 서술이 부족함. 활동 후 학생의 변화도 추상적으로 서술되어 부족하게 표현되어 있음.

 무한도전! 42.195km 가족걷기(2020.7.16. – 2020.7.17.)에 참가하여 10km가 넘어가는 시점에 자신의 체력적 한계점에 다다르며 포기하고자 하는 마음을 역력히 드러냄. 하지만 아버지의 응원으로 그 한계점을 극복하여 끝까지 완주하는 모습을 보임. 이를 통해 가족의 소중함을 새롭게 깨닫게 되었으며 자신도 가족에게 힘이 되는 사람이 되고 싶다는 생각을 함. 또한 평소 운동이 부족한 자신의 모습을 반성하며 2학기부터 하루 1시간 운동장 걷기를 시작하여 체력이 향상되었으며 학업에도 도움을 줌.

▶ 힘든 활동도 피하지 않고 도전하는 도전정신이 드러남. 한계점에 도달했을 때 비록 가족의 응원이 있었지만 성실히 끝까지 완주하는 모습을 보임. 활동을 통해 자신의 문제점을 깨닫고 자기주도적, 계획적으로 체력을 향상시키는 모습을 보임.

 창의적 글쓰기 강의를 듣고 글쓰기에 중요한 요소로 마음의 소리 듣기, 자아상 탐색하기 등 내면적 글쓰기의 중요성에 대해 깨달음. 자율활동 글쓰기 시간에 이를 활용하여 자신만의 시화 "날개 없는 비행", 단편 소설 "꿈꾸는 아이들"을 창작함. 특히 창작소설은 노력해도 실패만 이어가는 운동선수의 일생을 섬세한 내면 묘사와 완성도 높은 문장, 독특한 구성으로 탁월한 문학적 창작 능력을 보여 주었음. 생각이 깊고, 날카롭게 사물의 본질을 읽어 내어 문장을 표현하는 글 솜씨가 탁월한 학생임.

학급 독서구술활동으로 "구운몽", "젊은 베르테르의 슬픔", "데미안"을 읽고 요약하기와 발문하기 연습을 실시하였으며, 글감과 관련하여 자신의 감상과 의견을 발표하는 시간을 가짐. 학급에서 같이 읽은 책 중에서 주제를 정하여 찬반 토론을 수업 중에 실시하였으며 독서를 통해 깊이 생각하며 생각한 바를 글로 표현하는 능력이 있고 자신의 삶으로 연결시키려는 자세를 보임.

 학급헌법 만들기 활동에서 교실 내 면학분위기 조성을 위해 수업시작 전 자리 앉기 법안을 제시하여 친구들에게 큰 호응을 얻음. 다른 친구들이 법안을 제시할 때도 경청하는 자세로 들으며 질문을 하거나 자신의 의견을 말하는 모습을 보임. 학급회의에 의해서 결정된 법안에 대해서 잘 지킬 수 있도록 상벌점 관련 규정도 제안하여 통과시킴. 평소 준법정신이 강하고 법에 대한 관심이 많던 학생은 이러한 활동을 통하여 자신이 스스로 법을 만들고 시행하는 것에 대해 큰 매력을 느껴 친구들과 함께 모의 법안 발의하기 활동을 진행하기도 함.

 학교 특색활동인 먼저인사하기 활동에 학급을 대표하여 적극적으로 참여하는 모습을 보임. 매주 정해진 요일 아침 일찍부터 교문 앞에서 등교하는 친구들을 향해 미소를 잃지 않고 인사를 모습을 보이며 스스로 인사의 중요성과 웃는 얼굴의 중요성에 대해 다시 알게 됨. 다른 친구들에 비해 아침 일찍 나아가야함에도 불구하고 한 번도 늦은 적이 없이 시간을 잘 지키며 활동하는 모습을 보임.

06 | 리더십과 공동체 생활 : **동아리활동**

동아리활동은 공통의 관심사와 취미 등을 지닌 학생들이 자발적으로 모여서 활동을 진행합니다. 동일한 관심분야의 학생들이 모이기 때문에 전공관련 학술활동을 진행할 수 있는 장점이 있습니다. 이 과정에서 전공적합성 뿐 아니라 전공과 관련된 다양한 학업역량을 드러낼 수 있습니다. 관심분야의 동아리가 없을 경우는 자율동아리 만들면 됩니다. 아쉽게도 자율동아리가 2020학년도 중3부터는 대입에서 반영되지않고, 2020학년도 고1, 고2의 경우에도 학년당 한 개만 기재할 수 있으며 이름을 합쳐 30자 이내로 기재할 수 있어 그 영향력이 줄어든 것처럼 보이지만 그럴수록 정말로 자신에게 필요한 동아리를 신중하게 만들어 활동해야 합니다. 하지만 중요한 것은 정규동아리 활동을 기반으로 하여 부족한 것을 자율동아리활동에서 보충해야 한다는 것입니다. 현재 가입되어 있는 정규동아리가 마음에 들지 않나요? 그렇다면 그 동아리에서 본인의 진로희망과 관련된 활동을 스스로 만들어서 해보세요. 동아리활동 역시 진로철학을 반영하여 학생부에 자신을 브랜딩할 수 있는 좋은 영역이므로 진로철학을 연결시킬 수 있는 활동을 진행했다면 꼭 기록이 될 수 있도록 해보세요.

⑤ 창의적 체험활동상황 : 동아리활동

학년	창의적 체험활동상황		
	영역	시간	특기사항
	동아리활동		500자

☑ 평가 항목

학교생활기록부영역	평가 요소			
	학업역량	전공적합성	인성	발전가능성
창의적 체험활동상황		●	●	●

▶ 학교교육계획(정규교육과정 포함)에 의해 학교에서 주최하고 실시한 활동

▶ 전공적합성, 인성, 발전가능성을 파악함

▶ 객관적 사실뿐 아니라 동아리활동 과정에서 개인적 특성, 열정 및 성숙도 파악

▶ 개인적 특성 키워드 : 창의성, 리더십, 참여도, 자기주도성, 열성도, 협력도, 경험 다양성

▶ 발전된 모습, 과정과 결과 보여 주기

▶ 전공과 관련된 세분화된 동아리 출현(경제토론, 심리, 천문 동아리 등)

▶ 전공과 관련이 없는 문화예술, 스포츠클럽 활동도 평가

▶ 학생의 관심 분야에 대한 이해 자료로 활용

▶ 동아리활동의 경우는 모집단위 특성에 따라 전공적합성 평가에 반영함

▶ 자율동아리는 지원학생의 리더십, 주도성, 결과를 보여 주기에 좋음(인성)

▶ 자기 평가, 학생 상호 평가, 교사 관찰, 포트폴리오 등의 방법으로 평가

▶ 자율동아리의 경우 학년 당 한 개의 자율동아리만 기록이 가능하며 동아리명을 포함하여 30자 이내로만 동아리 소개글을 입력할 수 있음

※「학교교육과정 편성 운영」에 따라 학교, 학년 단위로 복수 동아리활동 부서를 운영할 수 있음

☑ 나를 브랜딩하라!

❶ 학생부 기본사항

▶ 동아리활동은 공통 관심사와 동일한 취미, 특기, 재능 등을 지닌 학생들이 함께 모여서 자발적인 참여와 운영으로 자신들의 능력을 창의적으로 표출해 내는 것을 주 활동으로 하는 집단 활동임

▶ 자기평가서, 동료평가서, 교사 관찰 등의 방법으로 평가하여 참여도, 협력도, 열성도, 특별한 활동 실적 등을 구체적으로 입력함

▶ 선후배 동아리도 의미 있지만, 본인이 직접 만든 동아리가 더 의미 있음

▶ 학교 정규(창체) 동아리 한 개와 진로, 예체능, 학업 관련 중 한 개의 목적을 가지는 자율동아리 한 개를 개설하여 활동하는 것이 적당함. 진로나 학업 관련 동아리의 경우 교과 활동의 연장선에서 활동을 하는 것이 좋음. 동아리 자체 활동을 위해서 많은 시간을 투자하는 것보다는, 수업시간에 배운 내용을 기본으로 궁금한 부분을 해결하거나 더 알고 싶은 것을 심화하는 활동을 친구들과 같이하는 동아리로 구성하는 것도 좋음

▶ 자율동아리는 학교교육계획에 따라 학기 초에 구성하므로, 2월에 미리 관심 분야의 동아리를 구상할 필요 있음. 고 2, 3은 진로가 비슷한 친구들과 미리 논의 후 구성 필요함. 고 1은 자율동아리 활동이 차별적인 요소가 될 수 있으나 학교 분위기 파악에 신경을 쓰는 것이 좋음

▶ 자율동아리는 학교교육계획에 따라 학기 초에 구성할 수 있으며, 학기 중에 구성된 자율동아리활동은 입력하지 않음

▶ 전공적합성을 위해 대학 입학을 위한 전공과 일치하면 좋으나, 꼭 일치해야 할 필요는 없음. 대학의 단과대학(인문, 자연, 사회, 교육 등) 수준에서 연관성을 가지는 계열적합성만 있어도 충분함. 소속된 동아리에서 열심히 활동을 하고 그 내용이 기록되어 있으면 학교생활 충실도 면에서 좋은 평가를 받음. 고교 현장에서 하기에는 어려운 전공 관련 동아리가 많기 때문임

▶ 자율동아리 가입에는 제한을 두지 않으나 기재 가능 동아리 개수를 학년당 1개로 제한하고, 객관적으로 확인 가능한 사항인 동아리명을 포함한 동아리 소개만 30자 이내로 기재할 수 있도록 함

▶ 소논문 관련 활동에 대해서는 동아리 특기사항 뿐만 아니라 어떤 영역에도 입력을 금지함. 하지만 정규교육과정 이수과정에서 사교육 개입 없이 학교 내에서 학생주도로 수행한 자율탐구활동에 한하여 기재할 수 있으므로 이를 적극적으로 활용함

▶ 교육과정에 편성된 청소년단체 활동의 경우 단체명과 활동내용을 모두 기재할 수 있고, 학교교육계획에 따라 정규교육과정 이외 시간에 활동한 청소년단체 활동의 경우 단체명만 기록할 수 있음. 학교 밖 청소년단체 활동은 기재하지 않는 것으로 함

▶ 학교스포츠클럽활동의 경우 정규교육과정 내에 편성된 활동의 경우 개인특성 중심으로 기재하도록 하고 정규교육과정 외에 편성된 활동의 경우 클럽명(시간)만 기재함

❷ 학생부 특기사항

▶ 동아리활동 기록 글자 수가 적으니(500자) 객관적 활동 내용과 학생 개인의 특성을 서술하는 부분으로 구분하여 작성하면 좋음. 복수의 동아리활동을 하는 경우 동아리 담당교사 간 글자 수 배분 작업을 미리 해야 함

▶ 가급적 동아리 활동 수준을 확인할 수 있는 수치로 시간, 기간과 같은 정량적 정보를 기재하는 것이 좋음. 정규 동아리 시간 이외에 진행하는 활동의 시간 또는 모임 주기 등을 기재함

▶ 전공관련, 학술(혹은 독서), 예체능(혹은 봉사) 동아리 중에서 정규동아리 1개와 자율동아리 1개 활동을 하는 것이 가장 좋은 방법임, 한 개라도 동기, 활동내용, 성과 그리고 활동으로 변화한 가치관을 표현할 수 있으면 충분함

▶ '동아리 가입 동기 → 직접 참여한 활동 → 활동을 통해 만든 결과물 → 활동을 하면서 어떤 변화가 있었는가?'의 4가지 사항에 대해 활동 내용을 입력함

▶ 학술 동아리의 가장 일반적 활동 과정은 '주제 선정 → 역할 분담 → 자료 수집 → 토의 · 토론 → 보고서 작성 → 발표'이며 한 학기에 하나의 보고서 작성 정도의 활동을 하면 의미가 충분함

▶ '활동을 왜 했는가, 성장에 어떤 기여를 했는가?(활동 후 생각, 느낀 점) 주체적으로 참여하였는가, 그래서 주도한 실적은, 드러난 적성과 특기는?' 이 기준을 근거로 작성하면 좋음

▶ 활동은 학기 중은 물론 방학 중에도 꾸준히 실시하는 것이 좋음. 보고서 작성 하나로 끝내는 것이 아니라 계속 진화하는 보고서 작성과 활동이 추가되면 좋음

▶ 예체능이나 봉사, 그리고 취미 동아리와 전공 동아리 중에 선택을 해야 한다면, 전공 관련 동아리가 우선이고, 학술(독서) 관련 동아리, 그리고 플러스가 되는 것이 예체능(봉사) 관련 동아리임

▶ 활동이 여러 가지라면 글자 수가 500자로 제한되기 때문에 진로와 관련되어 가장 열심히 활동한 동아리를 중심으로 작성하고 나머지는 간략하게 언급하는 것이 좋음

동아리활동 영역별 샘플

영역		영역별 샘플 활동 체크
동아리 활동	학술활동	외국어회화, 과학탐구, 사회조사, 컴퓨터, 인터넷, 신문 활용, 발명, 다문화탐구 등
		• 인문소양활동 – 문예 창작, 독서, 토론, 우리말 탐구, 외국어 회화, 인문학 연구 등 • 사회과학탐구활동 – 답사, 역사 탐구, 지리 문화 탐구, 다문화 탐구, 인권 탐구 등 • 자연과학탐구활동 – 발명, 지속 가능 발전 연구, 적정 기술 탐구, 농어촌 발전 연구, 생태 환경 탐구 등 • 정보활동 – 컴퓨터, 인터넷, 소프트웨어, 신문 활용 등
		일일교사하기, 관련교과목에 대한 심화학습 및 탐구해보기, 관련교과목 관련 궁금한 사항에 대해 독서하기 및 연구보고서 쓰기, 실험해보기, 전공 관련 교수님 인터뷰하기, 전공 관련 탐구활동 해 보기, 전공 관련 지적호기심이 생겼을 때 독서 및 유튜브 등으로 해결하기, 독서를 하면서 궁금한 사항이나 추가적으로 탐구활동 할 만한 꺼리를 나누기, 전공 관련 주제 연구보고서 쓰기 등
	문화예술 활동	문예, 창작, 회화, 조각, 서예, 전통예술, 현대예술, 성악, 기악, 뮤지컬, 오페라, 연극, 연극, 영화, 방송 등
	스포츠활동	구기, 육상, 수영, 체조, 배드민턴, 인라인스케이트, 하이킹, 야영, 민속놀이, 씨름, 태권도, 택견, 무술 등
	실습 노작 활동	• 가사활동 – 요리, 수예, 재봉, 꽃꽂이, 제과 · 제빵 등 • 생산활동 – 재배, 원예, 조경, 반려동물 키우기, 사육 등 • 노작활동 – 목공, 공작, 설계, 제도, 로봇 제작, 조립, 모형 제작, 인테리어, 미용 등 • 창업활동 – 창업 연구 등
	청소년 단체활동	스카우트연맹, 걸스카우트연맹, 청소년연맹, 청소년적십자, 우주소년단, 해양소년단 등 청소년단체활동, 국가가 공인한 청소년 단체의 활동 등
	학교스포츠 클럽활동	정규교육과정 내에서 이루어지는 고등학교 '학교스포츠클럽 활동'과 정규교육과정 이외의 학교스포츠클럽 활동(방과후 학교스포츠클럽 등)
	또래조력 활동	또래 상담, 또래 중재
	기타	방송부, 영상제작 동아리, 도서부, 선도부, 발표동아리, 신문부, 교지편집동아리, 또래상담 동아리, 멘토멘티 동아리, RCY, 한별단, 인터랙트, 봉사동아리, 환경보호 동아리, 창업동아리, 컴퓨터동아리, 컴퓨터 게임 동아리, 승무원 동아리, 과학수사 동아리, 심리동아리, 건축동아리, 기계연구동아리, 영화감상 동아리, 영화제작 동아리

☑ 브랜드 드러내기

IT동아리반

> …… 아두이노에 대해 학습하고, 프로그래밍에 많은 관심과 흥미를 나타내고, …… 스스로 응용하고자 하는 모습을 보임. 계단을 올라갈 수 있는 휠체어를 동아리원들과 협력하여 설계하고 제작함. 동아리 활동을 통하여 모든 사람이 함께 편리하게 사용할 수 있는 로봇을 제작하고자 하는 사명을 만들었으며, 로봇공학자라는 장래희망에 대한 확신을 나타냄.

▶ 동아리 활동을 통해 자신의 진로철학을 드러낸 사례이다. 사회적 약자를 돕는 로봇공학자의 진로에 대한 철학이 동아리에서 계단을 올라갈 수 있는 휠체어를 개발하는 활동으로 이어지고 있다. 활동을 통해 로봇공학자가 되겠다는 진로가 더욱 명확히 하고 있다.

☑ 기록 사례

동아리활동 소통지 1

학생명	2학년 2반 2번 이름 : 김소통	기간	2020.03.30.~2020.04.07.
활동명 & 장소	경제동아리 & 경제동아리실	활동영역	자율/동아리/봉사/진로
주제	미국의 양적완화 축소로 인한 문제점 분석 및 해결방안 토의		
활동 계기 및 준비 과정	수업시간에 배운 통화정책에 대한 내용을 바탕으로 하여, 언론에서 이야기하고 있는 미국의 양적완화 축소에 대한 문제점과 해결 방안을 이해하고 싶었음. 이를 위해 인터넷의 기사와 전문가들의 전망 자료들을 수집하였으며, '인플레이션 시대'를 읽고 그 내용을 요약하여 감상문을 작성함.		
활동 내용	'미국의 양적완화 축소'라는 주제를 가지고 그에 따른 문제점을 찾고 해결방안을 모색하는 활동을 함. 경제토의는 동아리활동 중 처음이라 긴장되었지만 '내가 해온 만큼 하자'라는 각오를 가지고 토의에 임하였음. 각자 자신이 준비한 자료를 바탕으로 5분 정도 의견을 발표하는 시간을 가졌으며, 나는 인터넷에서 찾은 분석자료와 '인플레이션 시대'를 요약한 감상문을 발표하면서 세 가지 문제점을 제시하였음. 첫 번째로는 신흥국 위기, 두 번째는 주식시장 둔화, 세 번째로는 물가상승이라는 문제점을 제시하였음. 이에 대한 해결방안으로는 먼저 신흥국들이 확장정책을 사용하여 테이퍼링이 종료될 때까지 금리를 동결하는 것이 좋을 것 같다는 해결방안을 제시하였음. 주식시장 둔화에서는 저점매수 등 타이밍 전략이 필요하고 달러에 영향을 받지 않는 실적주에 투자를 해야 한다는 해결방안을 제시함. 그리고 마지막 문제점인 인플레이션에서는 국산품을 애양하자는 의견을 제시함. 결론으로는 테이퍼링에 대한 개인적인 입장은 달랐으며, 테이퍼링이 시행됨에 따른 문제점을 찾는 과정에서 여러 가지 해결책이 나왔고, 추가적인 해결 방법으로는 경제가 안정화될 때까지 기다리는 방안과 기업 실적에 영향을 받는 실적주에 투자하는 방안 등이 나왔음.		
느낀 점	이번 경제 토의를 하면서 미국의 양적완화 축소에 대하여 수업 시간에 배운 이론을 바탕으로 하여 이해할 수 있게 되었고, 이를 경제 현상에 적용하여 분석하는 방법을 알게 되었음. 또 여러 가지 문제점에 대한 해결방안을 생각해냄으로써 경제가 여러 분야와 관련이 있다는 것을 느끼게 되었음.		
추후 심화 활동	테이퍼링에 대해 보다 쉽게 설명하고 있는 'G2 전쟁'이라는 책을 읽고 독서 감상문을 작성하기로 하였으며, '미국의 양적완화 축소'와 관련된 활동보고서를 작성함.		

학생부 브랜딩	수업시간에 배운 통화정책에 대한 내용을 바탕으로 언론에서 이야기하는 미국의 양적완화 축소에 대한 문제점과 해결 방안에 대해 이해하고 싶다는 생각으로 동아리 시간에 '미국의 양적완화 축소로 인한 문제점 분석 및 해결방안'토의를 실시함. 학생은 인터넷 분석자료와 '인플레이션 시대'를 요약한 감상문을 발표하며 신흥국 위기, 주식시장 둔화, 물가상승의 문제점을 제시하며 각각의 문제점에 대한 해결책도 같이 제시하여 같이 토론하는 동아리원들의 동의를 얻음. 토의 후 테이퍼링에 대해 더 깊이 이해하고 싶다는 생각에 'G2 전쟁'을 읽고 보고서를 작성하여 수업시간에 제출하는 활동을 추가로 함. 이러한 활동을 통해 평소 경제학자가 되고자하던 학생은 경제가 여러 분야와 관련성을 가지는 분야임을 알게 되어 경제와 관련된 다양한 분야에 더욱 관심을 가지면 공부하고자 하는 의지를 보임.

동아리활동 소통지 2

학생명	2학년 2반 2번 이름 : 김소통	기간	2020.03.30.~2021.02.28.
활동명 & 장소	국제 리더십 연구회	활동영역	자율/동아리/봉사/진로
주제	국제 리더십 연구회 활동		
활동 계기 및 준비 과정	평소에 사회적 이슈, 시사에 관심이 많고, 한 가지 사회적 문제를 다른 친구들은 어떤 입장을 가지고 있을지 이야기해보고 해결방안을 같이 고민해보고 싶었음. 또한 친구들과 함께 토론활동을 해봄으로써 다른 사람을 설득시키는 능력을 기를 수 있고 자신의 주장을 논리적으로 설명할 수 있는 기회를 가질 수 있을 꺼라 생각하여 이와 관련된 동아리를 찾던 중 들어가게 되었음.		
활동 내용	국제 리더십 연구회 동아리는 국내 및 세계 시사, 사회문제 등에 관한 보고서를 작성하여 발표함. 정치, 사회, 행정 등 다양한 주제에 대해 토론하며 이를 바탕으로 탐구보고서를 제작하고 정리하는 동아리임. 격주로 토론활동이 진행되며 첫째 주는 토론주제를 정하고 자료를 수집하는 시간을 가지며 둘째 주는 정해진 주제를 가지고 토론하는 활동을 함. 특히 "4차 산업혁명과 제3세계"라는 주제로 보고서를 작성하고 발표하는 활동을 하였음.		
느낀 점	내 꿈은 세계적인 무대에서 활동하는 외교관임. 외교관은 국내 및 국제적 사회문제에 관해 정통해야 하며 이에 대한 자신의 생각이나 주관을 확실히 가져야 하므로 동아리와 관련성이 높다고 생각함. 그래서 다른 친구들보다 더 열심히 동아리 활동에 참여하고 많은 것을 배웠음. "4차 산업혁명과 제3세계"라는 보고서를 통해 4차 산업혁명 시대에 제3세계를 위해 국제 사회가 할 수 있는 일이 무엇인지 찾아보고 발표하며 많은 것을 알게 되었으며 어떻게 준비해야할 것인가를 알게 되었음.		
추후 심화 활동	3학년이 되면 외교관을 꿈꾸는 친구들과 함께 자율동아리를 구성하여 외교관이 갖춰야 하는 다양한 자질을 기를 수 있는 활동을 같이 할 예정임.		
학생부 브랜딩	평소 사회적 이슈, 시사에 관심이 많고, 한 가지 사회적 문제를 다양한 방법으로 고민하고 토론을 통해 심도 있게 탐구하기를 좋아하는 학생은 국제 리더십 연구회 동아리에 가입해 국내 및 세계 시사, 사회문제 등에 대해 토론하고 보고서를 작성하고 발표하는 활동을 함. 특히 외교관을 꿈꾸며 "4차 산업혁명과 제3세계"라는 주제로 보고서를 작성하여 4차 산업혁명이 이루어지는 지금 제3세계는 어떠한 준비를 해야 하며 국제 사회가 그들을 어떻게 도울 수 있는가에 대한 주제로 발표함.		

✔ 학기말 소통 기록 샘플

창의적체험활동 - 동아리활동 기재 샘플

동아리 활동	136	(애니메이션 그리기반 : 34시간) '상상화 그리기'와 '미래의 자동차 디자인하기' 활동에서 기발한 상상력과 과학적 아이디어를 잘 표현하고 자신의 그림을 조리 있게 설명함. 학교 '벽화그리기'에서 친구의 의견을 충분히 수렴하여 작품의 완성도를 높이고 공동 작업 통해 서로 존중하고 배려하는 모습을 보임.
		(로봇반 : 자율동아리) 로봇공학 관련 기본 개념 및 활용 분야에 전문적인 지식이 많고 활동에 적극 참여함.
		(○○단 : 청소년단체) ○○단의 일원으로서 주말, 방학기간을 활용하여 정기적으로 ○○활동에 적극적으로 참가함. 대원들에게 신망이 두터우며 ○○활동에 다양한 의견을 제안하고 공동 작업에도 열심히 참여함.
		(발야구반 : 학교 스포츠클럽 - 34시간) 항상 웃는 얼굴로 팀의 화합을 이끌어 냈으며, 강한 킥력으로 팀의 승리에 일조함.
		(축구 발리킥 클럽 : 방과후 학교스포츠 클럽)(68시간)

〈교육부 기재 예시〉

학습 관련 동아리 샘플

 중국어회화반 : 34시간 중국어와 중국문화에 관심이 많아 어떤 프로그램을 하든 자신감 있게 주도적으로 앞장서고, 그 결과 중국어 회화 실력이 동아리원 중에서도 매우 우수한 편임. 이런 관심은 독서에도 연결되어 또래에 비해서 꽤 높은 수준의 중국어 관련 지식을 갖추고 있음. 동아리 모임시간에 발표하기 위해 원고 작성을 성실히 했으며 쉬는 시간의 자투리 시간도 아끼면서 원어민 교사의 도움을 받아 열심히 연습하여 우수한 결과를 보임.

▶ 학생의 중국어, 중국문화에 대한 실력과 이해도는 드러남. 하지만 구체적으로 어떠한 프로그램에, 어떻게 참가하 였는지에 대한 서술이 부족함. 원어민 선생님과의 교류로 인한 성실성은 꽤 드러남.

 중국어회화반 : 34시간 중국어와 중국문화에 관심이 많아 모든 프로그램에 자신감 있게 주도적으로 참가함. 꾸준한 활동으로 중국어 회화 실력도 향상되어 고등학생으로는 매우 우수한 실력을 갖춤. 중국문화에 대해 더 알고 싶은 마음에 중국 역사, 사회, 경제 관련 도서도 많이 읽고 있으며 이를 중국어 공부와 연결시켜 자신의 호기심을 충족시키는 한편 언어가 아닌 생활로서 중국어를 대하는 모습을 보임. 중국어 연설원고도 작성하여 동아리 시간에 친구들 앞에서 발표하고 자신의 원고와 발음 등에 대한 피드백을 위해 쉬는 시간도 아끼면서 원어민 교사와 소통을 통해 발전시키는 모습을 보임. 또한 중국문화에 대해 가지고 있던 관심을 중국내의 소수민족의 삶과 복지에 대한 관심으로 확장하여 그들을 도울 방법을 찾고 그들의 삶을 알리기 위해 중국어로 글을 작성해 인터넷에 올리는 등 중국의 소수민족을 돕기 위해 활동함.

▶ 학생의 중국어 실력이 꽤 높음을 알 수 있으며 언어를 새로운 관점에서 바라볼 줄 아는 창의적 능력이 드러남. 또한 자기주도성과 전공에 대한 적합성, 성실성, 탐구능력도 드러남.

독서토론반 : 34시간 평소 책읽기를 좋아하고 또래 학생들에 비해 교양적 소양을 잘 갖춘 학생으로 문학 작품에 대한 빠르고 정확한 이해능력을 갖추었음. 친구들과 토론을 통해 자신의 사유를 심화시켜려는 모습도 자주 보여 동아리에서 활발한 토론이 될 수 있도록 이끄는 리더십도 보임. 〈죽은 자들의 안부〉라는 글을 가공하여 타인의 죽음에 대해 주변의 살아 있는 자들이 가지는 책임은 무엇인지, 상처는 어떻게 치유될 수 있는지 등의 토론주제를 제시하며, 이 주제에 대한 깊은 사유를 보여 주었고, 토론 사회자로서 다각도의 토론 주제를 던지면서 작품의 이해에 점층적으로 접근하는 토론 흐름을 잘 조직해 냄.

영자신문반 : 34시간 평소 의료 이슈에 관심이 많아 조현병 기사작성을 희망함. 일부 언론의 부정적 이미지 전달을 파악하고 개선하고자 중립적 시각으로 기사를 작성, 사회적 편견 및 제도 개선에 대한 메시지를 전달하고자 함. 이후 기사를 공유하여 다수의 학생들에게 조현병에 대한 부정적 인식 개선의 피드백을 이끌어 냄. 영문 기사를 작성함에 있어 논리적 문맥 구성 뿐 아니라 문법적 오류가 거의 없는 탁월한 영어 실력을 보여줌.

수학원리탐구반 : 34시간 생활에서 접할 수 있는 수학적 원리를 탐구하는 동아리로 학생들이 관심 있는 주제를 선정하여 그 주제와 관련된 수학적 원리를 탐구하는 활동을 함. 본 학생이 포함된 조에서는 자연현상에 나타나는 프랙탈현상에 관심을 가지고 자기닮음도형에 대해 더 알아보기 위해 시어핀스키 삼각형과 밍거스폰지를 제작해 보고 그것이 가지는 수학적 원리와 형태적 특성을 조사해 발표함. 이러한 활동의 심화 활동으로 생명과학시간에 배운 인체의 구조에서 접할 수 있는 프랙탈에 대해 더 조사하고 자료를 정리하여 2차 보고서를 작성하여 발표함. 이러한 과정에서 자료를 찾기 힘든 과정에서도 포기하지 않고 끝까지 최선을 다하는 모습을 보며 학생의 노력과 끈기에 대해 주변의 학생들이 경의를 표하는 모습도 보임.

인문수학반 : 34시간 동아리 반장으로 활동함. 〈수학과 관련된 나의 진로〉를 주제로 발표수업을 진행함. 이 과정에서 시간 계획과 역할 분배에대한 민주적인 합의가 이루어졌으며, 발표수업에 대한 피드백 과정은 자신을 되돌아보고 진로에 대한 구체적인 계획을 세울 수 있었던 유익한 시간으로 평가 받음. 학생은 수학과 사회적 현상들의 시스템과의 연관성을 주제로 발표수업을 진행하며 수학적 방식으로 경제문제를 논리적으로 해결하는 경영컨설턴트가 되고 싶다는 꿈을 더욱 소망하게 되었음.

전공 관련 동아리 샘플

 애니메이션반 : 34시간 '상상화 그리기'와 '미래의 자동차 디자인하기' 활동에서 기발한 상상력과 과학적 아이디어를 잘 표현하고 자신의 그림을 조리 있게 설명함. 학교 '벽화 그리기'에서 친구의 의견을 충분히 수렴하여 작품의 완성도를 높이고 공동 작업을 통해 서로 존중하고 배려하는 모습을 보임.

▶ 여러 가지 그리기 활동에 참가한 것으로 보아 그리기 능력이 뛰어난 학생으로 추정됨. 벽화 그리기를 통해 소통능력과 협업능력을 나타낼 수 있음. 하지만 학생이 각 활동에서 어떠한 일을 했는지 구체적인 서술이 없어 아쉬움.

 애니메이션반 : 34시간 존경하는 인물이 '둘리'라고 이야기할 만큼 애니메이션을 사랑하는 학생으로 동아리 활동 중 '자유화 그리기'에서 선생님들의 캐리커처 특징을 살려 그려 작품이 홍보지에 실릴 만큼 미술적 재능을 인정받음. 팀원들과 '미래 자동차 디자인'을 주제로 디자인하는 활동에서 팀에서 나눈 세상에 존재하지 않는 미래의 자동차에 대한 아이디어를 그림에 잘 녹여서 작품을 만듦. 발표시간에 미래에 적합한 자동차에 대해 상상해 보고, 미래 자동차 디자인을 생각해 보는 것이 재미있었다고 발표할 만큼 자신이 하는 일에 열정과 자신감을 가진 학생임. 자신이 가진 재능을 좋은 방향으로 사용하고 싶어 '벽화 그리기' 활동에 참가해 벽화의 기획과 초안을 담당하여 이웃의 모습을 벽화로 나타내기로 하고 초안을 그림. 채색을 하는 친구들을 돕기도 하고, 어려운 작업은 지역 전문가를 섭외해서 하는 등 공동 작업 속에서 리더십 발휘함.

▶ 평소 애니메이션을 좋아하며 훌륭한 능력을 가지고 있음이 잘 드러나며 특히 특정분야에 대한 능력도 뛰어나다는 것이 잘 표현되어 있음. 협업능력과 리더십을 갖추고 있으며 자신의 일에 대한 열정과 전공에 대한 관심과 이해도가 높음. 성실히 맡은 일에 최선을 다하는 모습도 잘 드러남.

 일본어번역반 : 68시간 리더로서 2년 연속 훌륭하게 이끌었으며, 새롭게 번역할 일본소설 선정에서 퇴고에 이르기까지 전 과정을 아우르는 리더십을 보여준 장본인. 난관에 부딪힐 때마다 여러 경로를 통해 끈질기게 조사하고, 각자 번역한 내용을 서로 공유하며 장단점을 파악해 가장 매끄럽고 좋은 문장으로 완성해내는 협업 모습도 보여주었음. 1년 내내 거의 매일 모여 활동함으로써 학생이 얼마나 재미있어하는지 알 수 있을 정도임. 상당한 일본어 실력을 갖추었으나 여기에 그치지 않고 더욱 심화된 연구동아리를 만들어 깊이있게 탐색하는 과정을 통해 스스로 성장하는 모습을 보여준 멋진 학생임.

 의학탐구반 : 34시간 동아리 부장으로서 담배의 위험성에 대한 실험을 진행할 때 주도적으로 이끄는 리더십을 보였으며 실험 보고서를 체계적으로 잘 작성함. 금연 포스터 제작 시 참신한 문구로 표현함. 뇌종양 치료에 이용되는 awake surgery에 대한 호기심이 많으며 수술에 대한 장단점을 생각하는 계기가 됨. 나르시시즘 설문 조사 및 분포를 연구할 때에는 적극적으로 모둠원과 소통하며 아이디어를 제시하는 등 과학적 개념을 다른 분야에 융합하는 능력이 뛰어남. 의학 다큐멘터리를 시청하면서 소아 청소년 정신과 의사가 되기 희망하는 진로 의지가 강화됨.

언론윤리연구반 : 34시간 온라인 공개강좌를 통해 '수사는 과학이다', '가족과 건강:행복한 삶을 위한 정신의학' 강의를 듣고 정신의학과 법과학에 관한 전문지식을 습득함. 조현병 범죄, 인보사사태, 첨생법, 가습기살균제사건 등의 보도를 분석하고 개선방향에 관한 논평을 작성함. 미디어의 홍수 속에서 비판적 판단이 어려운 대중들에 대한 경각심을 바탕으로 '청소년에게 미디어리터러시가 정착된 사회 만들기'라는 주제로 보고서를 작성하고 동아리 부원들과 의견을 나눔. 한국 언론의 뉴스 생산 관행과 과정에 대해 알아본 후, 시스템과 제도의 변화를 가져오는 기자가 되겠다고 발표함. 동아리 부장으로서 활동을 계획하고 주도하여 효율적으로 운영하는 리더십을 보임.

 모형항공반 : 34시간 평소 모형항공기 만드는 것을 좋아하며 우주에 대한 동경을 가지고 있는 학생으로 자신의 흥미를 더욱 구체화하기 위해 동아리에 가입함. 동아리 조별 활동주제로 모형로켓만들기를 선정하여 조원들과 함께 로켓의 구조에 대한 공부부터 새롭게 시작하여 로켓의 재료와 모양 그리고 추진체의 종류와 방식 등에 대해 열정적으로 공부함. 모형로켓을 만드는 과정에서 로켓의 추진체도 직접 만들자는 의견을 제시하여 친구들을 설득하여 로켓의 추진체도 직접 만들어 모형 로켓을 날리는 활동을 끝까지 성실하게 잘 해냄. 그리고 그 과정을 발표자료로 만들어 발표자로서 동아리의 다른 학생들 앞에서 발표할 때 자신이 어릴 때부터 꿈꿔왔던 로켓 제작에 대한 이야기를 포함하여 재미있게 발표하여 친구들에게 큰 박수를 받음.

 뮤지컬반 : 34시간 학교 문화 행사의 일환으로 실시된 온라인 문화행사에서 뮤지컬 '캣츠'를 감상하고 큰 감동을 받아 본인도 뮤지컬을 해보고 싶다는 생각에 뮤지컬 동아리에 가입을 함. 대본 담당과 연기를 맡아 웹서핑을 통해 고등학교 수준에 적합한 단편극 원고를 찾았으나 학교 실정에 맞지 않는 부분들이 많아 그대로 뮤지컬을 하는 데 어려움을 느낌. 하지만 좌절하지 않고 각색하는 방법에 대한 온라인 강좌를 수강한 후 두 달에 걸쳐 각색 활동에 집중하여 원고를 완성. 스트레칭, 발성 훈련, 발표 두려움 없애기, 복식호흡 등 뮤지컬 활동을 위한 다양한 몸 풀기 놀이를 적용해 단원간의 관계 형성을 위해 노력하여 서로의 신뢰를 바탕으로 학교 연극제에서 공연하여 큰 박수를 받음. 이후 지역 극단에도 작품을 공연할 기회를 얻어 아마추어지만 최선을 다해 연습하여 지역민들로부터 좋은 호응을 얻음.

봉사, 예체능 관련 동아리 샘플

 봉사동아리 소아마비 장애인 복지시설에서 소아 장애인들을 만나며 봉사활동에 적극적으로 참여함. 교사가 되고자 하는 적성을 살려서 장애인들이 스스로 학습을 계획하고, 즐겁게 할 수 있는 앱을 가지고 학습 코칭하는 봉사를 함. 학교에서 캠페인 활동을 펼쳐 기증품을 모아 복지시설에 전달하고 감사패를 받음.

▶ 동아리 활동의 계기가 없고 학생 개별 활동이 부족함. 하지만 인성적으로 나눔과 배려, 소통능력은 있는 것으로 보임.

 봉사동아리 : 34시간 평소 소외된 어린이에 대해 관심이 많던 학생은 소아마비복지시설에서 소아 장애인들을 위한 생활 봉사활동에 적극적으로 참여함. 교사가 되고자 하는 적성을 살려 장애인들이 스스로 학습을 계획하고, 즐겁게 할 수 있는 프로그램을 선정, 활용하여 학습 코칭을 하는 봉사활동도 병행함. 또한 복지시설에 생필품이 많이 필요함을 알고, 학교에서 '1주일 1간식 줄이기' 캠페인 활동을 기획하고 한 달간 진행하여 복지시설에 필요한 생필품 200점 정도를 전달하여 복지시설로부터 감사패를 받기도 함.

▶ 동아리 활동의 계기가 뚜렷하며 봉사활동 중 부족한 부분을 찾아 자신의 진로희망과 연결하여 도움을 주는 활동을 전개하는 부분은 전공적합성, 나눔과 배려, 소통능력, 자기주도성 등을 나타낼 수 있음. 또한 캠페인 활동도 구체적으로 서술되어 있어 학생이 무엇을 계획하여 어떻게 실행하였고 어떻게 결과를 도출했는가를 알 수 있도록 기록되어 있음.

 배드민턴클럽(방과후 학교스포츠클럽) : 90시간 클럽의 부회장으로 회원 모집을 맡아 학교 게시판, 학교 밴드에 소개 영상을 제작해 올리는 등 적극성을 보임. 항상 웃는 얼굴로 팀의 화합을 이끌어 냈으며, 특히 민첩성과 순발력이 뛰어나 '쇼킹 스매싱'이라는 별명으로 불림. 학교스포츠클럽 교류전에 학교 대표로 출전하여 자신의 기량을 마음껏 펼쳤으며, 매주 토요일(9:00~12:00)에 교내 연습을 하는 등 방과후 학교스포츠클럽 활동에 열심히 참여함.

 스케이트 날개 : 34시간 회장으로서 부원 출석과 활동 안내를 꾸준히 함. 졸업생 중 스케이트 선수를 섭외해서 후배와의 만남과 스케이트 교육을 기획함. 기본 자세의 중요성과 특히 스케이트의 밀기 동작에서 속도를 내는 원리를 깨닫고, 코너링 동작에서의 속도 줄임을 조정하면서 기록이 계속 향상되고 있음. 본인이 잘하지는 못하지만 노력하는 모습이 다른 부원들에게 모범이 되어 다른 부원들도 동아리활동에 성실하게 참가할 수 있도록 함. 이러한 모습을 통해 실천하는 리더십을 몸으로 보여주며 부원들의 지지와 동의를 받아 동아리를 이끎.

 밴드반 : 34시간 밴드반 부단장으로 단장을 도와 밴드반의 화합을 위해 힘쓰는 모습을 자주 보임. 매주 3회 점심시간 연습에도 빠짐없이 참여하고, 연습에 불참하는 단원이 있는 경우 직접 반에 찾아가 다음에는 참가할 수 있도록 소통하는 모습을 보이는 등 팀원들과의 인간적 관계 형성에도 노력을 많이 하는 모습을 보임. 건반 파트를 맡아 소리의 구성과 소리가 나는 원리에 대해 이해하고, 기본 연주법을 성실히 익힘. 특히 음악은 기술보다는 마음과 관계의 표현이라는 생각으로 악기와의 조화, 팀원 관계와의 조화를 통해 밴드에서 안정된 리듬 선사하고 있음. 종합전 공연, 학부모교육 찬조 공연 등과 같은 공연 일정이 잡히면 곡을 선정하여 그 곡을 모두 모여 연습하는 것에 중점을 두고 같이 시간을 할애하여 활동하는 모습을 보임.

07 | 가치 있는 사람 : **봉사활동**

중학생들 중에서 시간을 채운다고 봉사활동을 다니는 학생들을 많이 봅니다. 그러한 습관 때문인지 고등학생이 되어서도 의무적으로 봉사활동을 다니는 학생들이 눈에 띕니다. "선생님, 봉사활동 몇 시간 채워야 만점받아요?"라고 질문하는 학생들이 아직 있습니다. 물론 학생부종합전형으로 봉사활동을 평가항목에 넣어 두었으니 더욱 그럴 거라고 이해가 되기도 합니다. 하지만 봉사활동의 진정한 의미는 '시간'이 아니라 '변화'입니다. 변화를 위해 중요한 요소는 '진정성', '자발성', '지속성' 입니다. 진정한 '변화'와 '성장'은 당연히 '진정성', '자발성'을 내포하고 있고 지속적인 봉사가 변화에 더 큰 영향력을 줄 수 있을 것이라 짐작할 수 있습니다. 정말로 자신의 손길이 필요한 곳에서 봉사활동을 하는 학생들이 되었으면 좋겠습니다. 아직 제대로 된 봉사활동을 해 본 적이 없다면 지금 바로 시작하세요. 삶을 바라보는 여러분들의 관점이 바뀔 것입니다.

❺ 창의적 체험활동 : 봉사활동

학년	봉사활동실적				
	일자 또는 기간	장소 또는 주관기관명	활동내용	시간	누계시간
1	250자				

☑ 평가 항목

학교생활기록부영역	평가 요소			
	학업역량	전공적합성	인성	발전가능성
창의적 체험활동상황		●	●	

▶ 봉사활동 특기사항을 기재할 수 있는 영역이 없어졌으므로 평가의 중요성이 낮아졌다고 오해할 수 있지만 행동특성 및 종합의견에 기재가 가능하므로 충분히 활용한다면 여전히 중요하게 평가될 수 있음

▶ 봉사 관련 수상실적과 봉사시간보다 봉사활동 내용 위주로 평가

▶ 정량적 수치 정보가 있어 활동의 수준 파악 가능. 학생의 봉사활동 수행 과정 중의 문제의식과 이를 해결하는 방식에서 학생의 활동 수준 파악 가능함

▶ 일회성이 아니라 특정 기관에서 정기적(지속적)으로 활동한 것이 중요

▶ 학교에서 주관하는 봉사활동보다는 개인이 주도하는 프로젝트형 봉사활동이 강조되고 있음

▶ 교육과정과 연계해 평가(방학, 보충 시간 등을 확인)
　- "학교생활 중 정상적인 봉사 활동에 참여하였는가?"
　- "무엇을 배우고 느꼈는가, 어떤 면에서 성장하였는지, 주변에 어떤 영향을 미쳤는가?"

✔ 나를 브랜딩하라!

❶ 학생부 기본사항

▶ 봉사활동 시수는 학교교육계획(교내 봉사)과 개인계획 시수의 합

▶ 봉사활동 인정 시간 : 휴업일(공휴일)이면 1일 8시간 이내

▶ 수업시간 후 활동 : 수업이 6교시면 봉사는 2시간, 수업이 4교시면 봉사는 4시간 이내

▶ 헌혈은 회당 4시간으로 인정함

▶ 봉사동아리활동으로 한 봉사는 봉사활동실적으로 인정하지 않고 동아리활동으로 인정함

▶ 일반적인 학과의 경우 100시간(월 1회 4시간씩 5개 학기) 기준, 최소 1년간 꾸준히 해야 함.
지속적이고 진정성 있는 봉사활동을 실시해야 의미 있음

▶ 교육이나 서비스 관련 학과의 경우 200시간까지 의미 있는 봉사활동이 필요함

▶ 3년간 봉사 활동 계획을 미리 세워야 함

▶ 나눔포털(행정자치부), VMS(보건복지부), DOVOL(여성가족부)과 교육정보시스템의 봉사실적 연계를
통해 학생 개인계획에 의한 봉사활동 실적 입력을 개선하여 시행함

▶ 봉사활동 특기사항란이 없어졌지만 체계적이고 지속적인 봉사활동 등 특기할 만한 사항이 있는 학생
의 경우 행동특성 및 종합의견에 활동내용 등 구체적인 특기사항을 입력할 수 있음

▶ 교내 봉사활동도 의미 있는 활동을 만들어 보면 좋음

▶ 교내 봉사활동 외 내용과 연계를 시켜봄

▶ 학교교육계획과 개인계획 시수를 고려하여 시간을 조정함

▶ 체계적이고 지속적인 봉사활동 등 특기할 만한 내용은 행동특성 및 종합의견에 기재 가능

❷ 학생부 특기사항

▶ 개인 봉사활동은 진정성을 가지고 꾸준히 하는 것이 중요함. 예를 들어 월 1회 4시간씩 1개 또는 2개
의 진정한 봉사를 체험할 수 있는 기관에서 5학기를 봉사할 경우 100시간 정도의 봉사를 할 수 있음

▶ 특정 학년에 봉사활동 실적이 전혀 없거나 많이 부족한 경우 좋은 평가를 받기 어려움. 한 학년에 최소
20시간(교내 봉사 포함)의 봉사활동 실적이 있는 것이 좋음

▶ 시간 실적보다 교육 목적을 달성하였느냐가 더욱 중요함. 봉사활동의 의미를 스스로 확립할 수 있도
록 점검해야 함. 예를 들어 '급식지도봉사'가 왜 봉사활동이 되며 그 과정을 통해 어떠한 것들을 배웠
는지 스스로 정리할 수 있어야 함

▶ 봉사활동은 자신의 가치관이 투영되도록 기록함

　- 봉사활동을 왜 참여하였는가? (동기)

　- 봉사활동에서 무엇을 하였는가? (과정)

　- 봉사활동을 하면서 무엇을 보았고, 무엇을 생각하게 되었는가? (결과와 나의 변화)

▶ 구체적인 에피소드나 활동 과정에서 만났던 여러 사람들과의 대화 내용 등을 구체적으로 기록할 수 있도록 해야 함. 더불어 이러한 기록 뒤에 반드시 본인의 생각과 느낀 점을 첨가해 기록함

▶ 인성영역 평가로 가능한 한 공란을 없애고, 의미를 두고 한 활동 기록이 필요함

▶ 시간 때우기 봉사 활동은 의미 없음. 남들이 하기 싫은 것(분리수거 등)을 하는 것도 좋음

▶ 본인이 잘 하거나 잘 할 수 있는 재능과 결부하여 봉사활동을 함

▶ 봉사활동의 참의미를 깨달을 수 있도록 능동적으로 활동하며 개인이 할 수 있는 것(헌혈 2회 이상)을 지속적으로 하는 것이 중요함

▶ 봉사활동특기사항을 기록할 수 있는 항목이 사라졌으므로 행동특성 및 종합의견란에 봉사활동 특기사항을 아래와 같은 점을 유의하여 입력하도록 함

- 표현 키워드 : 진심, 자발성, 자신의 변화, 공동체 의식, 실천

- 봉사 기간과 봉사 기관, 활동과 배운 점, 공동체 일원으로 기초 소양 등 평가, 진정성, 지속성, 태도의 변화, 공동체 의식 유무

- 봉사활동은 자신의 가치관이 투영되도록 왜?(동기), 무엇을?(과정), 배우고 느낀 점(결과와 나의 변화)을 중심으로 기록함

- 구체적인 에피소드나 활동 과정에서 만났던 여러 사람들과의 대화 내용 등을 구체적으로 기록할 수 있도록 해야 함. 더불어 이러한 기록 뒤에 반드시 본인의 생각과 느낀 점을 첨가해 기록함

살펴보기

봉사활동 영역별 샘플

영역		교육청 추천 활동 체크
봉사활동	이웃돕기활동	• 친구 돕기 활동 : 학습이 느린 친구 돕기, 장애 친구 돕기 등 • 지역사회활동 : 불우이웃 돕기, 난민 구호 활동, 복지시설 위문, 재능기부 등
	환경보호활동	• 환경정화활동 : 깨끗한 환경 만들기, 공공시설물 보호, 문화재 보호, 지역사회 가꾸기 등 • 자연보호활동 : 식목 활동, 자원 재활용, 저탄소 생활 습관화 등
	캠페인활동	• 공공질서, 환경 보전, 헌혈, 각종 편견 극복 캠페인 활동 등 • 학교폭력 예방, 안전사고 예방, 성폭력 예방 캠페인 활동 등
	교내봉사활동	학습부진 친구, 장애인, 병약자, 다문화가정 학생 돕기, 급식도우미, 학교폭력 예방 활동 등
	지역사회봉사활동	복지시설, 공공시설, 병원, 농어촌 등에서의 일손 돕기, 불우이웃돕기, 고아원, 양로원, 군부대 위문 활동, 재해 구호, 국제 협력과 난민 구호 등

☑ 브랜드 드러내기

'행복나누미' 봉사활동

> 주 1회 노인요양원에 방문하여 어르신들에게 발마사지와 말벗등을 해드리는 학교 봉사단 '행복나누미' 활동을 지속적으로 성실하게 수행함. 활동할 때 갑자기 어르신께서 호흡곤란이 오시는 등 위급한 상황을 많이 마주하게 되었지만 강한 정신력과 봉사정신으로 어려움을 이겨내고 더욱 진정성을 갖고 봉사에 임하였음. 이를 통해 학생의 꿈인 의료인이 갖추어야 할 충분한 봉사정신과 강한 정신력을 가지고 있다는 것을 알 수 있었음. '봉사에 있어서 가장 중요한 것은 진정으로 봉사하고자 하는 마음가짐이라는 것을 알게 되었다.' 라고 활동일지에 느낀 점을 남길 정도로 내적으로 성숙해진 모습을 보였음.

▶ 봉사활동을 통해 내적인 성숙을 가져온 사례이다. 봉사활동의 핵심은 다른 사람을 돕는 활동을 통해 자신의 내적인 성장이다. 봉사활동을 통해 세상을 바라보는 시야가 자신과 가족을 넘어 타인, 그리고 공동체 영역까지 확장되게 된다. 더 나아가 진로에 대한 철학도 봉사활동을 통해 가지게 되는 경우가 많다. 이 학생도 요양원 봉사활동, 복지관 봉사활동, 학습멘토링 봉사활동을 통해 시야가 자신을 넘어서 타인에게로 향하게 되고, 진로철학도 가지게 되었다. 활동을 통해 가지게 된 학생의 진로철학은 '사회적 약자들을 돕는 의료인'이다. 요양원 노인들을 위한 봉사활동을 통해 사회적 약자를 배려하며 열정적으로 돕는 학생의 모습을 확인할 수 있다.

이 학생은 2학년 때 다양한 학교활동을 통해 의료인에서 언론인으로 진로가 변경되었다. 그러나 사회적 약자를 돕고 싶은 자신의 철학은 변하지 않았다. 2학년 때 학교활동을 통해 정하게 된 진로철학은 '사회적 약자의 편에서 사회 제도를 변화시키는 보건의료전문기자'였다. 봉사활동을 통해 가지게 된 진로에 철학이 다양한 활동을 통해 구체화된 것이다. 이처럼 진로가 변경되어도 봉사활동을 통해 지니게 된 철학은 변경된 진로에도 영향을 미치는 것을 확인할 수 있다.

☑ 기록 사례

봉사활동 소통지

학생명	2학년 2반 22번 이름 : 김소통	일시	2020.04.30 – 2020.05.17
활동명	수학여행 가이드 북 제작	활동 장소	북경 이화원 등
활동 계기 및 준비 과정	수업 시간 도중 중국어, 중국 문화 관심 보여서 담당 지도 선생님의 추천으로 첨밀밀 노래를 하던 중 노래 가사 속 이화원에 관심을 갖게 됨.		
활동 내용	북경 수학여행에서 이화원 관련 자료를 조사, 동아리부스체험 진행, 문화진로 동아리 및 전체 학생들에게 PPT로 제작하여 발표, 동아리 문집으로 제작, 학생들 수학여행 가이드북으로 만들어 봄.		
느낀 점	본인이 갖고 있는 작은 능력들이 모여 하나의 결실로 나와 너무 보람찬 활동이었음. 중국, 한국 문화의 공통점과 차이점을 비교 분석해 봄. 내가 목표로 하는 사회학자의 꿈을 찾는 데 지역 문화재 보전 및 유지를 위한 방법과 문화의 이해를 바탕이 되어야 함을 깨닫게 됨.		

추후 활동 계획	전통 문화에 대한 이해와 애향심 고취를 위한 문화재 보호 정책을 알아보기로 함. 도산서원 관련 봉사 활동을 추진하기로 함.
학생부 브랜딩	평소 중국어와 중국 문화에 관심을 보이며 중국어 수업에 열심히 참가하던 학생은 수업시간에 들었던 첨밀밀 노래에 나오는 이화원에 관심을 가지며 조사하던 중 수학여행의 코스에 포함된 지역인 것을 알고 자료를 조사하고 PPT를 제작하여 친구들 앞에서 발표함. 또한 자료를 정리하여 가이드북으로 제작하여 수학여행(2020.05.18 - 05.22)에서 친구들이 잘 이용할 수 있도록 배려하는 모습이 보임.

학기말 소통 기록 샘플(행동특성 및 종합의견)

 우유 배식 도우미(2020.03.28. – 2020.12.23./20시간)로 활동하며 매일 1교시 시작 전에 교실로 학급 우유를 가지고 와서 친구들에게 나누어 줌. 결석 등으로 우유 배식을 못 받은 학생들을 위해 남은 우유는 교무실 냉장고에 보관하여 다음 날 챙겨주는 등 우유 배식 도우미로 최선을 다하는 모습을 보임. 또한 우유가 많이 남을 때에는 인근 무료 급식소에 가져다주는 등 나누고 베풀 줄 아는 학생임.

▶ 봉사활동을 시작하게 된 계기가 나타나지 않으며 봉사활동이 본인에게 어떠한 영향을 미쳤는지 잘 나타나지 않음. 하지만 나눔과 배려 능력과 소통능력, 성실성을 갖추고 있는 것으로 보임.

 학급을 위해 봉사하겠다는 자세로 학급반장 선거에 출마하였으나 아깝게 2표 차이로 낙선한 후 좌절하지 않고 학급에 조금이나마 도움이 되는 일이 무엇일까 고민하다가 스스로 자원하여 우유 배식 도우미(2020.03.28. – 2020.12.23./20시간)로 매일 1교시 시작 전에 교실로 학급 우유를 가지고 와서 친구들에게 나누어 주고, 중식 시간에 빈 통을 모아 다시 배급소로 가져다 놓는 활동을 단 하루도 빠지지 않고 성실히 활동함. 특히 결석 등으로 우유 배식을 못 받은 학생들을 위해 남은 우유는 교무실 냉장고에 보관하였다가 다음 날 챙겨주는 등 세심한 마음가짐으로 친구들을 대하는 모습이 인상적임. 학교 행사 등으로 우유를 먹지 않는 학생이 많은 날에는 그 우유를 모아 인근의 무료 급식소에 가져다주는 등 타인을 배려할 줄 아는 능력이 뛰어난 학생임.

▶ 우유 배식 도우미를 지원한 까닭이 잘 나타나 있으며 우유 배식 도우미로서의 기본 활동에 충실할 뿐만 아니라 자신이 창의적으로 일을 찾아서 하는 모습을 통해 창의적 문제해결력, 성실성을 보여 줌. 또한 우유를 먹지 못하는 친구들을 위해서 활동하는 모습과 기부하는 모습들을 통해 나눔과 배려, 자기주도성, 소통능력을 확인할 수 있음

 사회를 변화시키기 위해서는 작은 일부터 변화되어야 한다는 생각으로 주변에서 본인이 실천할 수 있는 봉사활동의 일환으로 하천 정화활동(2020.03.04. – 2020.07.15.)에 격주로 참가하여 자신이 맡은 하천의 정화활동에 최선을 다하는 모습을 보임. 특히 환경이 사람의 건강에 밀접한 영향을 미친다는 생각으로 자신이 동참하는 이 정화활동이 단순한 활동이 아니라 지역주민의 건강과 밀접한 관계가 있는 활동이라는 자부심을 가지고 활동함. 또한 자신이 관심을 가지고 있는 의학 정보를 지역 독거어르신들에게 정기적으로 제공하며 어르신들이 건강하게 잘 계시는지 살피는 봉사활동(2020.07.16. – 2021.01.31.)에 격주로 정기적으로 참여함. 이러한 활동을 통해 병을 고치는 것도 중요한 일이지만 병을 미리 예방하기 위해서 노력하는 것도 중요한 일이라는 것을 알고 예방의학의 중요성에 대해 알게 됨.

LSP의 8기 멘토(2020.04.10.–2020.10.27.)로 활동함. 플래너를 활용한 자기관리 역량이 매우 탁월한 학생으로 본인이 만든 플래너 양식지를 멘티들에게 나누며, 멘티들이 성장할 수 있도록 도움. 멘토링 시간 때마다 자신이 알고 있는 지식과 정보를 멘티들에게 적극적으로 나누며, 멘티들이 학교 생활을 잘 할 수 있도록 도움. 이를 통해 공동체에 헌신하는 리더의 모습이 관찰됨. 또한 어려운 플래닝 원리를 쉽게 설명하는 모습을 통해 논리력과 의사소통역량이 확인됨.

 평소 사회문제에 관심을 보이며 자신의 주변부터 변화시키고자 하는 마음으로 독거노인 도시락 배달에 참여(20회)하고, 월 1회 정기적으로 장애인 센터 '배려의 집'을 방문하여 실내청소 및 배식, 설거지 등의 봉사활동에 꾸준히 참여하는 등 이웃에 관심을 가지고 도와주려는 마음을 가지고 있는 학생임. 각종 교내봉사활동 시 자신에게 주어진 일을 성실하고 분명하게 잘 해내었고, 주변 친구들의 모범이 될 정도로, 남의 일도 자신의 일인 것처럼 생각하며 자발적이고 능동적인 태도로 학급의 궂은 일에 때마다 솔선수범하여 헌신하고 봉사하였음. 이러한 실천하는 리더십이 몸에 밴 학생은 정치인으로서의 자질을 갖추었다고 생각됨.

08 | 꿈 탐험가 : **진로활동**

고등학교에는 진로수업이 있습니다. 자신의 진로를 탐색하고, 대학 입학에 대해 공부하고, 직업인들을 만나는 등 다양한 활동을 하는 수업이지요. 이 수업을 통해 학생들이 진로를 설정하고 그 진로를 이루기 위해 노력한다면 가장 좋겠지요. 이러한 진로수업에서 있었던 특기사항뿐만 아니라 진로와 관련된 상담 내용, 본인이 스스로 진로를 탐색하기 위해 했던 모든 특기사항을 기록할 수 있는 항목이 바로 진로특기사항입니다. 학교에 진로관련 프로그램이 부족해서 아쉽다면 자신이 스스로 진로를 탐색하고 그러한 활동을 기록하여 진로담당선생님이나 담임 선생님께 드리세요. 그렇다면 더욱 풍성한 자신만의 색깔을 나타낼 수 있는 진로특기사항이 될 것입니다.

❺ 창의적 체험활동 : 진로활동

학년	창의적 체험활동상황		
	영역	시간	특기사항
	진로활동		700자

☑ 평가 항목

학교생활기록부영역	평가 요소			
	학업역량	전공적합성	인성	발전가능성
창의적 체험활동상황		●	●	●

▶ 전공적합성, 인성, 발전가능성을 평가함

▶ 진로희망과 관련된 자질, 수행한 노력과 활동

▶ 진로희망 사항과 연계하여 희망 분야 진로활동의 참여도, 활동 의욕(열정), 성숙도 파악, 지원동기 구체화, 자아성찰 과정, 전공분야 지속적 관심, 소질, 진로탐색활동의 적극성, 태도 변화 등을 확인하여 평가함

▶ 발전가능성, 진로탐색 경험, 심화된 진로활동

☑ 나를 브랜딩하라!

❶ 학생부 기본사항

▶ 학년별 700자 입력함

▶ 정규교육과정 내에서 이루어진 활동을 기재

▶ 학교교육계획에 의해 학교에서 주최·주관하여 실시한 진로활동과 관련된 사항, 진로지도와 관련된 상담 및 권고 내용 입력

▶ 교내에서 실시하는 진로 프로그램은 학교마다 다소 차이가 있겠지만 대부분 각종 심리검사, 현장직업체험, 전문직업인 특강, 전공탐색활동, 나의 꿈 발표하기 등을 실시하고 있음

▶ 자신이 잘 할 수 있고(적성), 좋아하고 즐길 수 있는(흥미), 그리고 스스로 가치 있는 일이라고 생각하는 (가치관) 분야가 무엇인지 찾아가는 과정이 진로 결정에 가장 중요한 것임을 잊지 말고, 모든 교내 진로활동에 적극적으로 참여 후 기록함

▶ 학교장이 승인하여 동일학교급 타학교에서 주최하고 주관한 국내 체험활동, 학교장이 승인한 교육 관련 기관에서 주최하고 주관하여 실시한 국내 체험활동에 참여함

▶ 진로활동 : ○○교육청 진로캠프, 학교교육계획에 의한 진로캠프, 직업체험 등

▶ 진로활동 특기사항에 진로희망분야 기재항목이 있지만 대입자료로는 제공하지 않기 때문에 학종에 영향력을 가지지 않음.

❷ 학생부 특기사항

▶ 학생의 학업진로, 직업진로에 대한 계획서, 진로와 관련된 각종 검사를 바탕으로 특기사항을 입력할 수 있음

▶ 특기사항에는 활동 실적이 우수한 사항과 각종 진로검사 및 진로상담 결과를 기록함

▶ 관심분야 및 진로희망과 관련된 학생의 활동내용 등 학생의 진로 특성이 드러나는 사항을 담임교사가 입력함

▶ 학생의 활동 내용, 참여 동기, 역할, 열정, 경험, 결과, 변화 등을 구체적으로 표현함

▶ 자기 이해, 진로정보탐색, 진로계획, 진로체험활동을 기록함

▶ 학생의 특기·진로를 돕기 위해 학교와 학생이 수행한 활동과 결과를 기록함

▶ 학급담임교사, 상담교사, 교과담당교사, 진로상담교사의 상담 및 권고 내용을 기록함

▶ 진정성, 자발성, 자신의 태도 변화, 배려와 나눔, 공동체 의식, 실천 등이 드러날 수 있도록 기재함

▶ 진로특기사항에 자신이 희망하는 진로를 녹여서 기록하는 경우 학년별 확장형(심화형)으로 기록하는 것이 좋음.
  예를 들어 1학년 공학자, 2학년 기계공학자, 3학년 로봇기계공학자

▶ 전공적합성 평가 : 전공 관련 탐구활동을 통해 전공에 대한 열정을 나타낼 수 있음

▶ 개인 진로활동 〉단체 진로활동
  예) 의예과 학과 체험을 단체로 간 경우 거기에서 학생은 의료활동에 사용되는 기계들에 관심을 보이며 그러한 기계에 대해 알아보았다면 학생 개인의 진로활동은 기계공학이 되는 것임.

▶ 진로검사 결과 : 검사 결과에서 학생의 우수한 특성을 희망 직업(또는 학과)과 관련하여 구체적으로 기록함. 진로역량 신장, 변화를 드러나게 함

▶ 학년 초가 되면 커리어넷, 워크넷 등을 통해 다양한 직업적성 및 흥미검사 또는 전공탐색검사를 한 후 기록함

▶ 진로상담 결과, 관심 분야 및 진로희망과 관련된 학생활동 등 학생의 진로 특성이 드러나는 사항을 중심으로 기재함

▶ 여러 가지 활동에 대하여 기술할 때에는 활동마다 단락을 나누어서 기재하여 가독성을 높임

▶ 자신의 진로를 탐색하기 위해 읽은 책의 제목과 내용 그리고 느끼고 배우고 변화 된 점을 적는 것도 좋은 전략

진로활동 영역별 샘플

영역		영역별 샘플 활동 체크
진로활동	자기이해활동	• 강점 증진활동 – 자기 이해 및 심성 계발, 자아 정체성 탐구, 자아 존중감 증진 등 • 자기특성이해활동 – 가치관확립 활동, 각종 진로 검사, 각종 심리검사하기, 직업 흥미 탐색, 직업적성탐색 등
	진로정보탐색활동	• 일과 직업이해활동 – 일과 직업의 역할과 중요성 및 다양성 이해, 직업 세계의 변화 탐구, 직업 가치관 확립 등 • 진로정보탐색활동 – 교육 정보 탐색, 진학 정보 탐색, 학교 정보 탐색, 직업 정보 탐색, 자격 및 면허 제도 탐색 등 • 진로체험활동 – 직업인 인터뷰, 직업인 초청 강연, 산업체 방문, 직업 체험관 방문, 인턴, 직업 체험 등 • 진학정보탐색 – 학업 정보 탐색, 입시 정보 탐색, 학교 방문, 직업 정보 탐색, 자신의 진로와 관련된 분야에 대해 조사하기, 진로 관련 독서하기 등
	진로계획활동	진로 상담, 진로 의사 결정, 학업에 대한 진로 설계, 직업에 대한 진로 설계, 진로 관련하여 나의 꿈 발표하기, 진로 지도 및 상담활동, 진로관련 탐구하고 싶은 주제 정하여 연구보고서 쓰기, 10년 후 자신의 모습을 상상한 글 써보기 등
	진로체험활동	일상생활 관리, 진로 목표 설정, 진로 실천 계획 수립, 학업관리, 구직 활동, 직업 훈련, 취업, 학업 및 직업 세계의 이해, 직업 체험 활동 등
	캠프 참가	교육청 전공 관련 캠프 참가, 리더십 캠프 참가, 창의력 캠프 참가, 대학전공소개 캠프 참가
	강의 참가	전공 관련 강의 청강, 교내 진로관련 강의 참가

진로 · 진학 정보

▶ 센터 사이트 방문 후 필요한 자료 활용

▶ 센터 직접 방문해서 상담이나 사이트에서 온라인 상담 신청

▶ 상담 받은 내용을 포트폴리오에 정리해서 담임 선생님과 소통하고 보관

　※ 꼭 사이트에 들어가서, 온라인 상담 또는 방문 상담을 하는 것을 추천함

진로 · 진학 정보
사이트 바로가기

기관명	홈페이지
강원진로교육원	http://jinro.gwe.go.kr
경기도진로진학지원센터	http://jinhak.goedu.kr
경남진로교육센터	http://www.gne.go.kr/jinro/index.gne
경북진로진학지원센터	http://jinhak.gbe.kr/
광주진로진학정보센터	http://jinhak.gen.go.kr
대구진학진로정보센터	http://jinhak.dge.go.kr/main/main.php
대전진로진학지원센터	http://www.edurang.net/main.do?s=course
부산진로진학지원센터	https://dream.pen.go.kr/center/
서울진로진학정보센터	http://www.jinhak.or.kr/uat/uia/main.do
세종학부모지원센터	http://www.sje.go.kr/parents/main.do
울산진학정보센터	http://jinhak.use.go.kr
인천진로진학지원센터	http://www.ice.go.kr/main.do?s=jinhak
전남진로진학지원센터	https://www.jne.go.kr/index.jne?menuCd=DOM_000000104009000000
전북진로진학센터	http://jinro.jbe.go.kr/main/main.jbe
제주진로진학지원센터	http://jinro.jje.go.kr
충남진로교육지원센터	http://career.edus.or.kr/main.do?s=career
충북진로교육원	http://jinro.cbe.go.kr/home/main.php
커리어넷	http://www.career.go.kr/cnet/front/main/main.do
워크넷	http://www.work.go.kr/jobMain.do
EBSi 진학상담실	http://www.ebsi.co.kr/ebs/ent/enta/retrieveExpEntAdvLst.ebs
기적의 TV, 상담받고 대학가자	http://tbsefm.seoul.kr/cont/tv/Daehakgaja2/index/index.do
한국대학교육협의회	http://www.kcue.or.kr
한국전문대학교육협의회	http://www.kcce.or.kr/web/main/index.do

☑ 브랜드 드러내기

진로탐방활동

여름방학 중 진로탐방활동(2017.07.31.,2017.08.03.)에 자기주도적으로 참여함. 열네 분의 교수님께 인터뷰 요청, 두 분의 교수님과 인터뷰를 진행함. 로봇공학에 대한 두 차례의 인터뷰를 통해 최신 정보와 기초 정보를 습득함. 특히 자신이 관심을 갖고 있는 장애인이나 노인을 돕는 로봇은 아직 기술이 부족하여 만들지 못하고 있다는 인터뷰 내용을 바탕으로 최초로 자신이 그 사명을 이루겠다는 다짐과 도전에 대한 결의를 함.

▶ 전공 관련 교수님들에게 직접 메일을 보내 진로탐방을 한 사례이다. 진로탐방을 위해 14명의 교수에게 인터뷰를 요청했다는 내용은 주어진 환경에서 좌절하지 않고 뚫고 나가려는 도전정신을 평가받을 수 있는 내용이다. 실제로 이 학생은 진로수업에서 방학 숙제로 내준 진로탐방활동을 매우 적극적으로 활용한 학생이다. 자신의 주변에 로봇공학자 교수가 없어서 14명의 전공 관련 교수님께 이메일을 보내 2명을 섭외해서 만나고 와서 자신의 진로철학을 세우고 진로를 구체화시켰다.

프로젝트 활동

새롭고, 즐거운 일이 생길 일이 드문 요양원에서 노인들의 무료함을 해소해드리는 '노인분들의 무료함 해소 프로젝트'를 기획하여 리더로 활동함. 노인들의 하루 일과를 알아보고 팀원들과 무료함을 풀어드릴 수 있는 활동에 대한 아이디어를 냄. 두뇌건강에 좋은 보드게임을 직접 제작하여 기부함. 보드게임을 통해 노인분들과 즐겁게 봉사하는 모습이 인상적임.

▶ 진로교육 때 진행한 프로젝트 활동을 통해 진로철학을 드러낸 사례이다. 이 학생의 진로철학은 '현대인들이 자신의 삶을 즐기며 살아갈 수 있도록 여가문화를 바라보는 시선을 변화시키는 여가 전문 경영인'이다. 1학년 진로특기사항에서 진로철학을 작성하고 2학년 진로특기사항에 위의 내용을 기록하여 '여가 전문 경영인'이라는 자신을 브랜딩 하였다.

진로활동 소통지

학생명	학년 반 번 이름:		일시	2020.08.20
활동명	미래 체험 3D 프린팅 마스터		활동 장소	대한대학교 기계공학과
활동 계기 및 준비 과정	최근 성장하는 분야 중 하나인 3D프린팅 기술에 대해 더 알고 싶어 체험 학습에 참여함.			
활동 내용	1. 3D 프린터의 개념과 원리를 배움 2. 웹 브라우저 기반 3D 모델링 프로그램인 팅커 패드로 3D 모델 제작 3. 3D 프린터 산업의 전망에 대한 강의 경청 4. 3D 프린터, 드론, 전기차, 인공지능 등 미래 신산업 기술 설명 경청			
느낀 점	앞으로 우리의 미래를 3D프린터, 드론, 전기차, 인공지능, VR(가상현실) 등 새로운 과학기술과 관련된 직업들이 많이 나온다고 한다. 다양한 3D프린터와 그 원리를 실질적인 체험을 통해 배워서 새로웠다. 학교에서 다루어보던 x–y 평면이 3D프린팅에서는 x–y–z 공간이 된다는 것이 신기했다. 3D프린터의 기술이 생각보다 다양한 분야에 적용된다는 것을 알았다.			
추후 활동 계획	3D프린터 관련하여 도서관에서 '누구나 즐길 수 있는 3D프린팅(플로리안 흐르쉬)'의 책을 읽고 3D프린팅의 사용 방법에 대하여 많이 알게 되었다. 인터넷으로 의료신소재학과 관련하여 대학 학과 및 전공을 탐색했다.			
학생부 브랜딩				

진로활동 기록 샘플

 교내에서 실시한 진로적성검사(2020.03.25.)를 통해 자신이 예술가형과 진취형의 특성을 좀 더 많이 지니고 있음을 알게 됨. 자신의 진로적성과 예술가가 맞는지 여러 가지 정보를 찾아보고 예술가로서의 진로와 적성이 맞다는 것을 알게 됨. 하지만 현실적 어려움과 지원의 부족으로 정말 예술가가 되어야 할까에 대해 고민하는 시간을 가짐. 예술가들의 처우를 개선하기 위한 보고서도 작성하여 '꿈끼 나눔의 시간'(2020.09.23.)에 발표함. 예체능 학생으로 이루어진 유일한 팀으로 많은 선생님들과 학생들로부터 격려와 칭찬을 받음.

▶ 자신의 진로 고민이 진로적성검사로부터 시작되었음을 잘 나타냄. 하지만 추상적인 활동을 통해 자신의 꿈을 확정하는 모습을 보임. 예술가로서의 현실적 어려움에 대해 스스로 고민하고 생각하는 자세는 자기주도성과 전공에 대한 관심의 영역에서 긍정적으로 평가됨. 하지만 그 고민 이후 자신이 어떻게 결정했는지, 어떠한 변화가 있었는지 서술이 되어 있지 않음.

 교내에서 실시한 진로적성검사(2020.03.25.)를 통해 자신이 예술가형과 진취형의 특성을 좀 더 많이 지니고 있음을 알게 되어 문화를 통한 삶의 질 향상 관련 직업에 관심을 갖고 구체적인 탐색 노력을 하고 있음. '꿈 찾기 프로젝트'에서 직업체험(2020.07.13.)에 참가하여 예술가들의 직업 세계를 체험하고 본인의 흥미와 적성에 맞는 직업임을 알게 됨. 하지만 예술가들의 현실적 생활의 어려움과 그들을 지원하는 시스템의 보강이 필요하다는 것을 알고, 예체능 진로를 희망하는 3명의 친구들과 함께 예술가 처우 개선에 관한 연구 보고서를 작성하여 '꿈끼 나눔의 시간'(2020.09.23.)에 발표해 예체능 학생들로 이루어진 유일한 팀으로 많은 선생님들과 학생들로부터 격려와 칭찬을 받음. 이러한 활동을 통해 현실적 어려움 때문에 예술가로서의 꿈을 포기하는 것이 아니라 현실을 변화시켜가는 능동적이고 자기주도적인 예술가가 되기로 다짐함.

▶ 진로적성검사를 통해 알게 된 자신의 성격 유형을 바탕으로 다양한 탐색활동을 통해 자신의 진로를 결정하는 과정에서 전공에 대한 관심과 이해도가 잘 드러나며 자기주도성이 잘 드러남. 하지만 막연히 꿈으로만 가지지 않고 현실적인 문제점들도 찾아내며 내면적 갈등을 갖는 시간을 통해 성숙해지며 전공에 대한 이해도가 증대되는 모습을 보임. 또한 어렵다고 포기하는 것이 아니라 자기주도적으로 능동적으로 그러한 문제점을 해결할 수 있는 예술가가 되기로 마음먹는 과정은 학생의 꿈에 대한 확실한 신념과 발전가능성, 전공적합성, 인성들을 잘 나타내는 서술임.

 진로수업시간에 현재 학교 연못에 살고 있는 붕어에 관한 탐구내용을 발표하였음. 생명과학 수업에서 배운 유전자 돌연변이가 유전자에 이상을 일으켜 생기는 알비노(백색증)현상을 흰색 붕어에 적용해 주변에 보이는 현상과 생명과학 교과와 연계시켜 학생들의 관심을 이끌었고 관련 분야 학습을 통해 깊이 있는 설명을 함. 진로체험의 날에 연구소를 방문(2020.10.27.)하여 각종 실험과 검증 과정에 관심을 가지고 질문을 함. 생명기술과 관련된 직업과 자신의 진로를 연관시켜 탐색한 진로 포트폴리오 제작 능력이 뛰어나 우수학습활동 결과물 전시회에 참여함.

 자신의 적성과 소질을 살릴 수 있는 직업인 보건 의료 전문 기자에 대해 자료를 자세히 찾아보고, 직업 선택 계기, 미래 전망, 본보기, 관련 학과를 알아보고, 로드맵을 작성하여 진로 성숙도를 향상함. 탐색의 시간을 통해 숨겨진 진실로 인해 상처받은 사람들을 자신의 글과 말로 위로하고 동시에 생명의 존엄성을 실현할 수 있는 보건 의료 기자가 되고 싶다는 진로 희망을 확인함. 데이터를 모으고 분석하고 인터렉티브한 결과물로써 이용할 수 있게 만드는 빅데이터 저널리즘에 대해 알아보았으며, 10일간의 정신병원 잠입취재로 이름을 날려 미국 의료 시스템 전반의 혁신을 불러일으킨 전설적인 기자에 대해 알아보고, 본보기로 삼게 됨. 자신이 원하는 방송사의 사회부에 입사해 경력을 쌓고, 특파원으로 임명되어 Medical Jurnalism을 공부하여 캡을 달아 후배 기자들의 존경을 받고, 의료분야 전문가가 되어 강연과 도서출판을 하고, 사회에 긍정적인 영향을 미치는 기사를 작성하며, 퇴직 후 심리 상담을 통해 봉사하는 삶을 살고 싶다는 자신의 생애를 시뮬레이션처럼 상세하게 구체화 시켜봄.

많은 사람들이 여러 환경요인들로 인해 그 꿈을 이루지 못하고 살아가는 사람들이 많다는 사실을 알고 '이들이 행복하게 할 수 있는 방법'을 고민하다가 본인이 흥미를 가지고 가상현실을 통해 다른 사람들의 꿈을 이루어 줄 수 있지 않을까 하는 생각을 하게 됨. 가상현실에 대한 책을 읽어보고 여러 정보를 접해 보았지만 직접 체험해보기 위해 VR 서밋에 참가 하였고 가상현실에 대해 좀더 알아보고 싶은 생각에 교수님을 찾아가 조언을 듣게 됨. 교수님과의 인터뷰 (가상현실이 몇 개의 파트로 나누어져 있는지, 현재 가상현실의 현황과 개발수준, 가상현실의 부족한 점 중에서 가장 먼저 보완되어야 할 점을 무엇인가, 현재 가상현실에 관한 국가적 지원, 가상현실을 연구하는데 필요한 역량이나 능력)를 통해 수학적사고와 논리를 세우는 능력이 중요하다는 것을 알게 되어 좀 더 자기계발에 힘을 쏟고자하는 마음가짐을 갖게 됨. 탐방 후 추상적 개념이 구체적이게 되고 목표의식이 더 뚜렷해졌으며 가상현실 세계가 방대하다는 생각을 갖게 됨. 좀 더 세부적으로는 인지과학, 가상감각, 뇌과학분야에 관심을 갖게 되었고 뇌를 통한 가상현실게임을 만들고 싶다는 생각을 하게 됨.

 '미래의 명함 만들기'(2020.06.22.)와 '미래의 이력서 만들기'(2020.06.29.)를 통해 평소 자신이 관심을 가지고 있던 아동·가정학 분야의 구체적인 직업과 관련 자격증을 찾아보고 유치원 교사를 희망하는 친구들을 모아 자율 동아리를 구성하여 활동. '나의 꿈은!'(2020.08.27.)에 역할극 모델로 유치원 원장을 선택하여 본인이 만들고 싶어 하는 교육 프로그램을 지역 사회와 연결하는 매체로서의 유치원을 구상해 많은 박수를 받음. '미래직업 보고서'(2020.10.19.) 발표에서 교육은 미래에도 존재하고, 그 역할이 더 구체적인 의미를 가질 것이라고 발표하며 본인은 유치원 원장이 꿈이라고 밝힘. '사회개선 프로젝트'(2019.10.15.)에서 CCTV 설치의 장점과 단점을 설명하고, 거주 지역 유치원 교실의 CCTV 설치율이 예전보다는 높아졌으나 매년 증가하고 있는 아동학대와 유치원 안전사고에 대비하여 설치율이 지금보다 더 높아져야 한다고 발표함.

 다중지능적성검사(2020.03.23.)와 진로탐색(2020.10.25.)의 결과로 언어지능능력과 창의지능이 매우 높고 창의력이 뛰어나고 주변을 돌보는 것을 좋아하는 특징이 있는 학생으로 초등교사 또는 동물 사육사 등의 직업이 적합한 학생으로 판단되며 본인도 그러한 것에 동의하여 그러한 방향성을 설정하고 활동함. 방송 관련 직업에 대한 흥미와 관심도 꾸준히 보이는 것으로 보아 관련 활동(대인관계 지능 향상활동, 자기이해지능 향상활동 등)에 적극적으로 참여하며 자신의 관련 지능을 높이기 위해 적극적으로 노력함. 어느 한 분야를 결정하는 것에 어려움을 느끼며 두 분야 모두와 관련된 독서활동, 동아리활동, 수업프로젝트 등에도 적극적으로 참여하며 자신의 꿈을 이루기 위해서 노력하는 모습이 대견한 학생임.

 법의 시민성 워크숍(2020.04.07.)에 참가하여 시민 참여 법정에 대한 올바른 인식과 민주적이고 시민이 참여해 정의를 세우는 법에 대해 이해를 함. 특히 '누구나 법 앞에 평등하며, 어떤 일을 해도 법에 자유로운 삶을 살아라!'라는 말을 가장 인상 깊게 들었으며, 이후 법무 법인에도 견학을 신청해 변호사와 상담을 하는 등 법관이 되고 싶어 하는 장래에 대한 자기주도적인 모습을 보임. 법 교육 명사특강(2020.06.26.)에서 판사님의 법 교육 명사특강을 들음. 지루해 하는 다른 학우들과는 달리 강의에 집중하며 '로스쿨 제도의 정의성과 효용성 탐색'에 대하여 질문을 했고, 강의 후 판사의 연락처를 얻고, 자신의 멘토로 삼는 모습이 인상 깊음.

대학전공 탐색의 날 행사(2020.04.22.)에서 평소 관심 분야인 물리학과 전공 탐색에 참여하여 교육과정과 직업 전망에 대한 자료를 수집하고, 이를 통해 자기주도적인 진로설계를 구체적으로 계획하는 계기를 마련함. 또한 물리학자의 만남을 통해 진로에 대한 진지한 자세와 학습동기 유발에 큰 영향을 받았으며, 교내 '나의 미래, 나의 삶 발표하기'(2020.07.18.)에서 물리학자로서 평범하게 지나는 상황에 자연과학적 이유와 원리에 대한 고민이라는 내용으로 학생들 주변에 일어나는 다양한 현상을 자연 과학적으로 풀어서 설명함으로써 학생들의 물리학에 대한 이해와 관심을 끄는 계기를 제공함.

09 │ 가장 강력한 스펙 : **교과 역량**

학생부종합전형에서 가장 중요하게 평가되는 생활기록부 항목이 뭘까요? 네, 맞습니다. 교과학습발달상황입니다. 혹자들은 "교과성적이 낮아도 비교과만 잘 준비하면 좋은 대학에 진학할 수 있다."고 이야기하지만 이 말은 사실이 아닙니다. 많은 대학의 입학사정관들이 기초 학업능력을 갖춘 학생들 중에서 다양한 평가요소를 적용하여 학생부종합전형으로 선발한다고 말하기 때문입니다. 전제 조건이 기초 학업역량 즉, 교과성적이라는 이야기지요. 그럼 먼저 내신 성적을 관리해야 합니다. 혹시 모든 과목의 성적을 관리할 수 없다면 진로 관련 과목만이라도 관리해봅시다. 학생부 세특 작성이 잘된 사례를 분석해보면 학생 스스로가 교과 지식에 대한 궁금증을 가지고 지식을 심화, 확장시켜나간 사례가 많습니다. 교과 안에서 이뤄진 많은 활동을 나열식으로 기록한 것이 아니라 수업 내용과 연계된 하나 또는 두 개가 주제를 가지고 학생이 주도적으로 탐구해 나간 내용이 많습니다. 심화탐구주제를 정할 때에도 앞에서 제시한 학생부 브랜딩을 고려하는게 좋습니다. 지원 전공과 관련 깊은 교과는 진로철학이 잘 드러날 수 있는 심화탐구를 진행할 때 자신의 브랜드를 확실히 각인시킬 수 있게 됩니다. 모든 과목의 활동을 관리할 수 없다면 진로와 연계가 가능한 과목만이라고 관리하여 자신만의 브랜드가 담긴 멋진 학생부가 되도록 노력해보세요.

❻ 교과학습 발달상황

학기	교과	과목	단위수	원점수/과목평균 (표준편차)	성취도 (수강자수)	석차등급	비고
	이수단위 합계						

과목	세부능력및특기사항
• 일반 과목별 : 500자	
• 일반 개인별(세부능력 및 특기사항) : 통합 연간 500자[*]	

〈진로 선택 과목〉

학기	교과	과목	단위수	원점수/과목평균 (표준편차)	성취도 (수강자수)	석차등급	비고
	이수단위 합계						

과목	세부능력및특기사항
• 진로 과목별 : 500자	
• 진로 개인별(세부능력 및 특기사항) : 통합 연간 500자[*]	

[*] 개인별 세부능력 및 특기사항의 경우 전체 통합하여 연간 500자까지 입력 가능함

〈체육 예술(음악/미술)〉

학 기	교 과	과 목	단위수	원점수/과목평균 (표준편차)	성취도 (수강자수)	석차등급	비고
이수단위 합계							

과목	세부능력및특기사항
• 예체능 과목별 : 500자 • 예체능 개인별(특기사항) : 연간 500자	

☑ 평가 항목

학교생활기록부영역	평가 요소			
	학업역량	전공적합성	인성	발전가능성
교과학습발달상황	●	●	●	●

▶ 일반 과목, 진로선택과목, 체육 · 예술(음악/미술)의 과목별 세부능력 및 특기사항, 개인별 세부능력 및 특기사항으로 나뉨

▶ 교과성적에 따른 지원자의 학업역량과 평가를 기록하는 것임(과목별 500자)

▶ 교과 성적을 주어진 정보(원점수, 과목평균, 표준편차, 석차등급, 이수자 수 등)를 최대한 활용하여 학업 능력을 파악함

▶ 모집단위 관련 교과성적과 성적 변화 추이를 통해 수업 태도에 해당하는 학업 능력, 학업 발전성, 학교생활 충실도를 파악함

▶ 전체적인 교과등급 및 지원학과 관련 교과 과목 이수 여부, 성취도를 통해 공부에 대한 지원자의 열정, 의지, 지적호기심, 발전가능성(잠재력), 전공적합성 등을 파악하는 데 활용함
　　– 해당교과에서 관심 있는 부분 (이유, 관심도, 질문내용)
　　– 전공과 관련된 교내활동이 중요, 인문계열 집중 교과목 : 국어, 영어, 사회, (수학)
　　– 전공과 관련된 교내활동이 중요, 자연계열 집중 교과목 : 영어, 수학, 과학

▶ 주요 과목에서 우수하나 기타 과목의 성적이 낮으면, 노력 부족 내지는 지원자의 성실하고 내실 있는 학교생활을 의심하게 됨

▶ 학교의 역량과 교육프로그램의 충실도, 학교 소개 자료와 관련하여 평가함

▶ 리더십 및 학교활동, 인성과 가치관(변화), 문제 해결능력 및 진로에 대한 노력을 평가함

▶ 지원자의 학업능력이나 학습 태도 그리고 수업 참여도를 가늠하고 지원자에 대한 정보를 얻을 수 있는 항목으로 입학사정관이 가장 유심히 살펴보는 항목임

▶ 수업 중 이루어진 수행평가 내용과 기여 정도(조장, 발표, 자료조사)를 평가함

▶ 수업형태, 수업태도 (과목반장, 수업참여도, 수업준비도, 수업에 보인 적극성, 수업에 임하는 자세), 학업소양과 특성을 평가함

---

* 개인별 세부능력 및 특기사항의 경우 전체 통합하여 연간 500자까지 입력 가능함

▶ 토론, 집단과제, 개인과제, 실험과 실습 등의 활동을 평가함

▶ 방과후학교 수강, 학습활동 참여도 및 태도를 평가함

▶스터디그룹 활동, 타인과 함께하는 공부인 멘토-멘티활동, 스스로 공부하는 심화교육 프로그램 등의 활동에서 학생이 어떠한 수업 속에서 어떤 능력과 소양을 키우고 발휘했는지를 평가함

▶ 최하의 성적 과목(소위 '버린 과목'의 등급)을 통해 성실도와 인성을 평가하므로 최소한 중간 정도의 등급을 유지하는 것이 필요함

▶ 심화학습 경험 : 자기주도적으로 학습하여 지식의 폭을 확장하거나 획득한 지식을 활용하여 소양을 계발한 활동 등 학습 경험의 동기, 목적, 과정, 지원자에게 미친 영향 등을 평가함

▶ 교과 성적은 평가기준의 일부이므로 비교과 활동이 우수할 경우 어느 정도의 교과 성적의 차이는 극복이 가능함

▶ 교과목 목차를 그대로 옮기는 수준의 나열은 아무 도움이 되지 못함
 : 토론, 발표 등의 학습 방법 개선과 개별적인 학습 태도가 중요함

▶ 수업명과 실제 수업이 일치해야 함. 특히 자연계열 Ⅱ과목은 대학에서 검증함

▶ 교과학습 발달 사항 – 평가 초점이 교과로 이동함
 : 과목별 세부능력 및 특기사항에 기재된 평가가 당락을 결정함

☑ 나를 브랜딩하라!

❶ 학생부 기본사항

▶ 성취기준에 따른 성취기준의 특성, 학업 능력, 학업 태도, 교과 적성, 참여도, 발전가능성, 성장 내용을 기록함

▶ 국어, 영어, 수학, 과학, 사회 관련 교과목의 경우 '세부능력 및 특기사항'을 전체 학생을 대상으로 입력하여야하고, 기타 과목의 경우 구체적 입력 범위를 학업성적관리위원회의 협의에 의해서 결정함*

   ※지필평가와 수행평가 결과를 토대로 과목별 성취기준에 따른 성취수준/특성을 구체적이고 객관적으로 입력함(참여도/태도 등 특기할 만한 사항이 있는 경우, 부가 기재 가능함)

▶ 영재교육기관(영재학교, 영재학급, 영재 교육원)에서 수료한 영재교육 관련 내용은 관련 과목의 세부능력 및 특기사항에 입력이 가능하고, 관련 과목이 없는 경우 개인별 세부능력 및 특기사항에 입력 가능함

▶ 발명교실을 수료한 학생의 경우 발명교실교육실적은 관련교과(기술/가정/과학)에 기록 가능함
   예) ○○교육지원청 부설 발명교육센터에서 실시한 '발명·특허 기초(또는 고급)과정(20시간)'을 수료함

▶ 고등학교의 경우 고교대학 연계 심화과정(UP, University-level Program)은 정규교육과정으로 편성된 경우에만 입력할 수 있음
   ※UP(University-level Program)는 대학이 개설한 대학 수준 교육과정을 고교생이 대학에서 미리 이수하고, 진학 후 결과를 활용할 수 있도록 하는 프로그램임

▶ 예체능 과목 특기사항은 학생건강체력평가(PAPS) 1등급을 체육 관련 교과에 입력할 수 있음
   예) 학생건강체력평가(PAPS) 1등급임

❷ 학생부 특기사항

▶ 세부능력 및 특기사항은 과목별 세부능력 및 특기사항과 개인별 세부능력 및 특기사항으로 구분됨

▶ 과목별 세부능력 및 특기사항은 각 과목별 담당선생님께서 입력하는 항목임

▶ 개인별 세부능력 및 특기사항은 과목단위로 입력할 수 없는 내용을 학생부 교과학습발달 상황의 각 항목에 담임 선생님께서 직접 입력하는 항목임**

▶ 구체적 수업 상황을 상상할 수 있는 서술이 좋은 서술임

▶ 교과역량은 학생부종합전형의 본질이자 모든 성장의 출발점임. 본인의 역량을 최대한 보여 줄 수 있는 사례를 포착하고 이에 힘을 실어주는 기록이 이루어져야 함

▶ 성적 향상의 내용은 학생의 과목별 세부능력 및 특기사항에 잘 기록되는 것이 중요함 : 교과능력이 우수함이라고 기록되어 있지만 실제로 성적이 낮은 경우로 기록과 성적이 불일치할 때 학생부 전체 신뢰도가 떨어짐

---

* 학교생활기록부의 기재 방법 및 기재 내용, 자료의 정정 등에 관한 사항, 학업성적 평가 및 관리의 객관성·공정성·투명성과 신뢰도 제고를 위해 학교 학업성적관리위원회를 설치 운영하여 기록의 범위를 정할 수 있음

** 통합교과적인 활동을 담임 선생님이 관찰할 수 있는 시간(아침 자습시간, 방과후 시간, 중식시간, 석식시간)에 개별적으로 한 활동은 개인별 세부능력 및 특기사항에 입력할 수 있음

▶ 등급이 낮더라도 과목별 세부능력 및 특기사항이 기록되어 긍정적 인상을 주는 학생이 있음

▶ 세부능력 및 특기사항에서 드러나는 중요한 포인트에는 '특히, ~'라는 표현으로 강조해도 좋음

▶ 개인별 세부능력 및 특기사항에는 구체적으로 개인의 적성, 소질, 관심 분야와 연결지어 기술함

▶ 면접 질문으로 활용하기 좋은 소재를 의도적으로 노출시키는 것도 방법이 될 수 있음

▶ 학기에 1회 정도, 학생 또는 소규모 그룹으로 나누어 개별 주제를 선택하고 그에 대해 발표하는 수업
　활동에서 개인별 역할과 반응 정도를 기록하여 교사와 소통하는 것이 필요함

▶ 과제물 제출 시 소감문을 작성해서 같이 제출하는 것이 필요함

▶ 다른 항목의 글자 수가 턱없이 부족한 상황에서 과목별 세부능력 및 특기사항은 관련 내용을 보충, 강
　조하는 용도로 활용하도록 함
　: 진로와 관련해 교과목 외에 강조할 부분을 드러냄 – 전공연구, 토론 활동, 프로젝트 활동, 영자신문
　제작, 사제동행 연구, 독서활동 등

▶ 예체능 과목의 특기사항 : 예술적, 실체적 능력뿐만 아니라 인성을 판단하는 중요한 기준이 되기 때문
　에 구체적 기록이 필요함

▶ 교과와 관련된 독서활동 : 수업시간에 활용한 도서나 교재도 기록에 좋은 자료임

▶ 발표학습, 협동학습, 자료조사, 프로젝트 활동, 토론, 발표, 과제탐구, 협력학습, 창의성 실현 등 주목할
　만한 내용을 기록함

▶ 수행평가, 성적 향상, 급우/선생님께 받은 칭찬, 교과목과 관련한 독서활동, 수상실적, 학술제 등 관련
　하여 특기사항 및 성과에 관하여 작성함

학생부종합전형 모집단위별 전공 관련 교과 목록표[*]

대학	모집단위	국어	수학	영어	사회	과학	기타
인문대학	국어국문학과	○		○			
	영어영문학과			○			
	사학과	○			○		
	철학과			○	○		
	불어불문학과	○		○			
	독어독문학과	○		○			
	중어중문학과	○		○			
	고고인류학과			○	○		
	일어일문학과	○		○			
	한문학과	○					한문
	노어노문학과			○	○		
사회과학	정치외교학과			○	○		
	사회학과			○	○		
	지리학과			○	○		
	문헌정보학과	○		○			
	심리학과		○			○	
	사회복지학부			○	○		
	신문방송학과	○			○		
자연과학	수학과		○			○	
	물리학과		○			○	
	화학과		○			○	
	생명과학부(생명공학전공)		○			○	
	생명과학부(생물학전공)			○		○	
	통계학과		○	○			
	지구시스템과학부		○			○	
경상대학	경제통상학부		○	○			
	경영학부		○	○			

[*] 예시) 2019학년도 학생부종합전형 모집단위별 전공 관련 교과(경북대학교)

대학	모집단위	국어	수학	영어	사회	과학	기타
공과 대학	신소재공학부		○			○	
	기계공학부		○			○	
	건축학부(건축학전공)			○		○	
	건축학부(건축공학전공)		○			○	
	토목공학과		○			○	
	응용화학공학부		○			○	
	고분자공학과		○			○	
	섬유시스템공학과		○			○	
	환경공학과		○			○	
	에너지공학부		○			○	
농업 생명	응용생명과학부			○		○	
	식품공학부		○			○	
	산림과학 · 조경학부		○	○			
	원예과학과			○		○	
	바이오섬유소재학과		○			○	
	농업토목 · 생물산업공학부		○			○	
	농업경제학과		○	○			
예술 대학	음악학과						음악
	국악학과						음악
	미술학과						미술
	디자인학과						미술
사범 대학	교육학과	○		○			
	국어교육과	○		○			
	영어교육과			○			
	유럽어교육학부(독어교육전공)	○		○			
	유럽어교육학부(불어교육전공)	○		○			
	역사교육과			○	○		
	지리교육과			○	○		
	일반사회교육과			○	○		
	윤리교육과	○				○	
	수학교육과		○				
	물리교육과		○			○	
	화학교육과		○			○	
	생물교육과		○			○	
	지구과학교육과		○			○	
	가정교육과			○		○	
	체육교육과		○	○			체육

대학	모집단위	국어	수학	영어	사회	과학	기타
의과대학	의예과		○			○	
치과대학	치의예과		○			○	
수의과대학	수의예과			○		○	
생활 과학	아동학부	○		○			
	의류학과			○		○	
	식품영양학과			○		○	
간호대학	간호학과			○		○	
IT대학	전자공학부		○			○	
	컴퓨터학부		○			○	
	컴퓨터학부(글로벌소프트웨어융합전공)		○			○	
	전기공학과		○			○	
	전자공학부 모바일공학전공		○			○	
	행정학부	○		○			
자율 전공부	인문사회자율전공	○		○			
	자연과학자율전공		○			○	
생태 환경 대학	생태환경시스템학부			○		○	
	생태환경관광학부(생물응용전공)		○			○	
	생태환경관광학부(생태관광전공)			○	○		
	축산학과			○		○	
	축산생명공학과			○		○	
	말/특수동물학과			○		○	
	레저스포츠학과	○		○			체육
과학 기술 대학	건설방재공학부		○			○	
	정밀기계공학과		○			○	
	자동차공학부		○			○	
	소프트웨어학과		○			○	
	나노소재공학부		○			○	
	식품외식산업학과			○		○	
	섬유패션디자인학부(섬유공학전공)		○			○	
	섬유패션디자인학부(패션디자인전공)			○	○		
	융복합시스템공학부		○	○			
	치위생학과			○		○	

학과 관련 고등학교 선택 과목

계열	학과	선택 과목
인문 계열	고고학과	영어권 문화, 세계지리, 세계사, 동아시아사, 경제, 정치와 법, 사회 · 문화, 윤리와 사상, 제2외국어Ⅰ, 제2외국어Ⅱ, 한문Ⅰ, 한문Ⅱ, 수학Ⅰ, 수학Ⅱ 등
	국어국문학과	심화 국어, 고전 읽기, 한국지리, 사회 · 문화, 논술, 한문Ⅰ, 한문Ⅱ 등
	동양어학과	세계사, 세계지리, 사회 · 문화, 일본어Ⅰ, 일본어Ⅱ, 중국어Ⅰ, 중국어Ⅱ, 한문Ⅰ, 한문Ⅱ, 아랍어Ⅰ, 아랍어Ⅱ, 베트남어Ⅰ, 베트남어Ⅱ 등
	문헌정보학과	윤리와 사상, 사회 · 문화, 세계사, 동아시아사, 생활과 과학, 수학Ⅰ, 수학Ⅱ, 확률과 통계 등
	문화재보존학과	한국지리, 세계지리, 세계사, 동아시아사, 사회 · 문화, 화학Ⅰ, 지구과학Ⅰ, 한문Ⅰ, 한문Ⅱ, 수학Ⅰ, 수학Ⅱ 등
	문화콘텐츠학과	한국지리, 세계지리, 세계사, 동아시아사, 사회 · 문화, 사회문제 탐구, 심리학, 수학Ⅰ, 수학Ⅱ, 확률과 통계 등
	사학과	한국지리, 세계지리, 세계사, 동아시아사, 윤리와 사상, 한문Ⅰ, 한문Ⅱ, 제2외국어Ⅰ, 제2외국어Ⅱ, 수학Ⅰ, 수학Ⅱ 등
	서양어학과	세계사, 세계지리, 윤리와 사상, 러시아어Ⅰ, 러시아어Ⅱ, 독일어Ⅰ, 독일어Ⅱ, 프랑스어Ⅰ, 프랑스어Ⅱ, 스페인어Ⅰ, 스페인Ⅱ 등
	심리학과	사회 · 문화, 생활과 윤리, 윤리와 사상, 생명과학Ⅰ, 심리학, 수학Ⅰ, 수학Ⅱ, 확률과 통계 등
	영어영문학과	영어권 문화, 진로 영어, 영미 문학 읽기, 세계사, 세계지리, 윤리와 사상, 사회 · 문화 등
	인류학과	사회 · 문화, 한국지리, 세계지리, 세계사, 동아시아사, 수학Ⅰ, 수학Ⅱ 등
	철학과	세계사, 동아시아사, 생활과 윤리, 윤리와 사상, 고전과 윤리, 철학, 논리학, 수학Ⅰ, 수학Ⅱ 등
	통번역학과	세계지리, 세계사, 동아시아사, 사회 · 문화, 영어권 문화, 진로 영어, 제2외국어Ⅰ, 제2외국어Ⅱ 등
사회 계열	경영학과	경제, 정치와 법, 사회 · 문화, 논리학, 심리학, 논술, 수학Ⅰ, 수학Ⅱ, 미적분, 확률과 통계, 기하, 경제 수학, 사회문제 탐구 등
	경제학과	경제, 정치와 법, 사회 · 문화, 사회문제 탐구, 논리학, 심리학, 논술, 수학Ⅰ, 수학Ⅱ, 미적분, 확률과 통계, 기하, 경제 수학 등
	광고홍보학과	경제, 정치와 법, 사회 · 문화, 세계사, 세계지리, 과학사, 논리학, 논술, 수학Ⅰ, 수학Ⅱ, 확률과 통계, 사회문제 탐구 등
	국제학과	세계지리, 세계사, 경제, 정치와 법, 사회 · 문화, 사회문제 탐구, 수학Ⅰ, 수학Ⅱ 등
	금융보험학과	경제, 정치와 법, 사회 · 문화, 사회문제 탐구, 수학Ⅰ, 수학Ⅱ, 미적분, 확률과 통계, 경제 수학 등
	농업경제학과	한국지리, 세계지리, 경제, 정치와 법, 사회 · 문화, 사회문제 탐구, 수학Ⅰ, 수학Ⅱ, 미적분, 확률과 통계, 경제 수학, 생명과학Ⅰ, 지구과학Ⅰ 등
	무역학과	경제, 정치와 법, 사회 · 문화, 사회문제 탐구, 영어권 문화, 진로 영어, 제2외국어Ⅰ, 제2외국어Ⅱ 수학Ⅰ, 수학Ⅱ, 미적분, 경제 수학 등
	법학과	생활과 윤리, 윤리와 사상, 정치와 법, 사회 · 문화, 경제, 사회문제 탐구, 논술, 한문Ⅰ, 철학, 논리학, 심리학, 수학Ⅰ, 수학Ⅱ, 확률과 통계 등
	보건행정학과	정치와 법, 사회 · 문화, 경제, 수학Ⅰ, 수학Ⅱ, 확률과 통계, 생명과학Ⅰ 등
	부동산학과	경제, 정치와 법, 사회 · 문화, 한국지리, 수학Ⅰ, 수학Ⅱ, 미적분, 확률과 통계, 경제 수학 등
	사회복지학과	경제, 사회 · 문화, 생활과 윤리, 윤리와 사상, 정치와 법, 기술 · 가정, 철학, 논리학, 심리학, 사회문제 탐구, 수학Ⅰ, 수학Ⅱ, 확률과 통계 등

계열	학과	선택 과목
사회계열	사회학과	윤리와 사상, 사회·문화, 생활과 윤리, 사회문제 탐구, 정치와 법, 수학Ⅰ, 수학Ⅱ, 확률과 통계 등
	산업경영학과	경제, 실용 경제, 심리학, 수학Ⅰ, 수학Ⅱ, 미적분, 확률과 통계, 정보 등
	세무회계학과	경제, 실용 경제, 수학Ⅰ, 수학Ⅱ, 미적분, 확률과 통계 등
	신문방송학과	심화 국어, 고전 읽기, 경제, 정치와 법 등
	아동복지학과	사회·문화, 생활과 윤리, 윤리와 사상, 사회문제 탐구, 심리학, 교육학 등
	정치외교학과	정치와 법, 사회·문화, 윤리와 사상, 사회문제 탐구, 세계지리, 세계사 등
	항공서비스학과	실용 영어, 심화 영어, 세계사, 세계지리, 여행지리, 생활과 윤리, 사회·문화, 제2외국어Ⅰ, 제2외국어Ⅱ 등
	행정학과	정치와 법, 사회·문화, 생활과 윤리, 윤리와 사상, 한문Ⅰ, 사회문제 탐구, 수학Ⅰ, 수학Ⅱ, 확률과 통계 등
	호텔경영학과	경제, 사회·문화, 세계사, 세계지리, 심화 영어, 여행지리, 영어권 문화 등
	회계학과	경제, 수학Ⅰ, 수학Ⅱ, 미적분, 확률과 통계, 경제 수학 등
자연계열	농생물학과	수학Ⅰ, 수학Ⅱ, 미적분, 확률과 통계, 기하, 화학Ⅰ, 화학Ⅱ, 생명과학Ⅰ, 생명과학Ⅱ 등
	대기과학과	수학Ⅰ, 수학Ⅱ, 미적분, 확률과 통계, 기하, 물리학Ⅰ, 물리학Ⅱ, 화학Ⅰ, 화학Ⅱ, 생명과학Ⅰ, 생명과학Ⅱ, 지구과학Ⅰ, 지구과학Ⅱ 등
	동물자원학과	수학Ⅰ, 수학Ⅱ, 미적분, 확률과 통계, 화학Ⅰ, 화학Ⅱ, 생명과학Ⅰ, 생명과학Ⅱ, 생활과 윤리, 윤리와 사상 등
	물리학과	수학Ⅰ, 수학Ⅰ, 미적분, 기하, 확률과 통계, 물리학Ⅰ, 물리학Ⅱ, 화학Ⅰ, 화학Ⅱ, 생명과학Ⅰ, 지구과학Ⅰ, 지구과학Ⅱ, 과학사, 융합과학 등
	생명과학과	수학Ⅰ, 수학Ⅱ, 미적분, 확률과 통계, 화학Ⅰ, 화학Ⅱ, 생명과학Ⅰ, 생명과학Ⅱ, 생활과 윤리, 환경 등
	생명자원공학과	수학Ⅰ, 수학Ⅱ, 미적분, 확률과 통계, 기하, 화학Ⅰ, 화학Ⅱ, 생명과학Ⅰ, 생명과학Ⅱ, 지구과학Ⅰ, 지구과학Ⅱ, 환경 등
	수의학과	수학Ⅰ, 수학Ⅱ, 미적분, 확률과 통계, 기하, 화학Ⅰ, 화학Ⅱ, 생명과학Ⅰ, 생명과학Ⅱ, 생활과 윤리, 윤리와 사상 등
	수학과	수학Ⅰ, 수학Ⅱ, 미적분, 확률과 통계, 기하, 수학과제 탐구 등
	식품영양학과	수학Ⅰ, 수학Ⅱ, 미적분, 확률과 통계, 기하, 화학Ⅰ, 화학Ⅱ, 생명과학Ⅰ, 생명과학Ⅱ, 기술가정, 가정과학 등
	원예학과	수학Ⅰ, 수학Ⅱ, 미적분, 확률과 통계, 기하, 물리Ⅰ, 화학Ⅰ, 화학Ⅱ, 생명과학Ⅰ, 생명과학Ⅱ, 지구과학Ⅰ, 지구과학Ⅱ 등
	의류학과	기술·가정, 미술, 미술 감상과 비평, 미술 창작, 세계사, 경제, 심리학, 화학Ⅰ, 화학Ⅱ 등
	조경학과	수학Ⅰ, 수학Ⅱ, 확률과 통계, 물리학Ⅰ, 화학Ⅰ, 생명과학Ⅰ, 생명과학Ⅱ, 지구과학Ⅰ, 지구과학Ⅱ, 융합과학 등
	지질학과	수학Ⅰ, 수학Ⅱ, 미적분, 확률과 통계, 기하, 물리Ⅰ, 물리Ⅱ, 화학Ⅰ, 화학Ⅱ, 지구과학Ⅰ, 지구과학Ⅱ 등
	천문학과	수학Ⅰ, 수학Ⅱ, 미적분, 확률과 통계, 기하, 물리Ⅰ, 물리Ⅱ, 지구과학Ⅰ, 지구과학Ⅱ 등
	통계학과	수학Ⅰ, 수학Ⅱ, 확률과 통계, 미적분, 경제 수학, 수학과제 탐구 등
	화학과	수학Ⅰ, 수학Ⅱ, 미적분, 확률과 통계, 기하, 물리Ⅰ, 물리Ⅱ, 화학Ⅰ, 화학Ⅱ, 생명과학Ⅰ, 생명과학Ⅱ 등

계열	학과	선택 과목
공학 계열	건축공학과	수학Ⅰ, 수학Ⅱ, 미적분, 기하, 물리학Ⅰ, 물리학Ⅱ, 화학Ⅰ, 화학Ⅱ 등
	건축학과	수학Ⅰ, 수학Ⅱ, 미적분, 기하, 물리학Ⅰ, 물리학Ⅱ, 화학Ⅰ, 기술·가정, 미술, 미술창작, 미술 감상과 비평 등
	고분자공학과	수학Ⅰ, 수학Ⅱ, 미적분, 기하, 물리학Ⅰ, 물리학Ⅱ, 화학Ⅰ, 화학Ⅱ 등
	교통공학과	수학Ⅰ, 수학Ⅱ, 미적분, 확률과 통계, 기하, 물리학Ⅰ, 물리학Ⅱ, 화학Ⅰ, 화학Ⅱ, 융합과학, 정보 등
	기계공학과	수학Ⅰ, 수학Ⅱ, 미적분, 확률과 통계, 기하, 물리학Ⅰ, 물리학Ⅱ, 화학Ⅰ, 생명과학Ⅰ 등
	기계설계공학과	수학Ⅰ, 수학Ⅱ, 미적분, 확률과 통계, 기하, 물리학Ⅰ, 물리학Ⅱ 등
	도시공학과	수학Ⅰ, 수학Ⅱ, 미적분, 확률과 통계, 기하, 경제, 한국지리, 세계지리, 사회·문화 등
	멀티미디어학과	수학Ⅰ, 수학Ⅱ, 미적분, 확률과 통계, 기하, 물리학Ⅰ, 화학Ⅰ, 음악, 미술, 정보, 생활과 과학 등
	산업공학과	수학Ⅰ, 수학Ⅱ, 미적분, 확률과 통계, 기하, 경제 수학, 경제, 물리학Ⅰ, 물리학Ⅱ, 화학Ⅰ, 화학Ⅱ, 정보 등
	생명공학과	수학Ⅰ, 수학Ⅱ, 미적분, 확률과 통계, 기하, 물리학Ⅰ, 물리학Ⅱ, 화학Ⅰ, 화학Ⅱ, 생명과학Ⅰ, 생명과학Ⅱ 등
	섬유공학과	수학Ⅰ, 수학Ⅱ, 미적분, 확률과 통계, 물리학Ⅰ, 물리학Ⅱ, 화학Ⅰ, 화학Ⅱ, 생명과학Ⅰ, 생명과학Ⅱ, 기술·가정 등
	소프트웨어공학과	수학Ⅰ, 수학Ⅱ, 미적분, 확률과 통계, 기하, 물리학Ⅰ, 화학Ⅰ, 생명과학Ⅰ, 정보 등
	식품공학과	수학Ⅰ, 수학Ⅱ, 미적분, 확률과 통계, 기하, 물리학Ⅰ, 물리학Ⅱ, 화학Ⅰ, 화학Ⅱ, 생명과학Ⅰ, 생명과학Ⅱ, 융합과학 등
	신소재공학과	수학Ⅰ, 수학Ⅱ, 미적분, 확률과 통계, 기하, 물리학Ⅰ, 물리학Ⅱ, 화학Ⅰ, 화학Ⅱ 등
	에너지자원공학과	수학Ⅰ, 수학Ⅱ, 미적분, 확률과 통계, 기하, 물리학Ⅰ, 물리학Ⅱ, 화학Ⅰ, 화학Ⅱ, 지구과학Ⅰ, 지구과학Ⅱ 등
	자동차공학과	수학Ⅰ, 수학Ⅱ, 미적분, 확률과 통계, 기하, 물리학Ⅰ, 물리학Ⅱ, 화학Ⅱ, 정보, 기술·가정 등
	재료공학과	수학Ⅰ, 수학Ⅱ, 미적분, 확률과 통계, 기하, 물리학Ⅰ, 물리학Ⅱ, 화학Ⅰ, 화학Ⅱ, 융합과학 등
	전기공학과	수학Ⅰ, 수학Ⅱ, 미적분, 확률과 통계, 기하, 물리학Ⅰ, 물리학Ⅱ, 화학Ⅰ, 화학Ⅱ, 지구과학Ⅰ, 정보, 환경 등
	전자공학과	수학Ⅰ, 수학Ⅱ, 미적분, 확률과 통계, 기하, 물리학Ⅰ, 물리학Ⅱ, 화학Ⅰ, 화학Ⅱ, 지구과학Ⅰ, 정보 등
	정보통신공학과	수학Ⅰ, 수학Ⅱ, 미적분, 확률과 통계, 기하, 물리학Ⅰ, 물리학Ⅱ, 화학Ⅰ, 지구과학Ⅰ, 정보 등
	제어계측공학과	수학Ⅰ, 수학Ⅱ, 미적분, 확률과 통계, 기하, 물리학Ⅰ, 물리학Ⅱ, 화학Ⅰ, 화학Ⅱ, 지구과학Ⅰ 등
	컴퓨터공학과	수학Ⅰ, 수학Ⅱ, 미적분, 확률과 통계, 기하, 물리학Ⅰ, 물리학Ⅱ, 정보 등
	토목공학과	수학Ⅰ, 수학Ⅱ, 미적분, 확률과 통계, 기하, 물리학Ⅰ, 물리학Ⅱ, 화학Ⅰ, 화학Ⅱ, 지구과학Ⅰ, 지구과학Ⅱ, 정보, 환경 등
	항공우주공학과	수학Ⅰ, 수학Ⅱ, 미적분, 확률과 통계, 기하, 물리학Ⅰ, 물리학Ⅱ, 화학Ⅰ, 화학Ⅱ, 지구과학Ⅰ, 지구과학Ⅱ, 융합과학, 정보 등
	항공운항학과	수학Ⅰ, 수학Ⅱ, 미적분, 확률과 통계, 기하, 물리학Ⅰ, 물리학Ⅱ, 화학Ⅰ, 지구과학Ⅰ, 정치와 법 등
	해양공학과	수학Ⅰ, 수학Ⅱ, 미적분, 확률과 통계, 기하, 물리학Ⅰ, 물리학Ⅱ, 화학Ⅰ, 화학Ⅱ, 지구과학Ⅰ, 지구과학Ⅱ 등
	화장품과학과	수학Ⅰ, 수학Ⅱ, 미적분, 확률과 통계, 기하, 물리학Ⅰ, 물리학Ⅱ, 화학Ⅰ, 화학Ⅱ, 생명과학Ⅰ, 생명과학Ⅱ, 융합과학, 정보, 환경 등
	화학공학과	수학Ⅰ, 수학Ⅱ, 확률과 통계, 미적분, 기하, 물리학Ⅰ, 물리학Ⅱ, 화학Ⅰ, 화학Ⅱ, 정보 등
	환경공학과	수학Ⅰ, 수학Ⅱ, 미적분, 확률과 통계, 기하, 물리Ⅰ, 물리Ⅱ, 화학Ⅰ, 화학Ⅱ, 생명과학Ⅰ, 생명과학Ⅱ, 지구과학Ⅰ, 지구과학Ⅱ, 융합과학 등

계열	학과	선택 과목
의료 보건 계열	간호학과	수학Ⅰ, 수학Ⅱ, 확률과 통계, 화학Ⅰ, 화학Ⅱ, 생명과학Ⅰ, 생명과학Ⅱ, 생활과 과학, 정치와 법, 사회·문화, 생활과 윤리, 보건, 심리학 등
	물리치료학과	수학Ⅰ, 수학Ⅱ, 확률과 통계, 물리학Ⅰ, 화학Ⅰ, 화학Ⅱ, 생명과학Ⅰ, 생명과학Ⅱ, 운동과 건강, 정치와 법, 생활과 윤리, 심리학, 보건 등
	약학과	수학Ⅰ, 수학Ⅱ, 확률과 통계, 물리Ⅰ, 화학Ⅰ, 화학Ⅱ, 생명과학Ⅰ, 생명과학Ⅱ, 생활과 윤리, 윤리와 사상, 정치와 법, 보건 등
	응급구조학과	화학Ⅰ, 화학Ⅱ, 생명과학Ⅰ, 생명과학Ⅱ, 정치와 법, 심리학, 생활과 윤리, 사회·문화, 보건 등
	의예과	수학Ⅰ, 수학Ⅱ, 확률과 통계, 생명과학Ⅰ, 생명과학Ⅱ, 화학Ⅰ, 화학Ⅱ, 생활과 윤리, 윤리와 사상, 심리학, 정치와 법 등
	임상병리학과	수학Ⅰ, 수학Ⅱ, 확률과 통계, 물리Ⅰ, 화학Ⅰ, 화학Ⅱ, 생명과학Ⅰ, 생명과학Ⅱ, 사회·문화, 생활과 윤리, 보건, 심리학 등
	재활치료학과	화학Ⅰ, 화학Ⅱ, 생명과학Ⅰ, 생명과학Ⅱ, 운동과 건강, 심리학, 보건 등
	치기공학과	수학Ⅰ, 수학Ⅱ, 확률과 통계, 물리Ⅰ, 화학Ⅰ, 화학Ⅱ, 생명과학Ⅰ, 생명과학Ⅱ, 정치와 법, 미술, 보건 등
	치위생학과	수학Ⅰ, 수학Ⅱ, 확률과 통계, 물리Ⅰ, 화학Ⅰ, 화학Ⅱ, 생명과학Ⅰ, 생명과학Ⅱ, 정치와 법, 생활과 윤리, 보건, 심리학 등
	치의예과	수학Ⅰ, 수학Ⅱ, 확률과 통계, 물리학Ⅰ, 화학Ⅰ, 화학Ⅱ, 생명과학Ⅰ, 생명과학Ⅱ, 정치와 법, 생활과 윤리, 윤리와 사상, 심리학, 보건 등
	한의예과	수학Ⅰ, 수학Ⅱ, 확률과 통계, 화학Ⅰ, 화학Ⅱ, 생명과학Ⅰ, 생명과학Ⅱ, 지구과학Ⅰ, 한국지리, 정치와 법, 생활과 윤리, 윤리와 사상, 심리학, 한문Ⅰ, 한문Ⅱ, 중국어Ⅰ, 중국어Ⅱ 등
교육 계열	과목 관련 교육과 (각종 과목 모두 포함)	해당 교과의 일반 선택 과목, 해당 교과의 진로 선택 과목, 각 교과별 학문 관련 과목, 교육학, 심리학, 논술 등
	교육학과	세계사, 사회·문화, 생활과 윤리, 윤리와 사상, 철학, 논리학, 심리학, 교육학, 진로와 직업, 수학Ⅰ, 수학Ⅱ, 확률과 통계 등
	초등교육과	수학Ⅰ, 수학Ⅱ, 확률과 통계, 한국지리, 사회·문화, 생활과 윤리, 윤리와 사상, 사회문제탐구, 물리Ⅰ, 화학Ⅰ, 생명과학Ⅰ, 지구과학Ⅰ, 생활과학, 체육, 운동과 건강, 음악, 미술, 심리학, 교육학 등

☑ 브랜드 드러내기

독서

'나를 변화시킨 3권의 책'을 주제로 발표함. 자신의 진로에 확신을 준 책으로 '신문 읽기의 혁명',
'미디어의 이해', '뉴스가 위로가 되는 이상한 시대입니다'를 소개하였으며 이를 통해 언론인이 갖
추어야 할 태도 등을 역설함. 책 속의 인상적인 구절을 인용한 후 이를 자신의 언어로 풀어내는 모
습에서 책의 내용을 충분히 이해하였음을 알 수 있었고 세월호 유가족을 인터뷰했던 경험에서 얻
은 깨달음 등을 진지하면서도 솔직하게 발표하여 '울 뻔했다'라는 반응을 이끌어 낼 정도로 흡인력
있는 발표였음. 평소 기사작성을 자주하여 논리적인 글을 잘 쓰며 문학적 감수성도 풍부하여 틈틈
이 습작과 필사하는 모습을 보임.

▶ 수업시간 발표 주제를 자신의 진로와 관련된 책을 선정하여 진로 분야의 열정과 전공 관련 역량을 드러낸 사례이다. 친구들이 발표를 듣고 '울 뻔했다'는 기록을 통해 사람의 마음을 움직이는 발표력도 확인이 된다. 또한 마지막에 '논리적 글을 잘쓰며 문학적 감수성도 풍부하다는 교사의 평가를 통해 학생의 글쓰기 역량도 확인할 수 있다.

미분과 적분

복잡한 주가 그래프도 수학적으로 표현해 주가의 변화를 예측할 수 있다는 사실을 깨닫고 주가를 표현하는 임의의 함수식을 수업시간에 배운 도함수와 이계도함수를 활용하여 그래프 개형을 직접 그려 주가가 상승할지 하강할지 예측해보는 탐구활동을 진행함. 이 사실을 바탕으로 반 친구들과 각자 그래프를 그려 최적의 투자 시점을 찾는 사람을 찾는 활동을 진행해 수학에 대한 반 친구들의 흥미를 높이는데 기여함. 수학에 대한 열정이 뛰어난 학생으로 훗날 자신의 목표 분야에서 최고가 될 학생이라고 생각됨.

▶미적분 교과를 통해 자신의 진로철학과 관련된 역량을 드러낸 사례이다. 수업시간에 배운 도함수와 이계도함수를 통해 자신의 관심 분야인 주가 그래프를 표현할 수 있다는 것을 깨닫고 탐구활동을 진행하였다. 자신이 깨달은 내용을 바탕으로 학급 친구들과 실제 활동을 진행하며 적용하는 모습이 매우 인상 깊다. 활동을 실제 적용하는 내용을 통해 '수학적 방법을 바탕으로 더 나은 경영 전략을 수립할 수 있도록 돕는 비즈니스 애널리스트'라는 자신의 진로철학을 자연스럽게 드러내고 있다. 과목선생님의 '수학에 대한 열정이 뛰어난 학생으로 훗날 자신의 목표 분야에서 최고가 될 학생'이라는 기록도 학생의 수학적 역량을 이해하는데 도움이 된다.

영어

영어 발표 수업 시 급우들의 흥미를 고려하여 영화 'accepted'를 선정하였으며 이를 본인의 진로인 교육철학과 관련지어 발표함. 영화 제목 및 대사를 분석하여 학생의 삶에 방향을 제시하고 흥미를 기반으로 하여 지식을 확장시키고자 하는 본인의 교사상을 진정성 있게 전달하였음. 이를 통해 급우들에게 큰 공감을 얻고 감동을 주는 모습이 인상적임. 발표 중 영화 클립 영상을 준비하거나 키워드 중심으로 발표를 전개하는 등 학생 중심적이며 체계적으로 내용을 구성하는 점이 돋보임. 이후 교사가 되어 수업을 어떻게 진행할 지 매우 기대됨. 평소 교육에 대해 지속적으로 관심을 갖고 행동하는 모습이 인상적임.

▶수업시간 발표 주제를 자신의 진로와 관련 내용으로 선정하여 진로철학과 진로 관련 역량을 드러낸 사례이다. 발표 수업시 급우들의 흥미를 고려한 소재 선정과 학생 중심적 발표 설계 등을 통해 예비교사로서의 역량을 드러내고 있다. 발표 내용을 통해 자신의 진로철학인 '학생의 삶에 방향을 제시하고 흥미를 기반으로 하여 지식을 확장시키는 교사'를 직접 드러내는 것도 매우 인상 깊다. 과목 선생님의 '교사가 되어 수업을 어떻게 진행할 지 매우 기대됨'이란 평가 역시 학생의 교직 역량을 이해하는데 도움이 된다.

일본어 I & 실용영어독해와작문

> 일본어 I: 일본어에 대한 듣기, 말하기, 쓰기, 읽기 4개 영역이 모두 출중하여 타 학생들의 부러움의 대상이 되고 있으며, 자신이 잘 할 수 있는 일본어 시험을 대비하여 멘토 역할을 하여 급우들의 학습에 도움을 주었음. 일본의 교육제도 및 입시제도를 조사하여 우리나라 말을 한마디도 사용하지 않고 일본어로 우리나라의 교육과 비교하여 발표함으로써 일본어 표현력이 더욱 향상되도록 노력하였으며, 일본 문화 중 하나로 볼 수 있는 현대 일본교육문화를 깊이있게 이해하고 진로와 연결시켜 봄.
>
> 실용영어독해와작문: '지역학'을 주제로 수업 시간 중 영어로 발표함. 생소한 학문인 지역학의 정의와 역할 등에 대해 설명하였는데, '지역학은 역사와 문화에 대한 기본적인 이해가 바탕임'을 특히 강조함. 영어 말하기 실력이 탁월한 데다 쉬운 표현을 사용하여 전하고자 하는 바를 알아듣기 쉬웠음. 발표 준비를 통해 '일본지역전문가'가 되기 위해 영어 실력과 폭 넓은 문화적 관점의 필요성을 실감했다고 밝힘.

▶일본어와 실용영어독해와 작문 세특 기록을 통해 관심분야와 진로관련 역량을 파악할 수 있는 사례이다. 학생은 원래 처음에는 일본고등학교 한국어 교사가 진로희망이었다. 일본어 I 세특에서는 교육제도에 대한 관심을 표현하였다. 그러나 2학년 때 다양한 학교 활동을 통해 진로가 '일본 지역 전문가'로 변경되었다. 진로철학도 '일본 지역학에 대한 깊은 이해를 바탕으로 한일 관계를 개선하는 일본 지역 전문가'로 구체화 되었다. 실용영어독해와작문 발표 주제는 진로가 변경된 내용을 반영하고 있다. 지역학에 주제로 발표하여 자신의 관심 분야를 드러내고 있다. 일본어 선생님의 "일본어에 대한 … 4개 영역이 모두 출중하다", "우리나라 말을 한마디도 사용하지 않고 일본어로 … 발표함"의 기록과 영어 선생님의 "영어 말하기 실력이 탁월", "쉬운 표현을 사용하여 … 알아듣기 쉬웠음" 등의 기록을 통해 학생의 전공에 필요한 어학 능력이 매우 탁월하다는 것을 파악할 수 있다.

동아시아사

> 교육에 관심이 많은 학생으로 동아시아사 수업 중 근대 문물의 도입 파트에서 기술의 변화와 서양적 생활 방식 수용 부분이 현재 사회의 변화와 비슷하다고 생각해 "근대기 기술의 변화와 현대 기술의 변화"를 비교하여 발표를 진행함. 근대기 기술의 변화가 인류에 끼친 영향을 통해 기술의 변화가 거스를 수 없는 시대의 흐름 임을 깨닫고 개인이 역량을 키워 대비해야 된다고 발표함. 지역 아동센터 멘토링 경험을 통해 저소득층 학생들과 다문화 가정의 아이들이 변화하는 사회에 대처하는게 취약함을 깨닫고 이들에게 바른 역사 인식과 인문학적 성찰 능력을 키워주어 빠르게 변화하는 미래 사회에 대처할 수 있도록 돕는 역사교사가 되고 싶다고 발표함.

▶근대기 기술의 변화와 현대 기술의 변화를 비교하는 심화탐구활동을 바탕으로 세특을 기록한 사례이다. 교과 탐구활동을 통해 깨달은 지식을 지역 아동 센터 봉사활동으로 확장하여 자신의 진로철학을 확립하게 된 내용이 매우 인상 깊다. 위의 기록과 더불어 진로특기사항에 진로철학 형성 기록과 봉사활동관련 특기사항을 행동특성 및 종합의견에 구체적으로 적힌다면 학생부에 자신을 브랜딩하는데 도움이 된다.

지구과학 I

천체에 대해 더 쉽게 접근하는 방법으로 평소에 본인이 관심을 가지고 있었던 가상현실, 증강현실과 연관지어 스페이스 워크 VR에 관하여 발표하였고 이를 통해서 우주에 관한 흥미를 더 높일 수 있고 학업과 연관지어 천체들의 움직임 또한 관찰할 수 있음을 보임. 더불어 가상현실 실험이 학업성취도와 과학 관련 태도 및 창의성에 미치는 효과'라는 논문을 인용하여 가상현실이 학업의 향상에 큰 도움을 줄 것이라 설명하였고 교육, 의료, 오락, 건축 등의 분야를 모두 아우르는 가상현실을 만들겠다는 포부를 밝힘.

▶지구과학 교과의 천체 파트를 더 잘 이해할 수 있는 방법으로 자신의 관심분야인 가상현실(VR)을 활용하여 심화탐구를 진행한 사례이다. 관련 논문을 읽고 심화활동을 전개하고 가상현실을 천체에 대한 이해 뿐 아니라 모든 영역에 활용할 포부까지도 밝히며 자신의 진로철학과 연계해서 이해할 수 있도록 돕고 있다. 학생의 진로철학은 '장애인이 하고 싶은 일을 할 수 있도록 만드는 감각 유도 뇌과학 가상현실전문가'이다. 장애인을 돕고 싶다는 내용이 기록되지는 않았지만, 가상현실과 관련된 다양한 관심분야를 발표하여 장애인이 하고 싶은 일을 할 수 있도록 돕고 싶은 자신의 진로철학과 연결해서 이해하도록 돕고 있다. 이처럼 교과세특에 직접적인 진로철학을 기록하지 않더라도 진로철학과 관련된 역량 및 내용 등을 기록하면 학생을 이해하는데 큰 도움이 된다.

미술

'풍선개(쿤스)'를 맥락주의적 관점에서 적용하여 분석하여 팝아트 작품의 가치와 사회 현상을 대입하여 분석하고 자신의 의견을 서술, 논술함. ... 학교 공간 문제해결을 위한 공공미술활동에서 학교 내의 공간으로 인한 불편함과 위험 요소를 탐색하고 그 원인에 대한 자신의 생각을 설명함. 공공미술의 사례를 조사하고 교내 문제 공간에 적용하여 개선하고자 하며 기획 과정을 한 눈에 알아볼 수 있도록 일정표와 제작 단계를 정리함. 실측 과정에서 학교 운동장의 모래와 계단의 위험한 공간을 잔디로 바꿔 친환경적인 운동장을 스케치함. 사실적 표현을 위한 실제 사진과 스케치를 합성함.

▶미술 과목의 심화탐구를 통해 학업역량과 발전가능성을 확인할 수 있는 내용이다. 풍선개 분석하여 자신의 의견을 서술, 논술한다는 내용을 통해 분석력, 글쓰기 역량 등의 학업 역량을 확인할 수 있다. 학교 공간 문제해결 활동에서는 문제를 발견하고 해결해 나가는 창의적 문제해결역량 등의 발전가능성을 확인할 수 있다. 기록의 전반적인 내용을 통해 예술에 흥미가 많은 학생임도 확인이 가능하다. 예술분야가 필요한 전공을 선택한 학생이라면 전공적합성도 평가받을 수 있는 좋은 기록이다.

☑ 기록 사례

수업 소통지 1

학생명	1학년 11반 22번 이름 : 김소통	활동 일시	2020.05.30.
과목명	수학Ⅱ	활동 형식	강의식 / 활동수업
제목	등차수열	진로희망	기계공학자

준비 과정 및 활동 계기	평소 기계공학자가 되고자 노력하고 있음. 기계공학에 가장 중요한 과목이 수학과 물리라고 들었기 때문에 수학시간에 집중하려고 노력하고 있음. 등차수열 수업을 듣기 전에 교과서를 보다가 생각열기에서 31게임에 대한 내용이 나와서 친구와 이 게임을 해봄. 게임을 하면서 이것이 등차수열과 무슨 관계가 있을까 궁금했음.
활동 내용	우리가 친구들끼리 자주하는 '西게임'이 등차수열을 이용한 것임을 수업을 통해 알게 되어 깜짝 놀람. 친구들과 31을 말하면 지는 '西게임'에서 유독 승률이 높은 친구가 있었는데 지금 공부하고 보니 그 친구는 등차수열을 알고 있었던 것 같음. 게임에서 이기고자 하는 마음으로 수업을 열심히 듣게 됨. 수열은 규칙성을 찾는 방법의 하나로 일반항을 알면 몇 번째 항이든 쉽게 구할 수 있다는 것을 알게 됨.
추후 심화 활동	우리가 평소 하는 게임에 수학적 원리가 숨어 있다는 것을 알고 다른 게임에도 수학적 이론이 적용된 것은 없는지 인터넷 검색을 하다가 '피보나치 돌 줍기 게임'을 알게 되었고 그 원리를 공부하다가 피보나치수열에 대해 알게 됨. 교과서에 없는 수열이라 정확하게 이해되지 않았지만 게임의 원리를 이해하고 필승법을 알기 위해 '피보나치가 들려주는 피보나치수열'이라는 책을 도서관에서 빌려 읽어보고 정리를 위해 보고서를 작성하여 선생님께 제출함.
느낀 점	평소 수학은 시험을 위해서 공부하는 과목이라고 생각했는데 이 수업을 통해 우리 주변에 다양한 수학적 원리를 포함한 현상들이 존재한다는 것을 알게 됨. 수열에는 교과서에 있는 것만이 아니라 다양한 형태의 수열이 존재한다는 것도 알게 됨.
학생부 브랜딩	평소 기계공학을 전공하기 위해 수학과 물리과목의 중요성을 인지하고 수학시간에 열심히 참여하던 학생은 교과서 등차수열의 생각열기에 있는 '西게임'을 해 보면서 그 게임의 필승법에 등차수열이 적용된다는 것을 알면서 즐거워하는 모습을 보임(2020.05.30). '西게임'과 같이 주변에 수학적 원리를 적용한 게임이 없는지 찾아보다가 '피보나치 돌 줍기 게임'을 알게 되어 필승법을 탐구하던 중 피보나치수열을 따르는 필승법이 있다는 것을 알고, 피보나치수열에 대해 알기 위해 '피보나치가 들려주는 피보나치수열'이라는 책을 읽고 정리하여 보고서를 제출함. 이러한 활동을 통하여 앎에 대한 즐거움을 느끼며 자신이 공부하고 있는 고등학교 공부의 실용성을 이해하며 알아가고자 하는 의지를 보이며 수학수업에 참여함.

수업 소통지 2

학생명	1학년 11반 22번 이름 : 김소통	활동 일시	2020.03.29.
과목명	국어	활동 형식	발표수업
제목	황금비와 실생활	진로희망	기계공학자
준비 과정 및 활동 계기	국어시간에 우리 주변에 존재하는 많은 사물들이 '황금비'를 바탕으로 하여 이루어져 있음을 다룬 독서 지문을 배우게 됨. 안정적인 느낌과 아름다움을 느끼게 해주는 것들이 수학적인 공식으로 만들어졌거나, 설명될 수 있다는 사실이 매우 충격적이었음. 이 수업은 평소에 수학을 교과서의 지식으로만 생각했던 저에게는 새로운 깨달음이었음. 이러한 깨달음을 해소하기 위해 저는 일상생활에 적용된 수학적 지식을 더 많이 알아보고 싶다는 생각을 하게 됨.		
활동 내용	인터넷을 통해 TV나 신용카드의 가로 세로 비율이 황금비를 기준으로 해서 만들어졌다는 사실을 알게 되었고, '문명, 수학의 필하모니'를 읽으면서 우리 문명에 큰 영향을 미쳤던 전쟁 암호와 게임 이론 등에 대한 새로운 사실을 알게 됨. 또한 고대 문명의 '있음(1)'과 '없음(0)'이 현재 디지털 혁명의 시작이었음을 설명하는 부분을 읽으면서, 인류의 지식이 축적되어 현대 문명이 이루어졌음을 깨닫게 됨. 이러한 내용으로 '현대문명과 수학적 지식'이라는 보고서를 작성하고, 이를 PPT 자료로 만들어 수업시간에 발표함.		
추후 심화 활동	발표 과정에서 한 학생의 질문에 지적 호기심이 생겨, 통계와 수학과의 관계에 대해 조사해 보기로 함. 이러한 생각을 알게 되신 선생님께서 데이터 수집의 중요성과 다양성의 통찰, 비교와 예측 등을 통계적으로 사고하는 방법을 설명한 '통계의 미학'이라는 책을 추천해 주셨고, 이 책을 통해 사회의 다양한 현상을 수학적 관점에서 바라보는 능력을 기를 것임.		
느낀 점	우리의 생활과 문화 속에 수학적 지식이 적용되어 있음을 알게 됨. 이후, 주변의 사물을 수학적 관점에서 바라보는 버릇이 생겼으며, 이러한 버릇은 사물뿐만 아니라, 통계 등의 사회적 현상도 수학적 관점에서 사고하는 습관을 지니게 됨. 또한 통계에 대한 자료를 조사하면서 구체적인 사례를 통해 이항분포와 정규분포의 관계에 대해 스스로 깨닫게 됨. 이를 통해 수학을 공부하거나 가르치는 방법으로 구체적인 예를 통한 이해가 중요함을 알게 됨.		
학생부 브랜딩	국어시간에 '황금비'를 주제로 한 독서지문을 배운 후, 황금비가 수학적 공식으로 이루어진 것임을 깨닫게 됨. 이를 계기로 우리 주변에 황금비가 적용된 사례를 수학 공식으로 설명하는 '황금비의 존재'라는 주제로 보고서를 작성하고 수업시간에 발표함(2020.03.29.). TV나 신용 카드의 가로 세로 비율 등을 구체적인 자료로 활용하여 학생들의 관심을 유지하는 모습을 보여 주었으며, '문명, 수학의 필하모니'의 내용을 소개하면서 고대 문명의 '있음(1)'과 '없음(0)'이 현재 디지털 혁명의 시작이었음을 예로 들어 수학적 지식의 중요성을 이야기하며 세상을 바라보는 융합적 관점을 보여 줌.		

학생 소통 기록 샘플 국어, 문학, 작문 관련 교과

 국어 평소 국어 과목에 흥미가 많고, 다양한 영역의 책을 고루 읽는 것을 좋아하는 학생으로 1년 동안 독서 노트에 감상문을 성실히 작성하여 2020 독서 우수작품 전시회에 출품하기도 함. 수업시간에는 언제나 성실하고 적극적인 자세로 참여하였으며, 수업 이해도와 학업 성취 능력이 우수함. 발표 수업에도 적극적이고 진지한 태도로 참여하여 두각을 나타냄.

▶ 전체적으로 독서를 좋아하며 책을 많이 읽고 수업태도와 성적이 좋은 학생일 것이라는 추측은 가능하지만, 대부분 모호하고 추상적인 표현을 사용하여 학생의 수업 중 개별적 역할과 활동을 파악하기는 힘듦.

 국어 주장하는 글의 특성을 이해하고, '오전 자습시간의 효율적 활용 방안'이라는 합리적인 해결 방안이 담긴 글을 설득력 있게 작성함. 오전 시간 활용이 부족한 학생들의 문제점을 파악해 학생 개인과 주변 학교의 사례, 신문 기사 등을 분석해 오전 동아리 활동 활성화, 맞춤식 자습 이동 수업 등의 의견을 냄. 고전소설 '허생전'을 감상한 경험을 사회 구조 이해 발표시간에 자신의 경험과 연결하여 소설로 표현하면서 자신의 생각을 맥락에 맞게 정돈된 언어로 표현함. 자신의 고민을 소설 속 인물의 갈등으로 구성하여, 사회 구조의 단면을 통해 전반적인 문제점을 드러내고, 갈등을 풀어가는 과정을 통해 문제를 해결하려는 내용을 보여 줌. '진로탐색독서' 활동에서 생각하는 힘이 수학적 논리에서 나온다는 근거로 수학과 관련된 책을 찾아 읽으며, 수학 학습에 어려움을 겪는 친구들을 국어의 화법, 규칙과 연결하여 규칙을 설명하는 등 적극적인 모습을 보임.

▶ 국어 시간에 배운 다양한 활동의 학생 개별적 역할과 활동이 잘 파악됨. 그리고 주장 글, 소설, 진로 탐색 독서 등 국어의 다양한 영역에서 자신만의 뚜렷한 능력을 나타내는 학생으로 잠재력, 발전가능성, 전공적합성까지 두루 나타낼 수 있는 서술임. 특히 사회 구조 이해 발표시간에 예전에 배운 허생전의 소설과 연결시켜 발표하고 자신의 고민을 주인공의 갈등으로 구성하여 발표하는 장면은 고전소설에 대한 이해 능력이 뛰어나며 탐구능력, 창의적 문제해결 격 등을 보여 줄 수 있음.

 국어 국어 수업시간에 집중력이 매우 높으며 학습태도가 뛰어난 학생일 뿐만 아니라 학습에 대한 동기도 매우 강한 학생임. 토론수업을 할 때 토론 주제와 토의 안건을 책을 읽고 예상 질문을 작성하고 저자와의 인터뷰를 통해 의미 있는 안건을 발췌하여 적극적으로 토론 수업에 참여함으로써 최종보고서를 작성하여 훌륭하게 발표함. 토론의 과정을 넓은 시각에서 바라볼 줄 아는 능력을 지니고 있음을 수업을 통해 보여 줌. 소그룹 토의에서 협력 수업을 통해 사전에 학생들의 질문을 받아 토의 준비를 잘하는 준비성을 보여 주었고, 때로는 비판적 사고와 차분한 답변으로 토의를 잘 마무리하는 성숙함을 보여 주었음. 논제에 대해 타당한 근거를 바탕으로 주장을 세울 줄 알며, 토의·토론의 절차를 잘 이해하여 다른 사람의 의견을 경청하며 적극적으로 참여하고 해결방안 탐색 시 효과적인 말하기 전략으로 상대를 설득할 줄 아는 등 논리적으로 토론하는 수업에 두각을 보임. 또한 읽기 목적에 따라 적절한 읽기 전략을 수립하여 글의 내용을 이해하고 글의 내용을 재구성하여 요약하는 읽기 능력과 글을 쓰는 목적에 맞게 정보를 수집하고 재구성하여 사회적 쟁점에 대한 자신의 의견을 분명히 하여 글을 쓰는 능력이 뛰어남.

 독서 교육청주관 공동 교육과정 운영에서 실시한 이웃 학교 독서 성장 특강에 참여하여 전 과정을 이수함 (2020.11.18.~2020.11.26., 10시간). '미래가 있는 독서 발표'에 '블록체인'의 개념과 운영 원리를 설명하기 위해 관련 배경지식 탐구, 정보 분석, 방향성 탐구, 관련 수능형 평가 문제 풀이 등으로 수업을 구조화하여 독서 발표 수업을 진행함. 추상적으로 설명된 블록체인 과정과 운영방식을 관련 영상과 실제 사례를 화면으로 시각화하여 설명함으로써 어려운 내용을 쉽고 흥미 있게 전달함. '미래 성장 읽기 수업'에서 4차 산업 혁명 시대의 이해를 위해 '새로운 미래직업(김승)', '토론 콘서트〈정치편〉(이송은)', '88만원 세대(우석훈)'를 통해 현재의 시대적 흐름과 미래 직업에 대해 공감하고, '미래인재 기업가 정신에 답이 있다(김미란)'에 나타난 미래 시대를 준비하는 정신과 역할, 지금 청소년이 길러야 할 역량과 교육의 방향에 대해 깊이 있는 독서를 통해 이해하였으며, 현재 청소년이 꿈꾸는 직업의 대부분이 없어지거나 변화되는 미래 사회와 현재 우리의 삶을 연관시켜 깊이 있게 읽어냄.

 언어와 매체 언어와 매체 아이들이 쉽게 사용하는 단어들 중 외래어가 아닌 외국어를 사용하는 경우들이 생각보다 많다는 것을 알고 특히 SNS 상에서 사용되는 잘못된 외국어들과 외래어 오용에 대해 조사하고 규정에 맞지 않는 부분들을 정리하여 발표함. 또한 규정을 바탕으로 자신의 언어생활을 반성하고 규정을 실천하려는 태도에 대한 강한 의지를 가지고 교내 언어 순화 캠페인을 하기도 함. 일본어 영향을 받은 어휘와 발음으로 표준 발음법과 한글 맞춤법에 맞지 않는 현실과 표기 사례에 대해 언어 순화 동아리를 만들어, 학생들과 공동 조사를 실시해 정확한 발음과 바른 표기로 바꿔야 한다는 주장의 보고서를 작성함. 이런 활동을 통해 일본어와 외래어가 범람하고 한글 맞춤법이 잘 지켜지지 않는 언어 현실에서 한글의 아름다움을 지키고, 언어가 담는 국민성의 자랑스러움을 인식하고 규정을 실천하려는 강한 의지를 보임.

 화법과 작문 화법과 작문 평소 국어관련 과목에 다양한 관심을 가지고 있는 학생으로 수업에도 열정적으로 참여하며 작문에 대한 다양한 지식을 갖추고 있는 학생임. 문장을 볼 때, 단어의 맥락적인 의미를 찾기 위해 노력하고 해결되지 않는 것은 선생님께 여쭤보는 등의 노력을 통해 행간의 의미를 추론해서 독해력을 높임. 나아가 '쉽게 쓰여진 시'를 학습한 후에는 '참회록'과 같은 동일 작가의 다른 작품을 찾아 학습하면서 작가 정신이 글에 투영되는 경향성을 보는 시야를 넓힘. 특히 청소년 건강과 식생활에 관심을 가지고 '옆집 아이 성적의 비밀, 건강에 있다(황대연 외 3명)'를 읽고 학업을 방해하는 다양한 문제들로 인한 질병을 확인하고 이를 예방하는 방법과 음식의 중요성을 확인함. 이후 '신재용의 가정의학 생활백서(신재용)'를 읽으며 가정의학을 통해 질병을 예방할 수 있음을 보고서를 작성하여 제출함. 본인 관심분야인 의학 관련 내용을 전문지식을 바탕으로 한 편의 글로 완성하는 데 있어 뛰어난 능력을 보여 줌.

 국어 국어 소설 '만무방' 수업의 프로젝트 활동으로 '옹오의 범죄가 가난 때문이라는 이유로 정당화 될 수 있는가?'라는 주제 토론에서 반대측 토론의 패널로 참가하여 토론 준비과정에 적극적으로 참여하지 않는 모둠원들과 같이 하기 위해 자료를 분배하고 역할을 나누는 등 다양하게 모든 모둠원들이 같이 활동할 수 있도록 큰 도움을 줌. 수업시간 전에 수차례 만나 토론에 대한 전략을 협의하는 등 성실하게 준비하는 과정에서 리더십을 발휘함. '가난은 개인적인 원인이 아니라 사회적 원인에 의해서 기인한다.'는 상대방의 반론에 대해 '모든 가난의 이유를 사회적 원인으로만 돌린다면 어느 누구도 스스로 가난에서 벗어나려 하지 않을 것이다.'라는 주장으로 재반론하는 모습을 보이며 여러 가지 조사한 자료들을 논리적으로 제시하여 상대방의 질문과 반론을 무력화시키는 등 입론과 반론 과정에서 크게 기여함.

 국어 'sns의 사용 규제'라는 논제를 선정하여 조별 토론수업을 진행함에 있어 사전에 내용과 과정을 잘 조율하였고, 주제 및 규칙을 정할 때에도 주도적인 역할을 하였으며, 자료 조사도 충실히 하는 모습을 보임. 또한 실제 토론 과정에서는 찬성의 입장으로서 sns를 통한 스마트폰 중독, 사이버 폭력 등을 근거로 논리적인 입론을 펼쳤으며, 특히 반대측의 sns를 통한 정보의 빠른 유통을 근거로 든 것에 대해 sns의 정보 왜곡 가능성을 들어 날카롭게 반론을 펼쳐 청중의 공감과 의견 이동을 유도함.

학생 소통 기록 샘플 수학관련교과

수학 II 함수에 대한 수학적 지식을 이해하고 '온도에 따른 풍선의 부피 변화 예측하기'를 주제 수행평가 프로젝트 학습에서 팀원들과 협동적으로 탐구하며, 적극적인 의사소통과정을 통해 부피와 온도 함수를 추론하였고 다소 오류는 나왔지만, 검토하고 점검하는 부분에서 스스로 찾고 교정하는 등 수학적 퇴고 부분이 인상적임. 수업 중 수학 관련 동영상 '건축과 숫자'를 보고 미술, 건축, 자연, 비율, 측량에서 수학적 개념을 탐색하고, 관련 도서와 〈다빈치 코드〉와 같은 영상도 찾아보면서, 본인의 디자인 관련 진로와 연관된 심화 연구로 이어감.

▶ 팀원들과 함께 개별적인 주제로 프로젝트 학습을 실시한 것은 전공적합성 측면에 좋은 평가가 가능함. 하지만 프로젝트 활동 중 학생이 한 개별적인 활동이 드러나지 않아 어떤 일을 어느 정도의 수준까지 하였는지를 알 수 없음.

수학 II 수행평가를 위한 프로젝트 학습에서 조원들과 함께 주제를 정하기 위해 토론할 때 최근에 배운 다항함수의 미분법을 활용하여 변화를 나타내는 주제를 정하자는 아이디어를 내고 팀원들과 토론한 결과 '온도에 따른 풍선의 부피 변화 예측하기'를 주제로 프로젝트 활동을 시작함. 팀의 조장은 아니었지만 조장을 도와 각자의 역할을 분배하고 자료 조사의 범위를 나누는 일을 함. 프로젝트 활동 도중 화학과 관련된 의문이 생겼을 때에도 스스로 그 주제에 대해 탐구해 본 후 의문점을 정리하여 화학선생님께 질문하는 등 학습에 대한 체계가 잘 잡혀 있는 모습을 보임. 팀원들과 적극적인 의사소통과정을 통해 부피와 온도 함수를 추론하였고 다소 오류는 나왔지만, 검토하고 점검하는 부분에서 스스로 오류를 찾고 교정하는 등 수학적 모델링과 문제점을 찾는 데 남다른 수학적 재능을 보임. 수업 중 수학 관련 동영상 '건축과 숫자'를 보고 미술, 건축, 자연, 비율, 측량에서 수학적 개념을 탐색하고, 관련 도서와 〈다빈치 코드〉와 같은 영상도 찾아보면서, 수학의 다양한 실생활 활용성에 대해 감탄하며 자신의 진로희망인 화학공학에 적용되는 수학적 원리는 어떤 것이 있는지 찾아보고 정리하는 모습도 보임.

▶ 비록 조장은 아니지만 조장을 도와 팀이 과제를 잘 수행할 수 있도록 노력한 측면에서 소통능력과 협업능력을 살펴볼 수 있으며 과제 선정 아이디어를 제공하는 과정에서 학생의 학업역량을 엿볼 수 있음. 또한 이러한 활동을 자신이 관심을 가지고 있는 화학공학과 연관시켜 발전시켜보려는 시도는 전공적합성 측면에서 긍정적으로 평가됨.

확률과 통계 '학급 학생 수에 따른 학교 시설 활용 만족도'에 관한 수학 프로젝트 활동에서 자료를 도표나 그림으로 나타내고 그 분포의 특징과 의미를 이해하는 설명하는 뛰어난 능력을 보임. 특히 프로젝트 활동의 모둠장으로서 탐구주제를 명확히 인지하여 어떤 정보가 문제해결에 중요한지 판단하고 분석하였으며 모둠원의 참여를 독려하고 문제해결을 위한 새로운 생각과 방향을 제시함으로써 프로젝트를 성공적으로 완성함. 입체구의 중심 이동을 구하는 과정과 원리를 수학적 추론 과정에 따라 설명하였으며, 구조에 관심이 많고 문제를 해결하고자 하는 의지가 매우 큼.

확률과 통계 자유주제 보고서에서 '뉴스 보도 속에서 볼 수 있는 확률과 통계'를 주제로 신문 기사에서 사용된 표집오차와 신뢰수준의 정의를 설명함. 또한, 여론조사의 신뢰성에 대해서는 전수조사를 하지 않는 이상 표본의 추출방법에 대해 달라질 수 있음을 이야기하고, 무작위 추출이 아무렇게나 선택하는 것이 아닌 모집단의 분포를 고려하여 추출되어야만 믿을 수 있는 결과가 나올 수 있음을 설명함. 이를 통해 확률과 통계의 실용성을 알게 되고 또한 뉴스에서 사용하는 통계자료를 이해하고 분석하는 데 도움을 받음을 소감으로 작성함.

수학 II 수업시간에 학습한 양에 관계없이 항상 학습할 내용을 미루지 않고 차근차근 진행해 나가는 끈기를 가진 학생임. 수업태도도 좋고 생각하려는 마음가짐이 잘 되어 있어 어려운 문제를 내줘도 포기하지 않고 끝까지 도전하는 태도를 가지고 있음. 학교수업을 중심으로 학습 계획을 설정하고 그 계획에 맞춰 차근차근 공부하는 자기주도학습 능력을 잘 갖추고 있고 이해능력과 추론능력이 뛰어나 향후 발전가능성이 기대되는 학생임. 1년 전에 비하여 수학수업이나 수학과목을 대하는 자세가 훨씬 진지하고 수업시간에 논리적 비약이 있을 때는 날카로운 질문으로 이해의 폭을 넓혔으며, 본인이 이해가 되지 않는 부분에 대해서는 수업시간에 피드백을 주어 학생들이 이해하는 정도와 수업의 진행에 큰 도움을 줌. 특히 다른 과목과의 안배가 걱정될 정도로 수학과목에 흥미를 가지고 적극성을 가진 학생으로 수학과목이 가지고 있는 원리에 대해 알려고 노력하는 모습을 보면서, 단순히 수학을 좋아한다는 것 이외에도 근원적인 의미를 깨닫기 위해 노력하고 그 의미를 발견했을 때 만족을 느낄 줄 아는 대견한 모습을 보임.

 수학 II 발표수업을 할 때 논리적인 설명과 창의성을 발휘하여 문제를 풀어 교사로부터 수학에 관련된 재능이 있다고 극찬을 받음. 자신의 진로와 관련된 경영, 경제 분야에서 사용되는 미분과 적분을 스스로 탐구함. 이 과정에서 일상적인 다양한 사회현상을 미분과 적분을 통해 수학적으로 분석할 수 있고 논리적으로 타당한 결과를 도출해 낼 수 있다는 사실을 알게 됨. 또한 향후 본인에게 필요한 수학적 분석 능력을 향상시키고 꿈을 다시 구체화할 수 있는 계기가 됨.

 미분과 적분 수업시간에 활용하는 학습 자료와 과제들을 성실한 자세로 해결하는 등 학습 열의가 높으며 이해하지 못한 수학개념은 지속적인 질문과 연습을 통해 완전히 이해하고자 노력함. 자신의 학습방법을 다른 친구들과 함께 공유하는 등 나눔의 정신을 보임. 수학적 사고력을 요하는 다양한 인접 학문 및 과학적 현상에 대한 호기심이 강하여 이에 대해 탐구하는 것을 즐김. 특히 '미적분학과 주택가격의 연관성'에 대한 주제로 탐구보고서를 작성하면서 주택 가격의 변화를 미분방정식과 연관 지어 보는 참신한 발상을 보여 준 바 있음. 또한 수업 시간에도 미분에 대한 정확한 이해를 바탕으로 적분 개념의 이해에서 높은 통찰력을 발휘하였으며 교육청에서 제작한 '수리논술나침반' 교재를 활용하여 학습한 내용과 연계된 수리논술 기출문제들을 방과후에 친구들과 같이 해결해보는 심화학습을 진행하고 논리적 풀이 과정을 내면화하는 시간을 가짐.

 미분과 적분 '테셀레이션과 게임그래픽'이라는 주제를 통하여 테셀레이션 기법이 게임 그래픽에 사용되며 다각형을 잘게 쪼개어 더욱 실감나는 그래픽을 만드는 기법이라는 것을 발표함. 더불어 가상현실전문가라는 진로에 관련지어 가상현실에도 테셀레이션 기법을 사용하여 선명한 그래픽을 나타낼 수 있음을 설명함. 그래픽과 연관된 복셀과 폴리곤에 대하여 설명하고 이를 통해서 앞으로의 그래픽의 발전방향과 그래픽의 한계, 이에 대한 자신에 생각을 발표함. 또한, 미적분에 관심이 많아 수업에 적극적으로 참여하고 질문하며 자신의 실수 및 보완할 점을 개선하기 위해 오답노트를 꾸준히 작성하여 학업에 있어서 성실성을 보임. 학급멘토링에 자처하여 미적분 수업에 어려움이 있는 친구의 멘토가 되어 미적분의 원리를 효과적인 방법으로 설명하고, 부족한 부분은 자료를 직접 찾아 제공해주어 지식을 자신만 알고있는 것이 아니라 남에게 베푸는 모습을 보임.

 기하 이차곡선 중 타원에 대한 완벽한 이해를 바탕으로 종이로 타원을 접는 방법에 대해 설명하는 동영상을 만들어 타원의 정의를 활용하여 직접 종이로 타원을 만드는 방법을 친구들에게 설명함. 포물선과 쌍곡선의 학습내용을 활용하여 쌍곡면모양 거울의 초점을 향해 쏜 빛은 다른 초점으로 반드시 향한다는 성질을 간단히 그림으로 설명하면서 수식으로 증명함. '학교모형 제작 프로젝트'를 수행하면서 기하에서 배운 내용뿐만 아니라 배우지 않은 공간벡터의 개념을 적용하여 프로젝트를 완성하는데 큰 공헌을 함.

학생 소통 기록 샘플 영어 관련 교과

 영어 | 의견 발표하기, 영어로 말하기, 예문을 공책과 칠판에 쓰기, 듣고 받아쓰기 등 수업 시간의 다양한 활동에 적극적으로 참여하여 영어 의사소통 능력이 향상되었고, 풍부한 어휘를 암기하고 복잡한 영문을 이해하려 노력하여 구문 지식과 독해력 또한 많이 향상되었음. 수업 중 자주 실시하는 단어 시험, 어법 판단력 시험의 준비를 철저히 하여 매번 좋은 점수를 받음. 명랑하고 긍정적인 자세로 교사와 친구들을 대하여 수업 분위기를 밝고 생산적으로 만드는 데 이바지함. 교사의 학습 자료 제작을 도와 검토, 교정 작업을 열심히 하여 수업의 질 향상에 기여함.

▶ 수업에 적극적으로 참여하고 노력하여 자신의 영어 실력을 향상시키는 모습이 잘 나타남. 하지만 수업 중 학생의 구체적인 활동과 알아가는 과정의 서술이 부족한 편임.

 영어 | 첫 수업에 진행된 영어로 자신의 꿈 말하기에서 모두 어색해 발표하지 않을 때, 자원하여 자신의 꿈이 생명공학자이며 그 꿈을 이루기 위해 노력 중이라고 발표함. 왜 생명공학자를 꿈꾸는가에 대한 질문에 막연히 꿈꾸고 있던 자신의 꿈을 더욱 심도 있게 탐구하는 계기가 됨. 영어 수업도우미로 자원하여 매 수업시간 전 선생님께서 주신 예문을 칠판에 적어 놓는 일을 한 번도 빠짐없이 성실히 이행함. 수업의 모든 활동에 적극적으로 참여하여 본인의 어휘실력, 의사소통 능력, 어법 판단력 등을 향상시켰으며 그 결과로 학업 성취도도 향상됨. 특히 학기 초 어법문제에 대해 가끔 고민하던 모습도 보였으나 어법수업에 집중하며 매주 본인의 어법노트 만들기 작업에 심혈을 기울인 결과 어법에 관한 실력이 매우 향상된 모습을 보임. 명랑하고 긍정적인 자세로 수업 분위기를 밝고 생산적으로 만드는 데 이바지함. 교사의 학습 자료 제작을 도와 검토, 교정 작업을 열심히 하여 수업의 질 향상에 기여함.

▶ 다른 학생들이 나서지 않을 때 자기주도적으로 수업에 참여하는 모습에서 자기주도성을 볼 수 있으며 전공적합성도 나타낼 수 있었으며 선생님의 질문을 통해 전공에 대한 관심과 이해를 높이는 계기가 되었다고 평가됨. 영어 수업에 성실하게 참가하는 모습이 보여지며 학업태도와 학업의지가 뛰어난 학생임을 알 수 있음.

 영어 수업 시작 전 수업 준비를 끝내고 앉아서 그 시간에 해야할 내용을 미리 예습하는 등 수업 준비가 철저한 학생일 뿐만 아니라 수업에도 적극적으로 참여하여 교사로 부터 수업의 즐거움을 알도록 해주는 학생임. 주어진 과제를 자기 나름대로 끈기 있게 도전하여 해결하였고, 수업에 가장 열심히 참여한 학생임. 한 학기 동안 쓰기와 말하기를 중심으로 자신의 부족한 부분을 보완하면서 협동학습에 성실히 참여하고 즐겁게 수업에 임한 결과 영어실력이 크게 향상됨. 학기 초 언어적으로 부족한 부분이 보이기도 했으나 반복연습을 통해 불평, 동의, 이의 표현 등 매 단원의 주요 의사소통 기능들을 원활히 사용하게 됨. 학습력 향상에 대한 영어 읽기 활동 후 해결책을 찾는 모둠활동에서 자신의 경험과 조원들의 방법을 바탕으로 해결방안을 제시했으며, 수업 후에 관련 공부법 책과 영상을 연구해서 성향에 따른 학습법을 제시해서 공부 저격수로 불리며, 학생들의 영어 학습 코치로 학생들의 학습 향상에도 힘씀.

 영어 | 평소 의사소통의 중요성에 대해서 인식하고 있던 학생으로 외국인과의 대화의 기회가 점점 많아짐에 따라 영어를 통한 의사소통의 중요성에 대해서도 깊이 인식하고 회화 및 독해영역에 깊은 실력을 갖추기 위해서 노력하는 학생임. 교내에서 주최한 세계 리더십 세미나(2020.05.22.)에서 풍부한 상식과 더불어 영어로 된 정보의 이해능력, 유창한 발표능력을 두루 발휘하여 주목을 받은 바 있음. 또한 수업 시간에 진행된 발표 시간(2020.06.12.)에 적극적으로 참여하여 '핸드폰 사용으로 인한 두뇌 활동 영향(The Effect of Brain Activity from Using Mobile Phone)'을 주제로 다양한 시청각 자료의 활용과 국어와 영어를 섞어가며 재치 있는 발표로 학생들로부터 높은 평가를 받기도 함. 학기 초에 암기를 싫어하는 성격으로 어휘 암기에 어려움이 있어 어휘를 활용하는 측면에서 다소 부족한 점이 있었으나 자신의 꿈을 위해

단점을 극복하며 학교 수업과 단어 그룹 스터디를 통해 꾸준히 보완하여 영어 사용 능력을 갖추며 발전하고 있음.

실용 영어 자유 주제 탐구 영어발표하기에서 'AI 음성인식 로봇 만들기'를 주제로 선정하고 관련 내용을 정리하여 카드뉴스로 만들어 발표함. 발표자료에 사용할 어휘와 문장을 선택할 때 전문용어와 일반용어를 적절히 배합하여 너무 어렵지 않지만 설명하고 싶은 내용을 정확하게 설명할 수 있도록 문장을 만듦. 발표할 때에도 수업시간에 배운 어휘를 적극적으로 활용하여 청자들이 알아듣기 쉽도록 배려하며 발표하는 모습이 인상적이었음. 영어 학습 앱을 활용한 학습법 소개하기 발표 시 '서론 – 본론 – 결론'의 논리적 삼단으로 발표 자료를 구성하여 내용의 논리적 안정성과 설득력을 갖춘 발표를 해 높은 평가를 받음. 발표를 거듭하면서 발표하는 기술뿐만 아니라 사용하는 어휘들의 수준들도 향상되며 영어로 발표하는 것에 대한 두려움 없이 잘 발표하는 모습을 보임.

영어 II 영어 말하기 수행평가에서 처음에는 두려움으로 준비하는 과정에 힘듦을 호소하기도 하였지만 학생의 장점인 긍정적 태도와 적극성을 충분히 발휘하며 열심히 수업에 참여하고 준비한 결과 우수한 발표 능력을 보여줌. 'My Best Friends'에 대한 발표 시 자신이 겪었던 친구와의 갈등 상황과 극복 과정을 발표하는 데에 있어 얼굴 표정과 몸짓 등의 비언어적 표현들을 적극 활용해 발표 내용을 청중에게 효과적으로 전달함. 'Funny Story' 글쓰기 활동에서는 모둠별 브레인스토밍을 통해 얻은 아이디어를 바탕으로 디자인학과에 관심 있는 학생이라 카툰으로 상황을 구성해서 자신의 장점을 발휘했고, 이런 과정을 하루도 빠짐없이 사진으로 찍어 자기 발전 보고서를 블로그에 올린 후, 그에 대한 소감을 영어로 남기고, 발표해 우수한 성적을 내기도 함. 특히 '그림 묘사하기' 활동에서는 친구들의 캐리커처와 친구들의 특징을 영어 단어로 표현해 수업시간에 특별히 우수사례로 소개되기도 함.

영어 독해와 작문 수업 시간에 대중매체에 대한 내용의 지문을 배운 후 Deciding What's True : The Rise of Political Fact–Checking in American Journalism이란 논문을 읽고 '미국의 뉴미디어와 팩트체크'라는 제목으로 영어 발표에 자발적으로 참여함. HUFFPOST, BuzzFeed 등 미국의 뉴미디어 언론에 대해 소개한 후 미국의 3대 Fact Checker인 FACTCHECK.ORG, The Washington Post, POLIFACT에서 다룬 미국 대선 등 실제 사례로 친구들의 흥미를 유발함. 변화하는 뉴미디어 환경에 적합하고 팩트체크를 통해 대중들에게 진실만을 전하는 기자가 되고 싶다는 꿈을 표현함.

선진국의 발전된 의료시스템을 찾던 중 Language : a Matter of Life and Death in Japanese Hospitals란 제목의 기사를 읽고 보고서를 작성함. 병원내의 통역시스템으로 인해 외국인을 대상으로 한 정교한 치료가 가능하다는 내용을 읽으며 우리나라도 도입이 되어야 한다고 생각하는 계기가 됨. Do you agree that local governments in Japan should pay for a medical interpreter system?이란 질문에는 세금으로 운영되는 통역시스템의 수혜자가 내국인이 아니므로 반발이 있겠지만, 전반적인 의료 시스템의 개선을 위해서는 정부가 이를 수용해야 한다고 잘 설명함.

영어 독해와 작문 본인의 희망 진로인 언론과 연결지어 황색 저널리즘에 대한 발표를 진행함. 교과 학습 자료 중 본인의 관심분야를 발견하여 심화학습을 할 정도로 평소 깊은 흥미를 보임. 특히 해당 수업 자료의 핵심 문장을 제시 후 이를 어휘 및 문법적으로 분석하여 급우들의 이해를 도움. 영어활용능력이 뛰어나며 이를 논리적으로 재구성해 전달하는 능력이 특히 탁월함. 황색 저널리즘의 의미를 설명하고 이를 현대사회에서 어떻게 발생하는지 다양한 예시를 통해 급우들에게 설명함. 특히 황색 저널리즘에 대한 본인의 비판적 의견을 밝힌 후 이에 대응할 수 있도록 저널리즘의 본질을 잃지 않는 기자가 되겠다는 포부를 밝힘. 한 학기 동안 주 1회 치러진 영단어시험을 성실하게 준비함.

학생 소통 기록 샘플 사회 관련 교과

 법과 정치 우리나라 헌법의 특징과 기본 원리에 대해 잘 이해하고 있으며, 특히 기본권 각각의 내용 및 의의를 구체적인 사례를 통해 잘 발표함. 모둠 학습에서 모둠장을 맡아 모범적으로 역할을 잘 수행하였으며 모둠원들이 어려워하는 내용을 잘 설명해주는 모습을 보임. 심화주제탐구 프로젝트에서 '우리학교 학생들의 정치의식'이라는 주제로 보고서를 작성하고 발표하여 그 질적 완성도에서 많은 사람들에게 칭찬을 받음. 보고서를 작성하는 과정에서 질문지 작성 및 분석 방법에 관한 협의를 많이 하였으며 보다 수준 있는 자료를 얻기 위해 수차례 수정과 보완과정을 거쳐 완성도 높은 보고서를 작성함.

▶ 수업의 내용을 잘 이해하는 학생이며 모둠장으로 역할을 잘 수행했다고 추정할 수 있지만 구체적인 활동이나 내용이 없음. 그리고 수준 높은 보고서의 수준이 어느 정도인지, 무엇 때문에 그렇게 평가하였는지에 대한 내용이 부족함.

 법과 정치 헌법의 특징과 원리에 대해 잘 이해하고 있으며, 특히 기본권 관련 내용을 신문기사를 참고로 자료를 정리하여 발표하는 과정을 통해 어려운 내용을 쉽게 설명함. 언론, 출판, 집회, 결사의 자유와 관련된 자료를 유인물로 만들어 모둠원들에게 나눠주고 설명하는 등 모둠장으로서 모범적임 모습을 보임. 시험기간 전 급우들이 헌법 조항에 관한 내용을 잘 이해하지 못하는 모습을 보고 교사에게 건의하여 시간을 할애 받아 내용을 정리하여 발표함. 이와 같이 주변 친구들의 어려움을 지나치지 않으며 잘 설명하는 등 배려심이 돋보임. 심화주제탐구 프로젝트에서 '우리학교 학생들의 정치의식'이라는 주제로 보고서를 작성하고 발표하는 과정에서 모둠장으로서 역할과 자료 조사를 적절히 배분하는 등 리더십이 뛰어남. 보고서 작성 과정에서 질문지 작성 및 분석 방법에 관해 공부하여 많이 토론함. 제출하기 전날까지 수차례 수정과 보완을 하는 등 완성도 높은 보고서를 제출하기 위해 노력함.

▶ 수업 내용을 잘 이해하며 모둠원들이 어려워하는 부분을 스스로 정리하여 모둠원들에게 나눠주고, 급우들이 어려워하는 부분은 정리하여 수업시간에 발표하는 등 자기주도성이 뛰어나며 전공적합성 또한 뛰어난 학생으로 평가됨. 타인을 배려하는 마음과 소통하는 능력, 협업능력, 나눔과 배려의 정신도 볼 수 있음. 심화주제 탐구 프로젝트 과정을 살펴보면 리더십을 나타내며 보고서 작성을 위해 끝까지 노력하며 전문적인 부분까지 다루는 모습을 통해 학업역량 중 탐구활동능력을 볼 수 있음.

 통합 사회 사회관련 과목뿐만 아니라 국어와 한문 등 다양한 과목과 많은 분야에서 폭넓은 지식과 독서량을 가지고 있는 학생으로 사회현상이나 역사적 상황에 대한 판단 능력을 갖추었을 뿐만 아니라 비판적 사고를 할 줄 아는 학생임. 학생 처벌의 적정성에 대한 주제로 한 모의재판에서 처벌을 반대하는 변호인 대표로 활약하였음. 교사와 학생의 의견수렴과 해당 교육청 복무 관련해서 학생 처벌과 관련된 내용을 조사해 보고서로도 제출하여 우수한 등급을 받음. '해외 특별전형이 바람직한가?'를 주제로 한 수업 시간 내 토론대회 시간에 찬성측 패널로서 적극적으로 참여하여, 해외 전형의 종류와 합격 사례를 대교협에 요청해 받아서 분석해 보고, 자신의 생각을 논리적 근거를 활용하여 조리 있게 표현함. 토론 활동을 경험해 봄으로써 스스로 내적 성장과 논제에 대해 깊이 생각해 볼 수 있는 기회를 갖게 되었고 관련해 최고 토론자로 선정됨.

 통합 사회 대통령 선거에서 한 후보의 공약으로 제시되었던 미취업 청년들을 대상으로 지급되는 '청년수당'지급 찬반론을 펼치는 논술수행평가에서 청년수당을 지원하는 대상의 선정 자격이 모호하고, 청년수당이 사용되는 용도가 불분명하며, 시행 지역 외 다른 지역 청년층이 상대적인 박탈감을 가지게 한다는 점을 들어 반론을 펼침. 청년수당 정책은 실질적이고 현실적인 방안을 모색하지 않고 단순히 사람들의 만족도와 인식만을 지나치게 의식한 포퓰리즘 정책에 불과하고, 청년 실업 문제의 근본적인 해결책을 제시하지 못한다는 다양한 논거를 들어 자신의 주장을 설득력있고 논리정연하게 잘 표현함. 수업 시간에 진지하면서도 적극적으로 수업에 임하였으며, 의아하거나 궁금한 부분이 있으면 적극적으로 질문하여 해결하고자 함. 국가가 어떻게 형성되었는지 호기심을 갖고 신의설, 사회계약설에 관해 자세하고 심도있게 조사해 3분 스피치 시간을 통해 조사 내용을 발표함.

 동아시아사 수업 시간 중에 영토 분쟁에 대한 내용을 접하고, 일본이 일으키려는 독도 분쟁에서 우리나라의 고 문헌·지도 등을 분석하고 독도 연구회에 연락을 해서 관련 자료를 받아, 자료를 재구성해서 학교에 우리 독도라는 캠페인을 함. 독도와 관련된 일본의 전략적 접근을 분석하고, 한국 대응 방향의 효과성과 문제성에 대한 보고서를 작성해 교내 보고서 대회에서도 우수한 성적을 냄. 특히 독도 지킴에 대해 많은 학교가 개별로 참여하고 있다는 것을 알고, 봉사 단체에 연락해 각 학교의 독도 지킴 동아리 네트워크를 만들어 관련 자료를 지속적으로 보강하면서, 자신의 블로그와 학교 홈페이지에 우리 독도에 대한 글을 게재하고 있음.

 한국사 수업 시간에 역사 바로알기 모둠의 모둠장으로 활발한 토론을 주도하면서 수업에 적극적으로 참여하는 모습을 보임. 모둠원들과 협동하여 일제시대 한국의 독립을 위한 무장독립군에 대한 가상 인터뷰를 작성함. 근대식 무기와 즉결 처분권, 일제식 정신 교육으로 한국인들을 지배하려는 것의 부당성을 지적하고, 무장 독립 운동이 독립을 가져올 수는 없어도, 우리 민족이 아직 살아있다는 것을 알려야 한다는 등 인터뷰 내용이 논리적이고 충실하였음. 나라 잃은 아픔과 언제 목숨을 잃을지 모르는 독립 투쟁의 삶을 감동적으로 표현하고, 당시 폭탄을 안고 뛰어 드는 순간을 인터뷰한 장면에서는 많은 학생들이 눈물을 흘릴 정도로 역사적 감정이입이 뛰어났음.

 윤리와 사상 윤리 사상과 사회 사상에 관심이 많고 폭넓은 독서량을 지니고 있어 수업 중 호응도와 이해도가 뛰어날 뿐만 아니라 제시된 도덕적 딜레마 상황에서 자신의 생각을 조리 있게 제시하는 능력이 탁월함. 특히 이상 사회 제시와 관련한 논술 활동에서 이상 사회를 제시했던 각각의 사상가들의 특징을 잘 요약하고 그 중 한비자의 사상을 통해 인간의 이기적 욕구를 제어할 수 있는 합리적 방법으로서의 법치를 주장하며 본인이 생각하는 이상 사회를 조리 있게 제시함.

 세계 지리 수업 중에 이루어진 과정평가에서 '세계에서 발생하는 자연재해'라는 주제를 선정하고 모둠원들과 함께 어느 지역의 자연재해를 조사할 것인지에 대해 깊이 있는 토론을 진행함. 토론을 통해 동아시아 지역의 지진으로 인한 자연재해에 대해 설명하기로 결정하고 동일본대지진과 경주 지진의 연관성에 대해 구체적으로 제시하며 발표함. '세계의 축제 참가하기' 프로젝트에서는 몽골의 나담축제를 선택하여 우리나라와 몽골의 유사한 전통인 씨름, 결혼풍습, 간장을 담그는 방법 등의 적절한 사례를 제시함으로써 자연·인문환경이 반영된 축제의 역사적 배경을 서술하고 몽골의 역사적 특징을 우리나라와 비교하면서 가상 일기를 작성함. 모둠활동에서 모둠장을 맡아 모둠원들에게 자신이 직접 준비한 자료를 제공하고 모두 발언을 조절하며 전체 활동을 조율하는 리더십을 발휘함.

 생활과 윤리 수업 활동의 일환으로 시행된 '공정한 처벌을 위한 법원'활동에서 변호인을 맡아 양형기준제, 죄형법정주의, 비례의 원칙 등을 적용하여 검사가 구형한 형량에 대해 논리적으로 반박하는 최종 변론을 제기함. 변론 과정에서 적극적이고 설득력 있게 자신의 의견을 제시하여 배심원 역할을 맡은 학생들로부터 많은 지지를 받음. 통일 정책 보고서 작성 및 프레젠테이션 활동에서는 분단 비용, 평화 비용, 통일 비용, 통일 편익 등 주요 개념들을 활용한 경제적 효용성 분석과 인권, 평화와 같은 인류의 보편적 가치에 대한 고려를 바탕으로 통일의 필요성과 통일 방법에 대해 체계적이고 타당한 통일 정책 보고서를 작성하여 적극적이고 설득력 있게 프레젠테이션을 하는 등 매우 뛰어난 사고력과 문제해결능력을 보여 줌.

 법과 정치 '사형제도'에 대한 논술에서 범죄억제를 위해 종신노역형이 충분한 효과를 지닌다는 주장에 대해 그 어떤 형벌도 죽음에 대한 근원적인 공포를 유발하는 사형제를 능가할 수 없다고 반박함. 또한 살인범보다 피해자의 생명이 더 소중하고 가치있다는 주장에 대해서는 범죄인의 생명 그 자체도 존엄성이 인정되어야 한다고 반박함. '우리나라의 민주화 운동'에 대한 수업에서 제주 4.3 사건에 대한 발표 계획서를 체계적으로 작성하고, 사건의 전체적인 흐름을 잘 설명하여서 급우들의 호응을 얻음. NIE 활동으로

6.13 지방선거와 관련된 신문기사를 찾아 읽고, 선거권 연령 하향을 주장하는 이유와 근거를 명확하게 제시하였으며, 후보자가 내세운 공약의 실현 가능성을 평가함. 학습 포트폴리오 작성을 꼼꼼하게 잘하고, 특히 상속에 대해 자기주도적으로 심화학습하는 모습을 보임.

 세계사 닉슨 대통령 퇴진의 결정적 계기가 된 펜타곤 페이퍼 사건과 워터게이트 사건에 대해 정리, 발표함. 펜타곤 페이퍼 사건과 워터게이트 사건을 보도한 워싱턴 포스트의 보도 철학과 사건 전개 과정에 대해 알기 쉽게 설명함. 특히 워커게이트 사건 보도 당시 활약한 두 명의 기자와 취재원을 소개하면서 탐사보도 저널리즘의 필요성도 강조해 급우들과 깊은 공감대를 형성하기도 함. 더 나아가 역사와 언론의 긴밀한 연관성에 주목해 여론의 창구인 언론이 사회적으로 어떤 역할을 해야 하는지 함께 고민해 보는 시간도 가짐.

 프랑스어I 프랑스 문화 발표 수업에 '프랑스의 언론'이라는 주제로 참여함. 장차 기자를 희망하는 학생답게 프랑스의 언론문화와 프랑스의 대표 신문 Le Monde지의 진실보도에 대해 깊이 있게 조사, 발표하여 본인의 관심분야를 급우들에게 효과적으로 전달하는 모습이 꽤 인상이 깊음. 더 나아가 도서 '르몽드 디플로마티크'를 구입하여 프랑스와 연관된 사회적 이슈들에 대해 살펴보고 르몽드 한국어판 기사에서 프랑스 사회의 노란 조끼 시위 기사를 읽고 사건의 쟁점을 정리하고 우리나라의 고용 실태에 대해 알아보는 보고서를 제작함. 장차 편식하지 않는 언론인이 되어 사회 곳곳의 약자들을 대신해 공정한 목소리를 내겠노라 다짐함.

학생 소통 기록 샘플 과학 관련 교과

 생명과학I 평소 생명과학에 관심이 많은 학생으로 수업시간에 매우 높은 집중도를 보임. 공부할 때 통합적으로 이해하고자 하는 노력을 기울이는 학생임. 5분 발표에서 노화와 관련된 다양한 이론에 관해 본인만의 언어로 풀어서 발표하여 친구들로부터 높은 호응을 얻음. 복잡하게 보이는 자연 세계의 생명 현상에 관심이 많으며 그것을 탐색하고 그 속에 숨은 질서를 찾아 이것을 체계적으로 정리하는 뛰어난 능력을 보임.

▶ 추상적으로 생명과학을 좋아한다고 서술되어 있으나 그 사례를 찾아볼 수 없음. 교과 활동에서 노력하는 모습은 보이나 그것도 추상적으로 기술되어 있음.

 생명과학I 수업시간에 매우 높은 집중도를 보이며 다양한 원리를 하나하나의 독립된 개념으로 이해하기보다는 큰 시스템 안에서 개념들을 유기적으로 연결하여 통합적으로 이해하고자 노력하는 모습을 보임. 5분 말하기 발표에서 노화와 관련된 다양한 이론에 관해 발표할 때, 먼저 노화의 현상에 대해 설명하고 다섯 가지 이론 중 유전자 이론과 일반적 불균형 이론에 대한 예시를 들어가며 본인만의 언어로 풀어서 발표하여 친구들이 잘 이해할 수 있도록 도움을 줌. 자연 세계의 생명 현상을 조작하여 인간의 삶을 이롭게 하는 기술에 대해 관심을 가지고 있던 학생은 GMO의 유해성에 대한 토론에서 사회적, 윤리적, 건강적, 유전학적 측면에서 다양한 정보를 수집하고 정리하여 발표하는 과정에서 GMO 자체를 반대하는 것은 아니지만 개선해야 할 부분이 많으며 건강을 위해서 엄격한 법규가 적용되어야 한다고 주장하여 많은 사람들에게서 공감을 받음.

▶ 수업 집중도가 높은 학생으로 생각되며 독립된 개념들을 유기적으로 연결하여 이해하려는 모습을 통해 학업역량을

확인할 수 있음. 또한 다양한 예시를 준비하고 다른 사람의 눈높이를 고려한 발표준비를 통해 소통능력과 성실성을 볼 수 있음. 평소 관심을 가지고 있던 분야에 대한 언급과 연구활동으로 학생의 전공적합성, 학업역량을 알 수 있음.

 물리Ⅰ 운동과 에너지 단원에서는 관성 좌표계와 가속 좌표계에 대해 매우 흥미를 느끼며 교과서 밖의 내용까지 찾아보며 공부하여 다른 학생보다 뛰어난 성취도를 보임. 전류와 자기장단원의 RLC회로에서 처음에는 어려워하는 모습이 보였지만, 선택형 방과후학습을 통해 다시 한 번 원리를 더욱 상세히 공부함으로써 자신의 부족함을 채움은 물론이고 어려워하는 친구들을 위해 일일교사로 나서는 모습도 보임. 평소 끊임없이 탐구하고자 하는 열정으로 주제를 선정하고 탐구하면 깊은 단계까지 나아가는 모습을 보이던 학생은 프로젝트로 전기 쌍극자의 변화로 인한 압전효과를 이용한 '압전소자를 이용한 자가발전 키보드'를 주제로 한 연구 발명활동에 주도적으로 참여하였음. 연구활동을 진행하면서 많은 문제점들에 부딪혔지만 인터넷 강의를 통해 심화학습과정을 거치는 등 많은 노력을 기울이며 심도 있는 물리에 대한 관심과 노력을 보임.

 통합 과학 밀도, 소화, 혈액 등 과학 주제 전반에 대해 호기심이 많으며, 과학적 의사소통능력이 우수해 자신이 이해한 내용을 다른 사람들이 알아듣기 쉽게 설명함. 생활 속에서 다른 물질 위에 뜨거나 가라앉는 성질을 이용한 예로 헬륨이 든 풍선은 뜨고 입으로 분 풍선은 가라앉는 현상을 찾아 밀도의 개념을 이용해 설명하였고, 혈액의 구성과 하는 일에 대해 적혈구는 어머니, 백혈구는 아버지로 비유한 독창적인 과학시를 작성함. 사람의 소화 과정 UCC 만들기 활동에서는 종이를 잘게 찢는 과정으로 소화과정을 비유하는 아이디어를 제시하는 등 창의력이 돋보이고 과학적 개념을 다른 분야에 융합하는 능력이 뛰어남.

 지구과학Ⅰ 수업시간에 미래의 친환경 에너지에 대해 배운 후 공장에서 사용되고 있는 친환경 에너지를 조사해보면서 현재 다양한 분야에서 재생 가능하고 환경오염을 일으키지 않는 에너지원을 사용하는 방법으로 공장의 시스템을 바꾸어가고 있다는 사실을 알게 됨. 이를 바탕으로 지속가능한 발전을 통해 후세에게 깨끗한 환경을 물려줄 것이라는 윤리적 사고를 발전시킴. 수업시간에 지구의 환경오염에 대해 배운 후 우리나라의 환경오염의 정도가 생각보다 더 심각하다는 사실을 인지함. 특히 공장에서의 산업 폐수가 DO를 감소시켜 우리나라의 수질을 악화시킨다는 것을 알게 되어 환경에 영향을 덜 미치도록 공장 운영 시스템을 바꾸는 분야에 더욱 관심을 갖게 됨. 이를 바탕으로 우리나라의 섬유 원료 폐수 문제를 탐구하던 중 초임계 상태의 이산화탄소를 이용한 염료 용해 방법이 있다는 사실을 알게 되어 장래 친환경 분야의 산업 공정 관리 분야를 공부해야겠다고 다짐함.

 화학Ⅰ 탄소화합물을 공부할 때, 벤젠에 대한 심화 학습에 몰두하는 모습을 보임. 자신이 학습한 내용을 수업시간에 친구들 앞에서 발표하여 친구들이 잘 이해할 수 있도록 도움과 동시에 자신의 생각을 정리하고 개념을 완벽히 다짐. 벤젠이 독성이 큰 발암 물질이지만 공장에서 계속해서 사용되고 있다는 사실을 알게 되어 훗날 사람들에게 피해를 주는 생산 과정을 개선하겠다고 다짐하게 됨. 벤젠의 대체물인 쿠멘의 발견과 같이 더 안전하고 효율적인 방법의 개발로 대한민국 산업의 발전에 기여하는 사람이 되기로 마음먹음.

 화학Ⅰ 전반적으로 과학과목에 대해 호기심이 많지만 특별히 화학과목에 대한 지적 호기심이 강한 학생으로 교과서공부 뿐만 아니라 인터넷 강의, 전공서적 공부 등을 통해 깊이 있으며 확실한 공부를 해나가는 모습을 보임. 탄소화합물 단원에서 탄소와 수소의 실제 결합각이 예측 값과 다르게 나오는 이유를 묻는 질문에서 심화화학과정인 혼성오비탈의 개념을 도입하여 설명하는 학생의 답변을 통해 학생의 높은 수준의 화학 성취도를 알 수 있었음. 독학으로 물질의 상태변화와 에너지의 출입, 중화반응과 반응속도 등, 화학Ⅱ의 핵심이론을 유기적으로 이해하는 모습을 보임.

 생명과학Ⅱ 가습기 살균제 사건에 대한 이야기를 듣고, 가습기 살균제에 사용된 특정 성분에 대한 문제의 심각성을 깨닫고, 교과시간에 배운 알코올 발효를 기반으로 하여 '발효를 이용한 오미자 항균제 제조'라는 주제로 과제 연구를 함. 사례연구를 바탕으로, 발효를 이용해 오미자의 살균효과를 증대 시킬 수 있을 것이라는 결론을 찾아냄. 특히, 오미자와 오미자 발효액의 성능 검증실험 중 통제변인과 조작변인을 스스로 설정하고 이에 따른 대조시험을 설계해 직접 수행하고, 그 결과를 실생활에 직접 적용해 보며 자신이 제작한 제품의 실현가능성도 따져봄. 능숙한 실험도구 사용과 생명과학의 깊은 이해로 팀원들간의 원활한 의사소통이 이뤄질 수 있게 하였으며 연구 전 과정을 아우를 수 있는 보고서를 작성하는 등 과제 연구 활동을 수행하는 데 핵심적인 역할을 함.

학생 소통 기록 샘플 예체능 관련 교과

 음악 음악을 즐기고 항상 음악과 함께하는 생활을 하고 있으며, 피아노 연주가 수준급이고 음악 시간에 각종 악기 연주법을 빨리 익혀 감정을 살려 연주함. 교내 합창제(2020.10.15.)에서 지휘를 맡음.

▶ 음악 시간에 있었던 개별적 경험이 없어 아쉬운 서술임. 합창제에서 학생의 역할은 나타나지만 어떻게 그 역할을 수행했는가에 대한 이야기가 없어 학생을 객관적으로 평가하기가 힘듦.

 음악 평소 클래식음악 감상을 즐기며 피아노 연주하기를 좋아하던 학생은 음악에 대해 긍정적인 마음으로 수업에 열심히 임하는 모습을 보임. 친구들이 입시와 관계없는 과목이라며 수업을 등한시 할 때에도 음악이 우리에게 주는 장점을 설명하며 수업에 참여할 수 있도록 독려하는 등 훌륭한 인성을 갖춘 학생임. 수업시간에 교사가 다른 활동을 할 때 피아노 연주를 하는 등 교사의 수업에도 적극적으로 도움을 주는 학생임. 반별 합창제(2020.10.15.)에서 지휘를 맡아 짧은 시간에도 불구하고 중식시간과 석식시간을 활용하여 파트별 집중연습을 계획하고 실시하여 합창제에서 성공적으로 공연을 마침.

▶ 친구들이 음악 수업에 집중하지 않을 때 독려하는 모습과 수업시간에 교사를 도와 연주하는 모습들을 통해 도덕성, 성실성, 경험의 다양성, 자기주도성 등을 살펴볼 수 있음. 합창제에서 지휘를 맡아 쉬는 시간을 쪼개 연습시간을 정하고 연습을 이끌어나가는 모습을 통해 자기주도성과 성실성, 협업능력, 리더십 등을 확인할 수 있음.

 체육 체육시간에 항상 솔선수범하며 활동하는 학생으로 기본적인 운동능력이 뛰어나며 특히 구기종목에 대한 능력이 뛰어난 학생임. 농구경기에서 드리블 능력과 경기를 조율하는 능력이 탁월하여 각종 교내외 농구경기에서 가드로서 팀 승리의 견인차 역할을 수행한 학생임. 또한 농구를 좋아하지만 실력이 다소 부족한 학생들과도 함께 하면서 각종 기술을 가르쳐주기도 하고, 체육 시간에 각종 체육 교구를 준비하는 데도 적극적으로 임하는 등 타인을 배려하는 마음이 돋보임. 학생건강체력평가(PAPS) 1등급임.

체육 '우리나라 전통경기 알아보기' 활동에서 씨름의 유래와 정신을 정확하게 이해하고 변천과정을 체계적으로 정리하여 발표함. 씨름 경기의 방법 및 규칙에 대한 이해와 상대방의 힘을 역이용하는 능력을 함양함. 기본기와 안전수칙을 준수하기 위해 노력하고 씨름경기에 많은 흥미를 보이며 즐거운 수업 분위기를 조성함. 샅바 매는 방법을 완전히 숙지하여 동료들의 연습준비를 도맡아하는 등 수업이 원활하게 진행될 수 있도록 함. 디스크 골프의 퍼팅동작이 다른 기술에 비해 향상되는 속도가 느렸지만 능동적으로 연습에 참여하여 차근차근 기량을 향상해 가는 성실한 모습을 보임. 학생건강체력평가(PAPS) 1등급임.

 음악 한국전통음악을 배우는 시간에 특히 판소리와 관련된 주제에 깊은 관심을 보이며 판소리의 의미와 배경, 가치를 정확하게 이해하여 회의록을 작성함. 판소리 '춘향가'와 관련된 자료를 다양하게 준비하여 시대적 배경, 등장인물, 음악 이론, 관련 악기, 관련 직업, 음악계 소식, 판소리 관련 인터넷 사이트 등 짜임새 있는 내용으로 음악 신문을 제작함. 판소리의 특징을 시대적 상황이나 배경과 연관 지어 이해하기 쉽게 설명함. 일관된 한배, 분명한 발음, 아니리와 시김새를 풍부하게 살려서 '사랑가'를 자신 있게 노래하였으며, '사랑가' 장단과 가사에 어울리는 발림을 새롭게 생각해 내어 창의적으로 표현함으로써 동료들의 큰 호응을 얻음.

 음악과 생활 프로젝트 '아리랑 문화 상품 홍보'의 모둠장으로 플래시 몹 활동을 진행하였으며, 모둠원들과 공유한 아이디어로 발표 티셔츠를 제작하는 등 리더십을 발휘함. 국악 신문 제작에서 편집자 역할을 하여 신문 기획과 구성을 제시하였고, '정간보와 세종대왕의 애민정신'이라는 주제의 음악 칼럼을 집필함. 상호 평가를 할 때 다른 모둠의 평가에 댓글과 별점을 달아주며 성실히 평가에 임함. 창작 국악 만들기에서는 두께와 재질이 다양한 빈 통들로 타악기를 제작하고 개성 있는 공연을 선보여 높은 호응을 얻었으며, 합주에 어려움을 겪는 친구에게 아이디어를 제공하는 등 협업 과정에 적극적으로 참여함.

 미술 미술 수업 중에서 특히 미술사 수업에 깊은 관심을 보이던 학생으로 미술사 중에서도 유럽의 예술 양식에 대한 깊은 관심과 지식을 보임. 고딕 양식에 매력을 느끼고 역사적으로 변화되어 나가는 흐름을 살펴보면서 건축 및 실내외 디자인으로까지 관심의 영역을 넓혀나가는 모습을 보임. 관심을 확장하며 '디자인의 역사 – 20세기의 디자인 선구자들(페니 스파크 저)'이라는 책을 읽고 의문점을 물어보며 자신의 지식을 확장하는 모습을 보임. 조형 요소 중에서도 형태, 입체에 대한 이해가 높고, 일상적 사물들을 조형적 측면에서 바라볼 줄 아는 안목을 갖추고 있음.

 미술 '개성 있는 가면 제작' 활동에서 조용히 수업에 참여하던 모습과 달리 적극적인 자신의 내면에 대한 활동지를 작성하고 영화 속 주인공을 인용하여 구상 스케치함. 재활용품을 활용하여 개성 있게 표현하였으며 성실한 태도로 수업에 참여하고 주변 정리가 깔끔하며 자기주도적 문제해결 능력이 돋보임. 시각문화 환경에 대한 비판적인 시각으로 인간과 환경이 조화를 이루며 쾌적한 공간을 조성하는 방안에 대하여 스톡홀름 지하철과 사과로 유명한 도시의 버스 정류장을 예로 들어 구체적으로 논술함. 조형 요소를 활용한 풍경 표현에서 하늘을 향해 펼친 나뭇가지를 지우거나 덧그리며 선과 면이 반복되는 그림을 구성하고 평면의 느낌을 살려 색종이로 오린 후 종이컵에 부착하여 입체 조형물로 완성함.

생활과 윤리 시간에 배운 사회 윤리와 이미 알고 있던 개인 윤리가 불일치하여 발생하는 일이 많다는 니부어의 주장에 공감을 하며 우리 주변에 그러한 문제는 어떠한 것이 있는지 탐색하는 시간을 가짐. 주변에서 쉽게 볼 수 있는 주제인 '어린이 대상 범죄 현황과 실태 및 해결방안'이라는 주제로 학교내에서 정규 수업이 끝난 후 자발적으로 친구들과 모여 탐구활동을 진행함. 어린이 범죄가 지역별 경제규모가 낮을수록 범죄율이 높다는 사회적 통념의 진위 여부를 지역별 경제규모와 범죄율을 확률과 통계 수업에서 배운 내용을 적용하여 통계 처리하여 실증적으로 따지고 사회적 편견과 통념의 원인을 전문가 인터뷰를 통해 경제 규모와 어린이 대상 범죄율의 시간대와 상황의 특징에서 분석함으로써 이를 극복할 수 있는 해결 대안으로 좁은 골목이나 어두운 길, 주변사람들이 없는 상황이라는 것을 발견하고 해결 방안을 모색함. 교과를 융합하여 본인이 궁금증을 가지는 부분에 대해 탐구하고 보고서를 작성하는 모습을 통해 학생의 자기주도적 학업능력을 확인할 수 있는 계기가 됨.

봄철 미세먼지로 호흡기 질환 환자가 늘어나고 점점 대기의 질이 좋아지지 않는다는 뉴스를 보면서 원인과 해결책에 대해 고민하던 학생은 여러 가지 자료를 참고하며 공부하여 '대한민국의 미세먼지 제로 도시로 가는 길'이라는 주제로 보고서를 작성함. 자연 친화적인 외국의 사례와 우리나라의 미세먼지 체제의 실태를 분석하고, 특히 미세먼지를 줄이는 방법으로 화석 에너지의 대체 에너지를 태양열 에너지와 자가 발전 전기 에너지의 사용 활성화를 주장함. 이를 위해 태양광 자기 발전기가 학교 내에 설치된 것의 운영 효율을 조사하고, 관련 실제 활용을 높이는 방안에 대해 인근 대학 에너지 학과 교수님을 찾아가서 인터뷰하는 등 능동적이고 실제적으로 접근함으로써 기존 화석에너지 줄이기 정책을 더 활성화하는 것이 미세먼지 줄이는 것에 영향을 미친다고 분석함. 자신의 궁금증을 스스로 해결하기 위해 다양한 방법으로 탐구하고 그 결과를 발전시켜 사회적 가치를 실현하려는 주제 의식이 돋보임.

10 | 삶의 멘토 : **독서활동**

'12.5권' 2019년 기준 대한민국 고등학생들의 평균 독서량입니다. 한 달에 1권 정도 책을 읽고 있으니 적다고 할 수는 없는 양입니다. 하지만 얼마나 많은 학생들이 독서의 유익을 알고 책을 읽고 있을까요? 독서는 삶을 변화시키는 힘이 있습니다. 소크라테스는 "남의 책을 읽는 것에 시간을 보내라. 남이 고생한 것에 의해서 자신을 쉽게 개선할 수 있다."라며 독서가 삶을 변화시키는 유익이 있다고 강조했습니다. 독서는 학종에서도 중요한 요소입니다. 학생부 기록이 잘된 학생들을 보면 독서를 학교활동을 심화시키는데 많이 활용하고 있습니다. 독서를 통해 심화탐구 아이디어를 얻기도 하고, 활동 과정에서 지식을 심화, 확장 시키는데 활용하기도 합니다. 어떤 학생들은 자신의 독서를 통해 자신의 진로를 구체화시키기도 합니다. 독서를 잘 활용하여 학생부의 수준이 높아지도록 노력해보세요.

❼ 독서활동상황

학년	과목 또는 영역	독서활동상황
	• 공통 : 500자	(1학기)
	• 과목별 : 250자	(2학기)

☑ 평가 항목

학교생활기록부영역	평가 요소			
	학업역량	전공적합성	인성	발전가능성
독서활동상황		●		●

▶ 책의 제목과 저자만 기록

▶ 학습 태도 및 성실성, 학업 충실도, 전공 적합성 등 종합평가

▶ 독서활동 평가는 학생의 지적 능력이나 독서 활동의 지속성, 사회적 현상 혹은 자연적 현상의 다양한 관심도를 평가하는 중요한 항목 중의 하나임

▶ 자발성에 의해 독서 활동을 해왔는지 등 학생의 자발적인 학습 능력을 평가하는 주요한 항목으로 학생부종합전형에 자주 활용되는 자료 중의 하나임

❶ 입학사정관 평가 지표

▶ 대입전형에서 면접시험 자료나 사정 자료로 대부분 활용함

▶ 인문, 사회, 과학, 체육·예술 분야의 분포에서 진로 및 모집단위 관련성을 가지고 기록하는 것이 바람직하지만 다양한 정보를 편식하지 않게 읽었는가도 평가 대상임

▶ 권장도서나 대학 필독서보다 지원학과와 관련된 분야의 도서를 중심으로 평가함

▶ 전공 적합도 및 가치관, 인성을 판단하는 기준이며 자기소개서나 면접평가 시 활용함

❷ 면접 시 확인하는 부분

▶ 다른 항목에 독서와 관련된 연계 내용이 있다면 확인하고 평가함

▶ 선정한 책의 내용을 단순히 요약하거나 감상을 말하는 것보다 왜 그 책을 읽게 되었으며 그 책은 어떠한 이유에서 자신에게 큰 영향을 주었는지 간단히 씀. 이는 독서활동의 배경과 그로 인한 개인의 변화 과정과 결과를 대학에서 보고 평가함

▶ 책의 내용과 감상을 통해 변화받은 내용, 책을 통해 깨달은 삶의 본질이나 가치관을 평가함

▶ 읽은 책이 전공을 이해하는데 도움을 주거나 전공 관련 학습에 적용 가능한 경우 전공적합성에 대해 높게 평가함

▶ 학생 스스로 생겨난 지적 호기심을 독서로 충족시켰는가를 평가함

▶ 심도 깊은 책으로 사고의 깊이와 지식을 확장시키려고 노력했는가를 평가함

▶ 전공서적은 한 권이라도 기록했는가를 평가함

▶ 인문계열 학생이 자연계열의 도서를, 자연계열 학생이 예체능 관련 도서를 다양하게 읽었는가를 평가함

☑ 나를 브랜딩하라!

❶ 학생부 기본사항

▶ 책의 제목과 저자만 기록

▶ 독서기록장, 독서 포트폴리오 등의 증빙자료는 학생 개인이 보관함

▶ 독서가 끝나면 흥미 있는 분야, 관심도, 도서명, 저자, 도서 내용, 이해 수준, 독서 후 행동 변화나 활동, 진로와의 연계성, 토론 및 발표 결과 등을 종합 서술형으로 정리하여 입력함

▶ 독서활동은 교과목별로 해당교과 담당교사와 소통이 필요함

▶ 특정 교과에 해당하지 않는 도서의 독후활동은 학급담임교사와 소통을 통해 기록함

▶ 독서 기록 가능 글자 수는 학기별로 구분함. 예를 들어 1학년 독서활동상황의 공통은 1학기 500자, 2학기 500자로 합계 1,000자 기록이 가능함

▶ 필독서보다는 개인이 목록을 선택해서 자기소개서, 면접에서 질문을 끌어내는 것이 좋음

❷ 학생부 특기사항

▶ 기존 독서활동상황은 책을 읽게 된 동기와 책을 읽고 난 후 느낀 점, 변화, 연관된 활동들을 종합적으로 기록하는 항목이었음. 하지만 현재는 책의 제목과 저자만 기록하는 상태임. 특기사항은 독서활동상황이 아닌 진로활동, 동아리활동, 교과 세부능력 및 특기사항에 맞게 나눠서 세부적으로 적극적으로 기록하는 것이 필요함

▶ 3학년 1학기 독서활동에는 본인의 관심 영역과 관련된 독서활동이 제시되면 좋음

▶ 학년별로 점점 심화되는 발전적 독서가 필요함

▶ 교양(타 계열) 관련 독서도 보지만, 진로, 전공 적합도는 상위권 학교일수록 반영이 높음

▶ 학생들은 자신들의 희망대로 4~6명의로 구성된 자율동아리로 독서토론동아리를 조직하고 지도교사를 선정하여 활동에 대한 멘토링을 부탁함. 각 학기 말에 독서토론대회나 독서 관련 프로그램에 참가하고 발표함으로써 활동을 드러내는 것이 필요함

▶ 자율활동 중 창의적주제활동의 특색활동으로 독서 활동을 준비하여 학년 차원에서 독서 시간을 마련하고 독후 발표, 독서세미나, 소집단 독서토론 등을 실시한다면 적극적으로 참여해 학교생활기록부 기록이 풍부해지는 방법임

☑ 다른 영역에 기록할 특기사항 기록 방법

❶ 동기 부분 쓰기 노하우

▶ 책을 읽게 된 동기나 책을 처음 대했을 때의 느낌을 씀

예) 평소 경찰을 동경했던 나는 경찰에 대한 꿈을 이루기 위하여 관련 도서를 열심히 찾아 읽었는데 'FBI 행동의 심리학(조 내버로)'도 그중의 하나였음.

예) 기계공학 중에서 항공기계공학에 대하여 관심이 많았던 나는 항공기계공학에 대한 기초적 지식과 간접적인 경험을 하고 싶어 '하늘에 도전함(장조원)'을 찾아 읽게 됨.

▶ 자신의 생활 경험을 씀

예) 시험 성적이 좋지 않아서 큰 충격을 받음. 그래서 공부를 잘하는 친구에게 고민을 이야기하자 친구는 웃으며 '마시멜로 이야기'를 읽어보라고 권하였음.

❷ 독서를 통해 알게 된 사실과 나의 생각

▶ 작품의 내용과 자신의 경험을 비교해 보며 씀

예) 조나단이 찰리에게 혀를 차며 "자네 또 마시멜로를 먹고 있구먼!"이라 말하는 것이 지금 아무것도 하지 않고 빈둥거리고 있는 나에게 이야기하고 있는 것 같아서 너무 부끄러웠음.

▶ 작품 속에 등장하는 사회를 현재의 사회와 비교함

현실의 문제를 이야기하는 인문도서는 물론이고, 문학 또한 현실의 거울과 같은 역할을 하므로 현실의 모습을 찾아볼 수 있음. 그렇기 때문에 책 속에 그려져 있는 사회를 관찰하고 현실과 비교함

예) 많은 신하의 모함과 무능한 임금의 질투로 인하여 전투에서 이기고도 투옥된 이순신 장군을 보며 기득권을 가지고 있는 세력들이 자신의 안위를 지키기 위하여 수없이 많은 인재를 꺾어내고 있는 우리의 현실과 너무나 닮아 있다고 생각하였음.

▶ 등장인물의 행동에 대한 자신의 판단을 씀

등장인물의 행동이 모두 옳은 것은 아님. 시대에 따라 가치관이 변할 수 있으며, 자신의 가치관에 따라 주인공에 대한 판단이 달라질 수도 있기 때문임

예) 흥부가 착한 심성을 가지고 착하게 산 것은 칭찬받을 수 있지만, 흥부가 어려움을 겪는 과정 속에서 개선의 노력이 보이지 않고 심지어 무기력하게까지 보이는 태도는 비판받아 마땅하다고 생각함.

❸ 독서 후 깨달은 점, 성장한 점

▶ 책을 읽은 후의 느낌이나 깨달은 점들을 정리함

느낀 점을 쓸 때는 구체적으로 무엇을 알게 되었는지, 그것을 통해 어떤 점을 향상할 수 있었는지를 서술함 (진로희망이 명확해짐, 진로 목표 성취를 위해 보완해야 할 점을 깨달음, 내가 전공 분야에서 해야 할 역할에 대한 고민, 책의 내용을 통해 나의 가치관이나 세계관을 정립함, 전공에 대한 OO 능력이 향상됨 등).

예) 이 책을 읽고 나니 학교에서 배운 우주 비행 속도와 탈출 속도에 대한 개념이 명확하게 잡혔지만, 그 뒤에 나오는 여러 전문적이고 세부적인 항공과학에 대한 내용은 이해가 되지 않았음. 이를 통해 지식적 측면에서 아직 상당히 부족한 것을 깨닫고 이를 이해하기 위해 더욱 많은 관련 분야의 독서를 해야겠다고 결심함.

예) 내가 가장 사랑해야 할 것은 결국 가장 좋은 것과 가장 훌륭한 것이 아니라 내 주위의 조그만 일들도 항상 감사하게 느낄 수 있는 마음가짐이라는 것을 깨달았음.

▶ 앞으로 개선해야 할 점이나 결심 등을 적음

예) 항상 '마시멜로'를 받는 즉시 먹었던 것에 대한 나 자신을 반성하며 앞으로 주어진 '마시멜로'를 참고 견디어 더 많은 '마시멜로'를 만들 수 있는 사람이 되어야겠다고 다짐함.

☑ 기록 사례

독서활동 소통지

학생명	1학년 11반 11번 이름 : 김소통	기간	2020.03.04. ~ 2020.03.29.
도서명/저자	국가대표 공학도에게 진로를 묻다 / 김경환	관련 영역	진로
주제명	기계공학이란 무엇인가?		
활동 계기 및 준비 과정	평소 공학 쪽으로 진로를 결정하고 어느 분야로 갈지 구체적인 동기가 없어 기계공학이라는 폭넓은 학과를 진학희망으로 선택하였는데, 그 분야에 대해 더 자세히 알아보고 필요한 부분은 미리 준비하는 것이 좋을 것 같아 책을 읽음.		
독서 내용	기계공학이란 역학을 기초로 하는 모든 것을 연구하는 학문으로 인간을 위해 움직이는 장치에 대한 전반적인 내용을 다룸. 기초 과목으로 가장 중요한 물리와 수학을 다루며 4대 역학을 배움. 기계 제도와 가공 실습, 시스템 제어이론과 CAD 등을 배움. 기계공학의 주요 연구 분야는 유한 요소 설계분석으로 간단히 해석하기 힘든 물체를 컴퓨터의 도움을 받아 수천 개의 조각으로 나눠서 해석하는 방법임. 또한 로봇과 소음 제거, 음향과 같은 다양한 분야에서 쓰이게 됨. 기계공학은 여러 공학 중에서도 꼭 필요한 분야로 자동차, 중공업, 항공우주, 조선, 반도체, 가전제품, 건설 및 토목 등의 분야에서 널리 쓰이고 있음.		
느낀 점	책을 읽는 도중 물리학과와 기계공학과의 차이에 대한 설명이 있었음. 기계공학 분야 중에서 의료나 항공 기계 부품을 직접 제작하여 소비자들과 소통을 하며 제품을 판매하는 것을 생각했었는데 기계공학이 물리학과는 다르게 역학을 바탕으로 인간에게 더 실용적인 문제를 해결하는 데 집중한다고 해서 나에게 적합한 학문이라는 것을 알게 됨.		
추후 심화 활동	기계공학에 있어서 재료에 대한 이해가 높아야 하는데 금속이라는 것이 예전부터 발전해 오늘날까지도 영향을 미치고 있음. 이러한 기초적인 금속 공학의 발전을 알고 있으면 좋겠다는 생각이 들어 '전통 속의 첨단 공학 기술'이라는 책의 금속공학 파트를 읽어보면서 현재에도 쓰이는 예전의 기술과 금속공학기술이 쓰인 갑옷과 신종에 관해 좀 더 자세히 알게 됨.		
학생부 브랜딩	평소 기계공학을 전공하고자 생각하고 있었지만 본인이 기계공학의 어떠한 분야를 전공하고 싶은지 알지 못해 자신의 진로를 더욱 확실히 결정하기 위해 '국가대표 공학도에게 진로를 묻다'라는 책을 읽고 기계공학과 물리학의 차이를 정확하게 이해하고 자신의 성향에 기계공학이 더욱 적합하다는 것을 알게 됨. 또한 기계공학이 역학을 기초로 하는 모든 것을 연구하는 학문으로 인간을 위해 움직이는 장치에 대한 전반적인 내용을 다루는 학문임을 이해하고 수학과 물리학을 기반으로 하는 학문임을 알게 됨. 본인이 희망하는 진로로 진학하기 위해 수학과 물리수업에 더욱 집중하며 높은 성취도를 얻기 위해 노력하는 모습이 보임.		

개별 기록

과목	역사	도서명(저자)	백범일지(김구)	독서 날짜	2020.07.08

읽게 된 계기	한국사시간에 근현대사를 배우면서 우리나라 근현대사에 대해 내가 알지 못하는 부분이 많다는 것을 깨달았음. 특히 집에서 우연히 본 '대장 김창수'라는 영화에서 끝날 때 쯤 그가 김구라는 사실을 알고 많이 놀랐음. 이러한 이유로 김구에 대해 더 자세히 알아보고 싶다는 생각이 들어 읽게 됨.
내용 (줄거리)	김구는 상놈의 자식으로 태어나 주어진 신분을 답습하지 않고 국문을 깨우치는 등 배움에 대한 열망이 깊었음. 그는 어려서부터 세상의 불합리한 모순을 깨닫고 동학의 접주가 되어 나라를 위해 일어섰으며 때로는 스님, 기독교 신자, 교사 등 다양한 이력을 소유하게 됨. 일제치하에서는 상해로 건너가 대한민국 임시정부의 주석으로 이봉창, 윤봉길 의사 등의 폭탄 투척 사건 등을 일으키고 독립군을 결성하여 조국 광복을 위해 헌신함. 반외세 완전 독립을 주장하던 김구는 그토록 고대하던 광복된 조국에서 안두희의 저격으로 세상을 떠남.
느끼고 배운 점	교과서에서 배운 백범 김구 선생님께서 살아오신 시대적 상황과 격변의 시기에 임시정부를 수립하여 대한민국의 독립을 위해 헌신해 오셨던 모습을 통하여 개인의 안위보다 중요한 것은 국가이며 그와 같은 역사관이 대한민국의 오늘을 있게 한 원동력이고 미래 세대의 애국심을 고취하는 데 매우 중요한 역할을 한다는 사실을 깨닫게 됨.
후속활동	김구를 살해한 안두희란 인물에 대해 궁금증을 가져 여러 가지 자료를 찾아 그가 왜 김구를 암살했는지에 대해 알아보는 활동을 함.

통합 기록

과목	역사	관심 주제	조선시대 건축물의 기능과 특징	독서 날짜	2020.08.08

읽게 된 계기	수학시간에 배운 사이클로이드 곡선이 우리 전통건축물에도 나타난다는 이야기를 듣고 신기하게 생각하여 우리나라 전통 건축물은 어떠한 원리로 지어졌으며 어떠한 특징이 있는지 궁금증을 가지게 되어 몇 권의 책을 읽게 됨.
내용 (줄거리)	·무량수전 배흘림기둥에 기대서서(최순우) : 부석사, 무량수전, 불상, 금속공예, 백자, 회화에 이르기까지 우리 문화유산 대표작을 해설한 내용으로 한국의 미를 느낌. ·조선시대 건축의 이해(김동욱) : 조선시대 건축의 특성에 대한 내용으로 주택, 도시와 성곽, 제사 시설, 궁궐, 서원, 사찰 등의 배경과 구조적 특징에 대한 내용을 이해할 수 있었음. ·쏭내관의 재미있는 궁궐 기행(송용진) : 경복궁, 창덕궁, 경희궁 등 각 궁전의 구조와 특징을 알기 쉽게 이해할 수 있었으며 그 안에 담긴 다양한 구조물의 특징도 파악할 수 있었음.
느끼고 배운 점	우리나라 전통건축물은 아주 과학적으로 설계되고 지어졌다는 것을 알게 됨. 또한 조선시대에도 생각보다 다양한 건축물과 건축양식이 존재한다는 것을 알게 되었으며, 아무리 부자라 할지라도 집의 크기가 99간을 넘지 못하게 한 것이 궁궐보다는 작은 집을 지어야한다는 이유에서 시작되었다는 재미있는 사실도 알게 됨.
후속활동	조선시대에 사용된 건축물을 짓는 기술 중 현재 사회에 접목할 수 있는 기술은 없을까 고민하던 결과, 현재에도 황토집이나 통나무집 등이 지어지고 있으며 이것이 친환경 주택의 대표적인 모델임을 알게 되어 그러한 분야로 더욱 연구하고자 하는 마음을 가짐.

☑ 브랜드 드러내기

동아시아사

> (1학기)동아시아사: '세계를 고객으로 상품에 세상의 가치를 부여하는 마케팅 전문가'를 꿈꾸는 학생으로 유라시아에 걸쳐 대제국을 건설한 칭기즈칸의 경영방식에 대한 호기심을 가지고 발표를 준비함. 'CEO칭기스칸(김종래)'를 읽고 칭기즈칸이 천호제, 역참제, 단일화폐(교초) 등을 활용하여 거대한 제국을 효율적으로 경영한 점이 인상깊었다고 발표함. 당시 세계를 무대로 교역한 상인들의 활동과 상품 판매에 대해 관심이 생겨 조사해보고 싶다고 발표함.
>
> (2학기)동아시아사: '과거 동아시아 국가의 마케팅 전략'에 관심을 갖고 자료를 조사해 발표함. 원의 '역참'과 조선의 '임상옥'을 통해 입소문 마케팅과 헝거 마케팅에 대해 흥미 있게 설명함. 특히 원 상인들이 당시로서는 획기적 기술인 역참의 통신을 마케팅에 적극 활용하는 것을 보며 감명을 받음. 미래기술의 변화를 조사하며 원 상인처럼 새로운 기술을 적극 수용하여 '세계를 고객으로 차별없는 콘텐츠 마케팅을 통해 상품의 가치를 극대화하는 문화 마케터'의 사명을 이루고 싶다고 함.

▶ 수행평가에서 다룬 책을 통해 지원전공과 연계된 내용을 뽑아서 심화탐구 활동을 진행한 사례이다. CEO칭기스칸(김종래)을 통해 자신의 지원전공과의 연계성을 찾아 심화탐구로 연결시켰다. 1학기 때 독서를 통해 얻은 아이디어를 2학기 내용과 연계하여 심화탐구를 진행하였다. 심화탐구를 통해 진로 철학이 좀 더 분명해진 것을 확인할 수 있다.

☑ 학기말 소통 기록 샘플
▶ 독서활동에는 책의 제목과 저자만 입력
▶ 동기, 느끼고 배운 점과 후속 활동은 동아리, 진로, 교과 세부 특기에 맞게 반영 기록함
▶ 2019학년도까지는 독서활동란에 들어간 내용을 다른 항목에 중복하여 입력할 수 없다고 하는 학교들이 있었지만 2020학년도부터는 독서활동상황란에 중복 입력되는 것을 제외하고 독서를 통해 배우고 느끼고 변화된 점 등에 대해서 다른 항목에 적을 수 있도록 규정을 마련함.

학기말 소통 기록 샘플

 세계사 수업시간에 도래인에 대해서 배우고 그 사람들에 대해 관심을 가지던 중 '나의 문화유산 답사기-일본편(유홍준)'을 읽고 한반도의 도래인이 일본에 끼친 영향력을 구체적인 문화유산을 통해 실감하는 기회를 가지게 됨. 또한 한일 양국의 비뚤어진 고대사 인식에서 벗어나 서로를 인정하며 소통하는 자세가 필요함을 느낌. **세계사 관련 독서 - 세계사 과세특에 입력**

 사회문화 평소 다양한 사회적 이슈와 문제점에 대해 관심을 가지고 있던 학생은 사형제도에 관련된 토론에 참여하기 위해 사형수를 다른 책인 '우리들의 행복한 시간(공지영)'을 읽고 사형제도에 대해 깊이 고민하는 기회를 가짐. 다양한 논문이나 텔레비전 프로그램을 통해 자료를 조사하고 정리하여 토론에 참여함. 토론에서 반대쪽 입장에서 자신이 정리한 다양한 자료를 제시하며 상대방을 설득하는 모습이 인상적이였음.

윤리와 사상 평소 다양한 철학적 문제와 사상에 관심이 많던 학생은 수업시간 중 이황과 선조에 관련된 이야기를 듣고 '성학십도(이황)'을 읽음. 책을 읽은 후 평소 난해했던 성리학의 개념을 쉽게 이해하게 되었으며 교과 내용에서 상대적으로 강조되지 않았던 이황의 '경'사상을 파악하고 그 의미를 새롭게 고찰하는 계기가 됨. 또한 성학십도를 통해 어린 왕을 위해 그림으로 쉽게 성리학을 설명하는 상소문을 작성한 이황의 배려심과 충성심에 대해 다시 한 번 생각해보는 계기를 가짐.
윤리와 사상 관련 독서 - 윤리와 사상 과세특에 입력

 생명과학 Ⅰ 유전자에 대해 공부하던 중 교사가 이야기한 황우석박사의 줄기세표관련 사건에 대해 듣게 된 후 과학적 조작의 사례들을 더 알고 싶어 '배드 사이언스(벤 골드에이커)'를 읽고 책을 다 읽은 후에도 저자의 말이 머릿속에 계속 맴돌 정도로 감동을 받음. 전문용어와 생소한 개념들이 많았지만 과학에 무지한 사람들을 속이는 수많은 방법들과 사람이 개입해 객관적인 결과일지라도 얼마든지 주관적으로 바뀔 수 있다는 것을 알게 됨. 이를 통해 편향되지 않고 인문학적 소양과 과학적 지식을 두루 갖춘 사람이 되어야겠다고 다짐함.

 진로활동 자신의 꿈 찾기 프로젝트의 일환으로 꿈에 대한 다양한 도서를 읽음. 중학교 때 읽었던 '갈매기의 꿈(리처드 바크)'와 '영혼을 위한 닭고기 스프1, 2(잭 캔필드, 마크 빅터 한센)'를 읽고 자신의 꿈에 대해 다시 한 번 생각해보는 계기를 가짐. 특 히 갈매기의 꿈을 통해 삶의 목표는 단기적인 것이 아니라 장기적인 것이며, 노력해야 꿈을 이룰 수 있으며, 이루지 못하더라도 노력하는 사람이 아름답다는 생각을 하며 자신도 자신의 꿈을 이루기 위해 열심히 생활하겠다고 다짐함. **진로활동 관련 독서 - 진로특기사항에 입력**

 국어 수업시간에 한국현대 문학을 배우며 한국 현대문학의 특징에 대해 궁금증을 가짐. 이러한 궁금증으로 인하여 한국 현대문학의 대표작품을 여러 권 읽음. '카인의 후예(황순원)'는 해방 직후 토지개혁으로 인해 발생한 갈등 상황을, '삼대(염상섭)'는 1930년대 중산층의 모습을, '태평천하(채만식)'는 윤직원 일가의 일그러진 행태를, '난쟁이가 쏘아 올린 작은 공(조세희)'은 산업화의 폐해를 다루었다는 사실을 알고 한국현대문학의 시대 고발성이 상당한 수준임을 파악함. 서양 현대문학에서는 이러한 작품으로 제2차세계대전 당시 독일의 시대상을 고발한 '양철북(귄터 그라스)'을 읽음. 위의 동서양 작품들이 당시 사람들에게 미친 영향을 생각해 보며 문학 작품의 파급력을 깨달음. **국어 관련 독서 - 국어과목 과세특에 입력**

11 | 나는 누구인가 : 종합의견

행동특성 및 종합의견을 한 마디로 말한다면 생기부 속의 교사 추천서라고 할 수 있습니다. 특히 2022학년도 대입부터는 교사추천서가 폐지된다고 하니 더욱 이 항목이 추천서로서의 가치를 가질 것입니다. 추천서에 들어가기에 적합한 내용은 무엇일까요? 가장 좋은 내용은 "학생 역량에 대한 객관적 평가" 입니다. 사정관들은 학생부를 통해 학생의 역량을 파악하려고 노력하기 때문입니다. 1년간 학생을 가까운 거리에서 지켜본 담임교사 입장에서 기록된 "학생 역량"은 다른 영역보다 더 신뢰감을 줍니다. 해당 역량이 다른 영역에서도 일관성 있게 기록 되어 있다면 학생 역량에 대한 신뢰감은 더욱 올라가게 될 것입니다. 학업역량, 전공역량, 인성역량, 발전가능성 등 모든 역량을 기록할 수 있습니다. 학생부에 학생의 브랜드를 명확히 하여 차별성을 띄도록 하기 위해 전공 관련 역량을 포함시켜 기록하면 좋습니다.

❽ 행동특성 및 종합의견

학년	행동 특성 및 종합의견
	500자

☑ 평가 항목

학교생활기록부영역	평가 요소			
	학업역량	전공적합성	인성	발전가능성
행동특성 및 종합의견	●	●	●	●

▶ 행동발달상황을 포함한 각 항목에 기록된 자료를 학생을 총체적으로 이해할 수 있도록 문장으로 입력하여 학생에 대한 일종의 추천서 또는 지도 자료가 되도록 작성함(담임교사의 평가이기에 교사추천서가 폐지된 시점에서 학생을 객관적으로 평가하는 아주 중요한 자료가 될 수 있음)

▶ 교사추천서 역할을 하기에 매우 중요. 자기소개서의 내용과 일치성을 참고함

▶ 학생부 요약서가 아닌 별도의 평가서로 씀

▶ 1, 2학년 기록 내용이 추천서의 중요 근거가 될 수 있도록 기록함

▶ 역경 극복 과정과 발전 정도, 역량 및 발전가능성 등을 평가함

▶ 인성, 잠재력, 인지적 정의적 특성, 자기주도적 학습 능력, 창의성, 예체능 활동 등 종합적 행동 특성 파악(담임교사의 종합적인 평가)

▶ 학업 관련 동아리 활동은 모집단위 관련 학업 능력이나 관심과 열정을 파악

▶ 학업과 관련성이 작은 동아리 활동은 모집단위 이외의 관심과 소양을 파악

▶ 슈퍼맨형 인재 묘사는 지양 : 근면, 성실, 우수, 모범, 궂은 일, 집중력, 주도성 등 요약서가 아니라 평가서로 학업 관련 소양과 생활 태도 등 평가

좋은 평가 사례 👍	• 창체, 진로, 종합 의견이 일관성 있게 기록된 경우
	• 구체적인 사실에 근거하여 학생의 장점과 긍정적 변화 가능성이 함께 기재된 경우
	• 특성을 항목별로 나누어 구체적으로 기록한 경우
좋지 않은 평가 사례 👎	• 전체 종합 의견 없이 항목별 특성만 나열하여 학생의 종합적 특성을 알기 어렵게 기록한 경우
	• 창체 내용을 단순 반복해 기재한 경우
	• 행동특성과 교과성적, 출결, 봉사가 불일치한 경우
	• 동일인에 대해 학년별 차이가 많은 경우 예시) 1학년 '조용하고 말이 없으나 자신이 맡은 일에 최선을 다하는 …', 　　　2학년 '성격이 활발하여 친구들이 많고 항상 밝은 모습을 보이며 …'
	• 구체적인 사례가 아닌 추상적 단어를 활용하여 기록한 경우 예시) '성실한 학생임, 착한 학생임'
	• 같은 내용을 다른 항목과 반복하여 기록한 경우(세특, 수상경력)

☑ 나를 브랜딩하라!

❶ 학생부 기본사항

▶ 학생부 모든 항목에 기록된 자료를 종합하여 자신을 총체적으로 이해할 수 있도록 문장으로 입력하여 자신에 대한 일종의 추천서 또는 설명 자료가 되도록 작성해서 소통 필요함

▶ 자신을 수시로 관찰하여 행동특성, 진로적성검사, 인성검사 등 각종 심리검사 결과, 창의적 체험활동 상황, 교과학습발달상황 등을 바탕으로 자신을 총체적으로 이해할 수 있도록 함

▶ 핵심인성요소: 도덕성, 성실성, 소통능력, 나눔과 배려, 협업 능력과 같은 것이 드러나도록 기록하는 것도 의미가 있음

▶ 행동특성 중 학교폭력과 관련된 사항이 있는 경우 이후 긍정적인 변화 모습을 보여서 성장하는 모습을 보이면 긍정적으로 평가됨.

▶ 평균 10줄로 잠재력, 인성, 인지적 특성, 자기주도적 학습능력, 창의성, 예체능활동, 특별활동, 체험활동, 독서활동, 동아리활동 등을 종합적이고 구체적으로 기록 필요

▶ 대교협* 자기소개서 항목별 핵심 내용

1번 문항 – 학습경험 및 교내활동 : 학업능력, 자기주도성, 탐구활동, 리더십, 프로그램 참여, 진로개발, 예체능 등

2번 문항 – 인성실천 : 예절, 효, 정직, 책임, 소통, 배려, 나눔, 협력, 타인존중, 갈등관리, 관계지향성, 규칙준수 등

---

* 대교협 : 대학교육협의회

❷ 학생부 특기사항

▶ 주로 학업관련 소양과 학생의 인성적인 부분이 약 5:5로서의 비율이 좋음

▶ 자율활동 및 세부능력 및 특기사항 등에서 미흡한 부분들을 여기 행동특성 및 종합의견란에 해당 학생의 성장 과정, 관심의 변화, 인성적 부분, 교육환경과 더불어 전공 적합성 및 학업 관련 부분들을 기재할 수 있음

▶ 학생부에 없는 내용 기술: 단 한 문장으로 학생을 간파할 수 있는 표현이 필요함

▶ 전공에 대한 열정, 타인에 대한 태도, 리더십, 학업 태도, 학급 활동에 대한 참여도, 발전가능성 등을 파악할 수 있는 것이 좋음

▶ 특기활동의 전공 관련성, 지속성, 자기 주도성, 수상 경력 이면의 내용이나 활동 성격, 준비 과정과 결과를 동아리활동, 자기주도적 학습과 연계하고 리더십 등을 기록함

▶ 장/단점을 사실에 근거하여 입력하되, 단점이나 개선이 요망되는 경우에는 변화 가능성을 함께 입력함

▶ 단점에 대한 기술은 입학사정관제 전형에서 부정적인 평가의 대상이라기보다는 학생 개인의 성향이나 인성을 이해하는 중요한 자료가 되므로 개인의 행동특성은 단순히 좋은 점만을 평가하기보다는 지원자의 성향을 이해하고 자신의 단점을 극복하기 위해 노력한 흔적이 있는 부분을 평가하는 것임. 따라서 단점이나 부족한 점을 지적하고 이를 극복하기 위해 노력한 구체적인 사례나 계기가 있으면 이를 서술하는 것이 중요함.(예-인성적으로 완벽한 사람은 아무도 없다. 추진력이 있고 성격이 급한 사람은 가끔 실수가 있고 상대방을 배려하는 인성이 부족함. 독립적이고 자기주관이 뚜렷한 사람은 팀워크나 의사소통에 문제를 가지고 있음 등을 기술하고 그를 극복하기 위한 학생의 노력을 기술함)

▶ 지원자의 입장에서 선생님이 기록한 자신의 행동특성에 대한 이해를 충분히 이해하고 이를 자기소개서에 기술하는 전략이 필요함

▶ 예체능활동은 학교교육활동을 통한 예술 및 체육활동을 종합적으로 입력함

▶ 특정 영역으로 분류하기 곤란한 학교교육과정 외 활동 중 특이할 만한 사항을 입력할 수 있음

▶ 2022학년도 대입부터는 교사추천서가 전면 폐지됨으로 2019학년도 고 1부터는 행동특성 및 종합의견이 추천서 역할을 할 것이므로 선생님과의 소통을 통해 자신의 브랜딩을 통해 강점이 잘 드러나도록 적힐 수 있도록 노력하는 것이 중요함

☑ 기록 사례

※ 학습경험

구분	날짜	활동 내용
학업능력	2020.04.08	교내에서 진행된 내 고장 역사 바로알기 활동에 참여하였고, 수업시간에 역사 관련 스무고 개 활동을 계획하여 실행하는 등 자신이 희망하는 진로와 관련된 활동에 적극적으로 참여함. ○○고 역사 골든벨 대회를 본인이 속한 동아리에서 기획하고 운영하였으며 그 과정에서 역사관련 문제 출제와 자료 담당을 맡아 자신의 역사에 대한 뛰어난 능력과 호기심을 보여줌. 또한 한국사와 영어, 중국어 등의 과목에서 뛰어난 학업 성취를 보임.

※ 교내활동

구분	날짜	활동 내용
리더십	2020.03.02 – 2020.08.20	1학기 학급반장으로 담임교사를 도와 급우들이 학업에 전념할 수 있도록 면학 분위기를 조성하고 학급 청소 당번을 자율적으로 구성하여 청결한 환경을 유지할 수 있도록 함은 물론이고 교내 체육대회 당시 출전 선수들을 격려하기 위하여 조직적으로 응원을 펼치는 등 리더로서의 책임감 있는 자세를 보임.

※ 인성실천

구분	날짜	활동 내용
나눔과 배려	2020.05.08	평소 일로 주말에도 쉬지 못하시는 부모님을 위해 집에서라도 쉬실 수 있도록 주말에 청소, 빨래 등 집안 일에 많은 시간을 투자하며 노력하는 어른을 생각하는 마음이 뛰어난 학생임. 학급투표를 통해 뽑은 효행대표로 선정됨.
	2020.06.08	체육시간 축구를 하는 도중 다른 사람과 부딪혀 코피를 흘리는 친구를 보고, 달려가 지혈을 한 뒤 보건실로 데리가는 등 자신의 주변에 어려움을 겪는 사람이 보이면 최선을 다해 도울 줄 아는 멋진 학생임.
소통능력	2020.09.02	학급회의 시간에 자신의 의견에 반대하는 의견을 제시하는 친구의 주장을 끝까지 듣고, 자신의 의견을 예시를 들어가며 반대하는 친구들이 이해할 수 있도록 쉽게 설명함.
협업능력	2020.10.21	수학이 부족한 친구에게 점심시간마다 질문을 받고 답변을 해 주는 멘토 활동을 함.
도덕성	2020.03.02 – 2020.12.31	단 한 번도 복장이나 두발 등 학교의 정해진 규칙을 위반하여 벌점을 받은 일이 없을 정도로 성실하게 생활함.
성실성	2020.03.02 – 2020.12.31	1인 1학급 역할에서 칠판 담당을 맡아 일년간 활동함. 매시간 수업이 시작되기 전에 먼저 수업 준비를 마치고 칠판을 정리하기 위해 최선을 다함.

☑ 브랜드 드러내기

추천서 성격으로 종합의견이 작성된 사례

> 계획을 세워 자습시간과 수업에 임하는 자기주도적 학습태도가 잘 갖추어져 학업성적이 전반적으로 우수함. 교과 수행평가도 눈에 띨 정도로 성실히 수행하고 꾸준하게 풍부한 독서활동으로 인해 글쓰기에 능통함. 사고가 논리적이고 이해심이 많아 여러 과목의 모둠별 학습에서 뛰어난 능력을 발휘함. 수업 시간에 집중력이 뛰어나고, 효율적인 시간관리를 위해 스스로 노력하고 있어 더 발전할 것이라 기대되는 모범적인 학생임.

▶ 추천서의 성격으로 종합의견을 작성한 사례이다. 추천서는 자기소개서를 보완하는 성격을 띠고 있다. 추천서는 자기소개서에서 학생 스스로 평가할 수 없는 학생의 장점을 추천인 입장에서 기록하여 학생을 좀 더 정확히 이해하는데 도움을 준다. 제시된 사례에서 '눈에 띨 정도로 성실함', '풍부한 독서, 글쓰기 능통함', '모둠학습에서 뛰어난 능력을 발휘함', '집중력이 뛰어나고, 효율적으로 시간관리함', '더 발전할 것 기대되는 모범학생임' 등은 학생 스스로가 내릴 수 없는 역량에 대한 평가이다. 이런 역량이 다른 영역에서도 일관성 있게 기록 되어 있다면 학생 역량에 대한 신뢰감은 더욱 올라가게 되어 평가에 긍정적인 영향을 주게 된다.

전공 역량 관련 기록

> 같은 꿈을 가진 친구들과 힘을 합쳐 경영에 관련된 독서를 하고, 경영·마케팅 관련 사례를 조사하고 토론하며, 자신의 꿈을 탐색하는 일을 게을리 하지 않음. 실제 자신이 하고 싶은 일에서 많이 하는 프레젠테이션의 능력을 기르기 위해 다 같이 자신의 관심분야를 탐구하고, 그에 맞게 프레젠테이션을 준비하여 발표함. 이러한 활동으로 의사소통 능력을 늘리고, 각종 경영시스템, 마케팅 원리 등을 탐구하여 관련 분야의 전문성을 높이는 적극성을 발휘함.

▶ 이 학생의 진로철학은 '현대인들이 자신의 삶을 즐기며 살아갈 수 있도록 여가문화를 바라보는 시선을 변화시키는 여가 전문 경영인' 이다. 진로특기사항에서 직업인 탐방을 통해 진로철학을 드러내고 종합의견에서 전공에 대한 열정과 전공에 필요한 역량인 의사소통 역량을 기른 내용을 기록했다.

☑ 학기말 소통 기록 샘플

	소통 기록 샘플
학업역량	• 역사 관련 동아리에서 회장으로 활동하면서 중국의 동북공정에 담긴 전략에 대한 연구 과제를 설정하여 이를 소논문으로 제작하여 교내 논문발표대회에서 우수한 성적을 거두었고 일반 학생들도 동북공정의 의미를 알기 쉽게 이해할 수 있도록 UCC를 제작하여 교내 방송을 통하여 소개함. • 다른 학생들에 비해 자신의 진로에 대해 명확한 생각을 가지고 있는 학생으로 그러한 진로를 이루기 위해 진로계획과 학습계획을 구체적으로 수립하고 실천해나가는 모습을 보임. 특히 학습플래너를 이용하여 매칠 체계적인 계획을 세우고 꾸준히 실천하며 노력하는 모습이 타인의 본이 되는 학생임. 논술실력 향상을 위해 학기 중 논술수업과 방학 중 교육청에서 실시하는 권역별 논술수업에 성실히 참가함. 사회 현상에 대한 높은 관심으로 책과 신문 기사를 찾아 읽고 대통령 선거 도우미로 참여하여 사회 문제를 체험함. • 학습플래너를 활용하여 일별, 주별, 월별 학습 계획을 수립하고 이를 바탕으로 하루도 빠짐없이 정해진 분량의 학습을 하고, 관련 문제를 푸는 등 학업역량 향상을 위해 구체적인 노력을 기울일 줄 아는 학생임. 이러한 구체적인 노력을 결과로 응용문제에 대한 적응력을 향상시키 고난이도 문항을 더욱 잘 풀어내는 모습을 보임. 지금도 뛰어난 학생이지만 미래에 더욱 발전할 가능성이 높은 학생임. • 계획을 세워 자습시간과 수업에 임하는 자기주도적 학습태도가 잘 갖추어져 학업성적이 전반적으로 우수함. 교과 수행평가도 눈에 띌 정도로 성실히 수행하고 꾸준하고 풍부한 독서활동으로 인해 글쓰기에 능통함. 사고가 논리적이고 이해심이 많아 여러 과목의 모둠별 학습에서 뛰어난 능력을 발휘함. 수업 시간에 집중력이 뛰어나고, 효율적인 시간 관리를 위해 스스로 노력하고 있어 더 발전할 것이라 기대되는 모범적인 학생임. • 사회문화 시간에 본인의 장점인 어학능력을 살려 외국인을 위한 한국어 수업을 주제로 한 한국어 발표에서 외국인들이 한국의 일상생활에서 꼭 필요 한국어를 Survival Korean이라는 상황극을 통해 쉽게 재미있게 전달하여 학생들의 큰 호응을 얻음.
전공적합성	• 독서활동에서 관심과 호기심을 자극하는 분야에 대해서는 집중적으로 몰입하여 관련 도서를 찾아 읽고, 자료를 탐색하는 등 지적 호기심과 문제 해결을 모색하는 활동을 즐겨함. 또한 새로운 분야에 적극적으로 도전하는 진취적인 성향과 자신의 관심 분야에 집중적으로 몰입하는 성격으로, 주어진 과제에 흥미를 보이고 어려운 문제를 해결하기 위해 다방면으로 해결 방법을 모색하는 창의적이고 열정적인 모습을 보임. • 평소 책읽기를 좋아하는 학생으로 학교에서도 쉬는시간과 점심시간에 학교 도서관을 들러 책을 빌리거나 읽으면서 자신이 관심을 가지는 분야에 대한 지식과 사고력의 폭을 넓힘. 여름방학 중 도서관에서 실시한 잘못 정리된 책들을 찾아 다시 정리하는 행사인 '올바른 도서관 만들기'에 참가하여 특히 과학수사 관련 책들의 잘 못 정리된 책들을 찾아 정리하는 모습을 보임. '한국의 CSI'를 읽고 대한민국 최고의 과학수사원을 꿈꾸는 학생으로 과학자 초청 강연회를 비롯한 과학 관련 분야의 행사에 열심히 참여하였으며 특히 실험탐구 방과후학교에서 스스로 실험 주제를 정하고 탐구하는 활동함. • 자신의 진로인 역사학자에 대한 정보를 상세히 알기 위하여 동아리원들과 함께 학교장의 허가를 받아 대학교 역사학과 교수님을 방문하여 역사학자가 되기 위한 과정을 알아봄.

발전가능성	• 학습에 관한한 철저한 계획을 세워 능동적으로 실천에 옮기는 자세를 갖고 있으며 학습을 하며 궁금한 사항은 항상 관련 교과의 선생님을 찾아 질문을 하고 선택적으로 진행되는 야간 자기주도적 학습에도 적극적으로 참여함. • 2학기 학급반장(2020.08.21.–2021.02.28.)으로 학급 면학 분위기 조성을 위해서 자기주도적 학습 시간 전에 친구들에게 학습동기를 불러 일으킬 수 있는 이야기들을 자주 하는 등 솔선수범하는 모습을 보임. 이러한 학생의 노력으로 학력 우수 학급으로 선정되었을 뿐만 아니라 각종 학급 활동에서도 솔선수범하는 학급으로 전교에 인정을 받음. • 평소 랩을 만들고, 부르는 것을 좋아하는 학생으로 다른 친구들에게 실력을 인정받는 학생임. 관련 학교 행사가 있을 때마다 참가하였으며 춤에도 능함. 학급의 체육부장으로서 체육시간 급우들을 잘 통솔하고 방과후 학교스포츠클럽활동에 적극적으로 참여함. 교내 체육대회에서 릴레이를 비롯한 여러 종목에 중복 출전하여 뛰어난 성적을 거두고 휴식시간에는 응원단장의 역할도 도맡아 하는 리더십을 보임.
인성	• 정규수업시간 시작 전에 배워야할 내용에 대한 예습은 물론이고 짧은 쉬는 시간을 할애하여 복습도 철저히 하여 수업에 임하는 학생으로 그 성실함이 성적으로 나타나는 학생임. 논술수업에서는 논제에 대한 자신의 입장을 충분한 근거 제시와 함께 조리있게 정리하여 발표하였으며 교사의 피드백 후에 스스로 추가 자료를 찾아 정리하는 등 성실한 모습이 인상적인 학생임. 특히 소수 집단 우대정책에 대한 논술에서 이 정책의 취지와 목적, 장점과 단점뿐만 아니라 우리나라와 비슷한 다른 나라의 사례에 대해서도 탐색하는 노력을 보이는 등 성적, 태도, 인성 모든 측면에서 타인의 귀감이 되는 모범 학생임. • 2020학년도 1학기 학생회 부회장, 2020학년도 2학기 학생회 회장으로서 모범적인 학교문화 정착을 위해 노력하였으며 사람들과 어울려 일하기 좋아하는 사회성이 높은 학생임. 1학년 때부터 교사의 꿈을 가지고 있어 지역봉사센터를 통한 학습지원 봉사활동을 함. • 늘 배려하는 습관으로 단체 활동에서도 급우들과 협력하여 늘 화합하는 분위기를 만들어 가는 학생으로서 팀장으로 활동을 할 때에는 팀원들도 적극적으로 협력하여 주어진 과제를 수행하는 리더십을 가진 학생임. 또한 팀원으로 활동을 할 때에도 팀원들과 적극적으로 협력하여 팀장을 돕는 성품을 지닌 학생임. 따라서 이러한 활동을 바탕으로 직업기초능력인 대인관계 능력을 갖추게 되었으며 특히 리더십 능력이 돋보임. • 또래 중재자로서 일상생활 사소한 다툼의 원인을 제거하고 서로 이해하고 존중하는 교실 분위기를 이끌었으며, 학급회의 진행 시 다른 의견을 가진 급우들의 의사를 존중하고 공동의 목표를 위해 서로 토론하고 타협하는 의사 결정과정을 중시함. • 또래의 친구들 처럼 축구를 좋아하는 학생이지만 승패에 연연하기 보다는 서로 함께하는 것에 대해 기쁨을 느끼는 학생임. 승패와 관계없이 서로 격려하고 발전하는 것을 더 중요하게 여기며 경기에 참여하는 학생임. 경기 중에 공수를 조율하며 자기 팀 선수들에게 지시할 때에는 리더십을 드러내기도 하지만 실수하는 친구에게도 '지난 번 보다 좋았졌다. 점점 좋아지고 있다.'와 같은 말들로 힘을 실어주는 모습도 보임. • 자신의 의견을 피력하기 전에 항상 주변 여건과 상황을 고려하여 합리적이고 공손한 자세로 의견을 제시하는 긍정적이고 고운 심성을 가짐. 교내 축제 때 무거운 짐을 나르고, 모두가 싫어하는 일을 스스로 맡아 학급 구성원 모두가 제 역할을 즐겁고 열심히 수행하도록 동기부여를 함. • 학습태도가 바르고 언행이 고우며 명랑한 얼굴로 급우들에게 친절하게 대하는 등 타인을 위한 이해와 배려심을 가지고 있음. 수학탐구반 동아리활동에서 매번 제시되는 과제나 행사에서도 친구들의 의견을 잘 수렴하여 각자의 역할을 합리적인 방법으로 나누는 등 협력에 앞장섬. 친구들 간에 갈등관계가 생겼을 때 약자 편에 서서 대화로써 친구 사이를 잘 중재하여 사이좋은 친구 관계가 되도록 노력하고 선생님이 힘들어 보이면 조용히 음료수를 건네고 가는 등, 상대방을 생각하는 배려 깊은 학생임.

- 급식시간에 자발적으로 급식지도를 하며 급우들이 잔반을 남기지 않도록 학급회의 시간에 의견을 제시하고 이를 실천하는 데 앞장섬. 항상 일찍 등교하여 교실 창문을 열어 환기시키고 청소를 하여 아침 학급 분위기를 상쾌하게 조성함. 교실바닥에 떨어진 쓰레기뿐만 아니라 복도에 떨어진 휴지를 자발적으로 주울 정도로 학교를 사랑하는 애정을 보여 줌.

- 밝고 명랑한 성격의 학생으로 자신이 하고자 하는 일에 대해 비교적 뚜렷한 생각을 가지고 있음. 친구들의 영향을 많이 받고 친구들과 모여서 공부하기를 좋아하는 학습 성향을 가지고 있어 이를 긍정적으로 승화시킬 필요가 있음. 적극적으로 자신의 학습 환경을 통제하고 수립한 학습계획을 지속적으로 실천하는 자세를 키우고 있어 더 큰 발전이 기대됨.

- 특수반 친구를 도와주고 스스럼없이 친구로 지내면서 학습활동을 도와주었으며, 학급 친구들의 고민을 해결해 주는 등 또래 상담자로 주 2회 활동함. 친화력이 높고 사람들과 어울려 일하기를 좋아하는 등 사회적 대인 관계 능력이 또래보다 뛰어남.

- 음악에 대한 관심과 조예가 깊고 특히 기타를 잘 다루어 학교 그룹사운드반의 일원으로 학교축제와 졸업식 축하공연에서 노래와 기타연주를 통해 실력을 맘껏 발휘하여 학생들에게 좋은 반응을 얻음.

- 다른 학생들에 비해 뛰어난 학습력을 가진 학생임에도 불구하고 공부를 경쟁이라 생각하지 않고 협력하는 것이라 생각함. 이에 따라 친구들이 모르는 것을 질문하면 짜증내는 일 없이 그 질문에 대해 친절히 답을 해주며 그에 대한 보답으로 편지나 과자를 선물받기도 함. 그리고 본인은 그로 인해 생각을 말로 전달하는 능력이 좋아진 것에 대해 기쁨을 느낌.

인성

- 상대방을 가리지 않고 예의바르게 대하는 태도를 가진 학생으로 교사의 지도와 조언에 대해서도 경청하고 긍정적으로 수용하는 자세를 가진 모습을 보임. 학급에서 특별구역 청소 담당을 맡아 남들보다 10분 일찍 등교하고, 10분 늦게 하교하면서 본인이 맡은 특별구역청소를 하루도 빼지 않고 꾸준히 최선을 다하는 모습을 통해 책임감이 강한 학생이며 누군가에 도움이 되는 일에는 자신이 손해가 있더라도 감수하며 타인을 돕는 모습을 보임.

- 기숙사에서 4인 1실 공동체 생활을 통해 타인에 대한 배려와 규칙을 준수하는 생활 습관을 함양하였고, 룸메이트들과 협력하여 모범적인 생활태도로 방을 청결하게 유지하여 3월과 7월에 베스트 룸에 선정된 바가 있을 정도로 기숙사 생활 적응력도 탁월함.

- 체육부장으로 교내 체육대회 때 학급을 대표하는 선수들을 선발하여 적재적소에 배치할 때에도 다른 사람들의 의견을 수합하여 적절히 조절하는 모습을 보임. 학급에서 어색한 일이 생길 때에도 재치있는 말과 행동으로 주변 분위기를 즐겁게 만들며 분위기를 주도할 줄 아는 학생임. 댄스동아리에 가입하여 각종 행사에서 재능을 발휘하여 학급 분위기를 밝게 이끌어갔으며 행동이 민첩하고 순발력이 있어 체육활동에서 두각을 나타냄.

- 수학교과부장으로 수업 시작 전 수업준비 및 과제 배부, 수합과 제출 등 수학수업에서 솔선수범하여 최선을 다하는 모습을 통해 수업이 잘 이루어질 수있도록 노력하는 모습이 타인의 모범이 됨. 특히 1년 동안 학급의 분리수거 담당으로 자원하여 아침, 저녁으로 학급의 분리수거를 위해서 노력하는 모습을 통해 누군가를 위해 자신을 희생할 줄 아는 학생임을 알게 됨.

종합평가

- 예의가 바르고 품행이 단정하여 학교에서 친구들, 선배들, 선생님들께 밝은 얼굴로 인사를 잘 하는 학생임. 자기주도학습에 뚜렷한 의지를 보이며 자신이 정한 생활목표에 따라 계획성 있고 효율적으로 생활하고자 노력하여 때로는 힘들어 하기도 하나, 특유의 밝은 성격과 교내외 관심분야 행사 참가를 통해 스트레스를 잘 극복해내어 교육과정 전과목뿐만 아니라 1개년 전국연합학력평가 모두에서 매우 우수한 학업성취를 보임. 특히 수학분야에서 관심이 많고 탁월한 재능을 보여 줌. 또한 과목 편식 없이 모든 과목의 수업시간에 바른 수업태도로 임하고 단 하나의 과목도 포기하지 않고 집중하여 다른 급우들의 귀감이 되는 노력형 인재임. 또한 독서가 생활화되어 있어 또래에 비해 생각이 깊고 논리적일 뿐만 아니라 교내 실내악 동아리 단원으로서 교내 행사 때 연주를 하는 등 예술적 분야에도 재능이 뛰어남.

- 자신의 진로와 직업에 대한 꿈이 뚜렷하고 그러한 계획을 실천하기 위해 꾸준히 노력하며 공부할 뿐만 아니라 꿈을 실천하기 위해 R=VD라는 공식을 매일 생각하며 '생생하게 꿈꾸면 이루어진다'라는 마음으로 자신의 하루 하루를 준비하며 생활하는 모습이 인상적임. 학업에 대한 열의가 강하여 끈기가 있고 집중력이 뛰어나며 학습 내용에 대한 성취 의욕이 높아 바른 수업태도로 열심히 노력하여 전 교과성적이 매우 우수함. 자투리 시간에도 집중하여 노력하는 모습이 한결같아 친구들에게 모범이 되며 학급 면학 분위기 조성에 가장 핵심적인 역할을 함.

- 과학적 상상력과 창의력이 뛰어난 학생으로 수업 시간에 배운 새로운 상황에 대한 다양한 상황을 제시하면서 질문을 이어가는 모습을 보임. 자신만의 시간 관리 노트를 만들어 그날의 중요한 일과를 시간 배분을 통하여 수행하는 습관이 있으며, 당일에 해결하지 못한 일은 다음 날의 시간 관리 계획에 넣어 자신을 제어하고 관리하는 능력을 보여 줌. 일률적으로 해야 하는 과제나 반복 학습에는 흥미가 낮은 반면, 학습 과제를 자신만의 흥미로운 방식을 스스로 찾아내어 수행하는 것을 좋아함. 또한 어떤 현상을 관찰하는 것보다는 전체적으로 통찰하고, 그 의미를 조합하고 숨은 뜻을 잘 파악하는 학습을 선호함.

- 국제분쟁전문가라는 자신의 진로를 구체화시키는 활동의 시작으로 영어적 능력을 길러야한다는 다짐을 실천하기 위해 구체적이고 계획적인 영어학습을 꾸준히 하는 모습을 보임. 이러한 활동을 통해 통해 고등학생으로는 잘 대처하지 못하는 다양한 상황에서 적절한 어휘를 구사하며 영어로 대화하는 모습을 보임. 진로검사 결과 자신이 꿈꾸는 것이 자신에게 적합한 진로임을 깨닫고 더욱 구체적이며 단계적인 계획을 세우며 실천하는 모습을 보임. 여가시간을 활용하여 독서를 즐기며, 이를 독서교육종합지원시스템에 독서 감상문, 독서 퀴즈, 독서 감상화 등으로 다양하게 정리하여 자신의 독서활동을 내면화함. 사교육에 의존하지 않고 자신의 성향에 맞게 스스로 학업 계획을 세워 자기주도적으로 학습을 함. 새로운 분야에 적극적으로 도전하는 진취적인 성향과 자신의 관심 분야에 집중적으로 몰입하는 성격을 지녔으며, 주어진 과제에 흥미를 보이고 어려운 문제를 해결하기 위해 다방면으로 해결 방법을 모색하는 창의적이고 열정적인 모습에서 앞으로 더욱 더 발전할 수 있는 성장가능성을 엿볼 수 있음.

- 아침 20분간의 시학독서 시간 및 수업 시간을 통틀어 항상 교과 준비 및 학습 자료를 갖추고 수업에 임하는 등 기본 학습 태도가 좋고 학업에 대한 관심과 열의가 높아, 의문 사항은 언제나 질문하는 자세를 갖추고 있음을 볼 수 있음. 자기 자신에 대한 믿음을 가지고 자신의 학습 계획을 수립하고 이를 실천해 나가는 태도를 갖추고 있음. 이러한 꾸준한 태도로 인하여 2학년에서도 모든 과목에서 최선을 다하여 좋은 성적을 얻고자 노력하는 자세를 지니고 생활하고 있으며 내신에서도 늘 최상의 성적을 내고 있음. 필요할 때는 언제든지 교과 교사를 직접 찾아가 상담을 통해 자신의 공부 방법의 개선점을 찾고자 노력하고 있어 앞으로도 지속적인 능력 향상이 이루어질 것으로 기대됨. 성적이 우수한 학생들 그룹인 심화반에 들어가 차분하게 학업에 정진하면서 안정된 성적을 유지하고 있음. 역사 동아리 부장으로서 여러 가지 활동을 주도적으로 하였으며, 교내 토론대회 뿐만 아니라 제주도내 청소년 대토론회 좌장 역할을 맡았으며, 학생외교관으로 선발되어 제주평화포럼, 제주국제청소년포럼에 참가하여 글로벌 리더로서의 자질을 향상 시키는 계기가 되었으며, 미술에 관심이 많아 미술품 전시회 및 미술 작품 등을 관람하기도 함.

이것이 THIS IS 시리즈다!

THIS IS GRAMMAR 시리즈

▷ 중·고등 내신에 꼭 등장하는 어법 포인트 분석 및 총정리

강남인강 강의교재

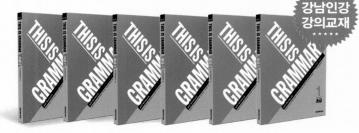

THIS IS READING 시리즈

▷ 다양한 소재의 지문으로 내신 및 수능 완벽 대비

강남인강 강의교재

THIS IS VOCABULARY 시리즈

▷ 주제별로 분류한 교육부 권장 어휘

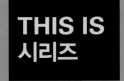

THIS IS 시리즈

무료 MP3 및 부가자료 다운로드
www.nexusbook.com
www.nexusEDU.kr

THIS IS GRAMMAR 시리즈
Starter 1~3   영어교육연구소 지음 | 205×265 | 144쪽 | 각 권 12,000원
초·중·고급 1·2   넥서스영어교육연구소 지음 | 205×265 | 250쪽 내외 | 각 권 12,000원

THIS IS READING 시리즈
Starter 1~3   김태연 지음 | 205×265 | 156쪽 | 각 권 12,000원
1·2·3·4   넥서스영어교육연구소 지음 | 205×265 | 192쪽 내외 | 각 권 10,000원

THIS IS VOCABULARY 시리즈
입문   넥서스영어교육연구소 지음 | 152×225 | 224쪽 | 10,000원
초·중·고급·어원편   권기하 지음 | 152×225 | 180×257 | 344쪽~444쪽 | 10,000원~12,000원
수능 완성   넥서스영어교육연구소 지음 | 152×225 | 280쪽 | 12,000원
뉴텝스   넥서스 TEPS연구소 지음 | 152×225 | 452쪽 | 13,800원

내신➕수능
1등급을 위한 특단의 조치!

특급 단기
특강 시리즈

ENJOY

- ☑ 예비고~고3 대상의 [내신+수능] 완벽 대비 단기 특강 교재
- ☑ 필수 어법 및 독해 포인트의 도식화를 통한 빠른 이해
- ☑ 기출 지문에서 추출한 예문을 통해 핵심 포인트 완전학습
- ☑ Step-by-Step 학습 포인트를 통해 체계적 설명
- ☑ MINI TEST 및 실전 모의고사를 통한 기출 변형문제 풀이훈련
- ☑ 모바일 보카 테스트 및 다양한 추가 자료 제공

 모바일 단어장　 모바일 VOCA TEST　+　 어휘 리스트 & 테스트　 기출뽀개기 변형문제1　 기출뽀개기 변형문제2

모바일 단어장
VOCA TEST

추가 제공 자료 www.nexusbook.com
❶ 모바일 단어장　　　　❷ 모바일 VOCA TEST　　❸ 어휘 리스트 & 테스트
❹ 기출뽀개기 변형문제 1　❺ 기출뽀개기 변형문제 2　❻ 테스트 도우미　　　　❼ 동사 변화표 & 문법 용어집

 시리즈　｜　구문독해　　　　　김상근 지음 ｜ 210X275 ｜ 108쪽 ｜ 10,000원
어법·어휘 모의고사　김상근 지음 ｜ 210X275 ｜ 112쪽 ｜ 10,000원
독해유형　　　　　정성윤 지음 ｜ 210X275 ｜ 144쪽 ｜ 10,000원

학생부종합전형으로 대학 가자!
EBS 대표강사가 알려주는 수시 합격 비법서

학생과 학부모가 함께 관리하는

나만의 학생부 만들기

정동완·김두용·곽충훈·장광원 지음

워크북

넥서스에듀

학생과 학부모가 함께 관리하는

나만의
학생부
만들기

정동완 · 김두용 · 곽충훈 · 장광원 지음

넥서스에듀

1 인적 · 학적사항

의미

학생의 인적과 학적에 관련된 사항을 입력하는 곳으로 입학 · 전출 · 전입 · 졸업 등의 내용이 기재되는 곳으로 대학에 제공되는 것도 제한적이고, 일반적인 내용만 기록되어 있으므로 일반적인 학생들의 평가에서는 사용되지 않는다. 그러나 특수목적고나 자율형 사립고에서 일반고로 전학한 학적사항이 있을 경우에 내신 성적이 급변하는 경우가 종종 있다. 이 경우 평가자는 이 사항('왜 전학했지? 성적 때문인가?'라는 의심을 품은 채)을 감안하여 정성적으로 평가할 수도 있다. 또한 '특기사항'은 학적 변동 사유가 입력되는 곳으로, 특히 학교폭력과 관련해 가해 학생에 대한 조치사항도 기재되는 곳이다. 입학사정관은 이 내용으로 학생의 교육환경 및 인성 등을 평가할 수 있다.

예시

• 생활기록부 기재 예시 •

2019년 02월 05일 대한중학교 제3학년 졸업
2019년 03월 02일 민국고등학교 제1학년 입학
2020년 03월 01일 민국고등학교 제1학년 전출
2020년 03월 02일 만세고등학교 제2학년 전입

특기사항	

• 학적사항 소통지 •

	학적 변동 상황	학적 변동 이유
1	민국고등학교 1학년을 마치고 만세고등학교 2학년으로 전학	자사고인 민국고등학교에 입학하였으나 민국고등학교에서 학교 역점 사업으로 운영하는 프로그램이 대부분 자연계열의 상위권 학생들을 위한 프로그램에 집중되어 있어 경영학과에 지원하려는 본인의 꿈을 위해 준비하는 부분과 맞지 않아 전학을 선택하여 전학한 학교에서 창체동아리, 자율동아리를 경제 관련 동아리에 가입하여 왕성한 활동을 함.
2		

※인적·학적사항 소통지

	학적 변동 상황	학적 변동 이유
1		
2		
3		
4		
5		

의미

출결상황에서는 미인정 관련 사항과 학교폭력이 없는 것이 가장 중요하다. 아직까지 미인정 관련 사항과 학교폭력에 관련되어 기록된 것이 없다면 지금처럼 쭉 학교생활에 충실히 하는 것이 중요하다. 특히 미인정 사항(결석, 결과, 지각)은 없어야 한다. 극단적으로, 미인정 결석이 2~3회 이상 있을 시에 학생부종합전형으로 지원할 경우 '인성을 평가하는 영역'에서 감점 또는 부정적인 정성적 평가(하향)를 받을 가능성이 높다. 2일 이상의 질병결석이 있는 경우에는 그 사유를 특기사항에 기록하는 것이 좋다. 특히 결석에 민감한 교대나 사범계열의 모집단위에 지원하는 경우 또는 리더십을 중요하게 여기는 학교인 경우에는 미인정 결석으로 의심받을 수 있으므로 기록이 중요하다. 출결사항 특기사항에 학교폭력사항 관련 사항이 기재되어 있다면 학생부종합전형으로 지원하여 합격하기는 많이 힘들다고 생각해야한다. 따라서 현재 그러한 사항이 기재되어있지 않다면 그러한 일에 휘말리지 않도록 노력하여야 하며 혹시 기록되어 있다면 다른 전형으로 지원할 수 있는 방법에 대해서 강구해보는 것이 좋다.

예시

• 생활기록부 기재 예시 •

학년	수업일수	결석일수			지각			조퇴			결과			특기사항
		질병	미인정	기타	질병	미인정	기타	질병	미인정	기타	질병	미인정	기타	
1	192	2	2		1	1								
2	192													개근
3														

• 출결 특이사항 소통지 •

	출결 특이사항	발생 이유
1	질병결석 2회, 질병지각 1회	급성맹장염으로 인하여 맹장수술을 하게 되어 2일 결석, 1일 지각을 함.
2	미인정 결석 2회	부모님과 진로에 대한 갈등으로 인하여 다툼이 있은 후 2일간 결석함.
3	미인정 지각 1회	최근 이사로 인하여 학교까지 통학시간이 1시간 이상 소요되는 상황에 폭우로 인하여 교통편이 지연되어 지각을 함.
4	개근	1학년 때 미인정 결석, 지각이 있었지만 2학년이 되어 그러한 역경을 극복하고 개근을 함.

나를 브랜딩하라!

※출결 특이사항 소통지

	출결 특이사항	발생 이유
1		
2		
3		
4		
5		
6		
7		
8		
9		
10		

3 수상경력

의미

학업역량, 전공적합성, 인성, 발전가능성과 같은 모든 영역의 평가 요소에 반영되는 항목이다. 따라서 대학에서 큰 의미를 두고 평가하는 항목으로 학교에서 노력의 결과로 이뤄낸 수상실적이 많다면 더할 나위 없이 좋다. 하지만 수상실적에서 수상 횟수가 꼭 많아야만 하는 것은 아니다. 수상내역을 바탕으로 지원 학생의 성향과 학교생활을 충분히 이해할 수 있도록 작성하는 것이 중요하다. 그러므로 본인의 전공에 대한 관심과 노력을 보이려면 지원하고자 하는 전공 관련 2개 이상 수상할 수 있도록 하자. 학년이 올라갈수록 수상 성적과 그 과정이 향상되도록 해야 한다. 대회가 겹치는 경우 자신에게 더욱 필요한 대회에 참가하는 것이 중요하다. 예를 들어 자기소개서 쓰기 대회와 경시대회가 비슷한 시기에 있으면 경시대회를 참가하는 것이 유리하다. 참고로 자기소개서 쓰기 대회나 교과 우수상 같은 것들은 중요하게 평가하지 않는 대학들이 많다. 인성 영역 평가에 도움이 되는 상도 전공 관련처럼 2회 이상 수상할 수 있도록 생활하자. 이러한 수상은 인성 평가에서 뿐만 아니라 전체적으로 긍정적인 이미지를 줄 수 있다. 마지막으로 학기당 1개(최대 6개까지)만 제공할 수 있다는 것을 염두에 두고 전략적인 접근이 필요하다. 같은 종류의 대회에 학년별로 도전하여 점점 더 좋은 등급의 상을 받거나, 다양한 영역의 상을 받는 것과 같은 방법을 말한다.

예시

· 생활기록부 기재 예시 ·

구분	수상명	등급(위)	수상연월일	수여기관	참가대상(참가인원)
교내상	통일 골든벨 대회	금상(1위)	2019.5.23	대한고등학교	전교생 중 희망자(320명)

· 교내/교외 대회 활동 소통지 ·

학생명	1학년 11반 11번 이름 : 김소통	활동 일시	2020년 5월 23일
대회명	통일 골든벨 대회	등위	금상(개인)
준비 과정 및 참가 계기	평소 한국의 외교관계에 대한 관심을 가지고 신문기사나 사설 등을 읽으면서 대북 문제 해결을 위해서는 해당 국가들의 노력뿐만 아니라 동북아시아 국가들의 관계 파악도 필요하다는 것을 느끼며 공부하던 중 북한과 관련된 여러 가지 지식을 습득하고 정리하고자 지원하게 되었음 1. 통일 관련 기사 스크랩 2. 우리나라 정권들의 통일 정책 비교·분석 3. 동아시아사 교과목과 연계한 동북아 관계 정리 4. '민주평화통일자문회의'사이트에 나와 있는 통일 관련 개념 정리		
배우고 느낀 점	대회에 참가하기 위해 그동안 단편적으로 알고 있던 지식들을 묶어서 동북아시아의 외교의 방향성과 흐름에 대해 알게 됨. 또한 민주평화통일자문회의 사이트에 있는 다양한 통일 관련 개념을 정리하고 공부함으로써 통일에 대한 주관적인 생각과 방향성을 정리하고 친구들에게 조리있게 이야기해 줄 수 있게 되었음. 또한 우리나라 정권별 대북 정책의 흐름과 방향성에 대해 알게 되어 향후 어떠한 대북 정책이 더 효율적인지 궁금증을 가지게 되어 더 조사하고 싶은 생각을 하게 됨. 통일 관련 심화 내용을 공부함으로써 꿈꾸고 있는 학예 연구사로서의 진로를 확고히 하는 계기가 됨. 지식을 가지고 있는 것과 그것을 활용하는 것에 큰 차이가 있음을 대회를 통해 느껴 자신이 가지고 있는 지식을 그냥 지식에 그치게 하지 않고 사용할 수 있는 다양한 방안을 간구해 보고 싶다는 생각을 함.		
추후 심화 활동	'광복 70년의 역사와 100년의 꿈'이라는 주제로 탐구보고 활동을 진행		
학생부 브랜딩			

※ 2019학년도 고 1부터 학기별 수상 기록은 변화가 없으나 제공 개수의 제한이 있음

나를 브랜딩하라!

순번	대회/공모전 내용	참가일자	수상 현황
1			
2			
3			
4			
5			
6			
7			
8			
9			
10			
11			
12			
13			
14			
15			
16			
17			
18			
19			
20			

순번	구분 (교내/교외)	수상명	등급	수상일자	수여기관 (주최기관)
1					
2					
3					
4					
5					
6					
7					
8					
9					
10					
11					
12					
13					
14					
15					
16					
17					
18					
19					
20					

학생명	학년 반 번 이름:	활동 일시	년 월 일
대회명		등위	
준비 과정 및 참가 계기			
배우고 느낀 점			
추후 심화 활동			
학생부 브랜딩			

학생명	학년 반 번 이름:	활동 일시	년 월 일
대회명		등위	
준비 과정 및 참가 계기			
배우고 느낀 점			
추후 심화 활동			
학생부 브랜딩			

학생명	학년 반 번 이름:	활동 일시	년 월 일
대회명		등위	
준비 과정 및 참가 계기			
배우고 느낀 점			
추후 심화 활동			
학생부 브랜딩			

4 창의적 체험활동 상황 - 자율활동

의미

자율활동은 자치 · 적응활동과 창의주제활동으로 나눌 수 있다. 자치 · 적응활동은 학급이나 학교 구성원의 자발적 · 자율적 참여를 중시하는 활동으로서, 협의활동, 역할분담활동, 친목활동, 임원 활동 등이 포함된다. 창의주제활동의 경우 학급 특색활동, 행사활동 등으로 학업적 역량이나 관심을 나타낼 수 있는 활동으로 이루어져있다. 자율활동 특기사항은 학생의 참여도, 전공적합성, 인성(리더십, 자기주도성 등)을 주로 평가하는 항목으로, 특히 행동특성, 참여도, 협력도, 열성도 등이 어떻게 발현되었는지를 통해 전공적합성, 인성 및 발전가능성을 평가할 수 있다. 자율활동에서 리더십을 더 꼼꼼히 살펴보는 경향이 있으므로 전교회장, 학급 반장, 동아리 장 등 리더십을 발휘할 수 있는 자치활동이 중요하다. 어떤 리더를 하더라도 자신의 공약 실천 활동이나 학교나 학급 발전을 위한 변화 내용을 다른 항목(종합의견 등)에 적으면 더욱 좋은 평가를 받을 수 있다.

예시

| • 창의적체험활동 – 자율활동 특기사항 기재 예시 • |

학년	영역	시간	창의적체험활동상황
			특기사항
1	자율활동	28	평소 책 읽기를 좋아하며 책에서 인생의 지혜를 배우기를 좋아하던 학생은 책읽기 문화를 확산시키기 위해 학급 도서부원으로 신청하여 일 년간 활동을 함. 평소에는 학급문고를 관리하여 도서 대출과 반납업무를 성실히 수행하여 급우들이 편리하게 도서를 대출할 수 있도록 함. 교내 도서주간행사(2020.10.10.~2020.10.14.)에는 급우들의 독서에 대한 흥미를 높이기 위해 고등학생들에게 필요한 책 3권을 선정하여 독서퀴즈를 출제하여 학급에서 퀴즈풀기 활동도 실시함. 이러한 활동을 통하여 학생들이 책 읽기에 흥미를 가지며 책을 읽는 횟수가 늘어남에 따라 자신의 작은 노력이 학급의 문화를 바꿀 수 있음을 알게 되고 학급의 다양한 일에 더욱 적극적으로 참여하는 계기가 됨. 독도 문제에 대해 관심을 가지며 고민하던 학생은 독도에 관련된 역사특강(2020.04.22.)이 있다는 소식을 듣고 사전조사를 통해 독도의 지리적, 역사적 근거를 정리하여 특강에 참여함. 특강을 통해 자신이 조사한 것은 우리가 알아야할 독도에 관한 자료의 일부분에 불과하였다는 것을 깨달았으며 역사적, 지리적 관점에서 독도가 우리 땅임을 확실히 알게 되어 그 사실을 친구들에게도 알리고 싶어 독도에 관련된 탐구보고서를 작성하여 발표하는 활동에도 적극적으로 참여함.

이름	2학년 2반 2번 이름 : 김소통	기간	2020.03.02. – 2021.02.28.
활동명 & 장소	학급 도서부원 & 교실	활동영역	자율/동아리/봉사/진로
주제	학급 도서부원으로 활동함		
핵심 역량	학업역량/전공적합성/인성/발전가능성	세부 역량	전공 관련 활동과 경험, 나눔과 배려, 성실성
활동 계기 및 준비 과정	평소에 책 읽기를 좋아하고 친구들에게 책 읽는 문화를 확산시키고 싶어서 도서부원에 지원함		
활동 내용	❶ 도서정리 및 도서 대출 반납 의무 수행 : 청결한 학급 도서를 유지함 ❷ 교내 도서주간행사(2020.10.10 – 2020.10.14) : 독서퀴즈대회를 제안하여 행사를 주관하여 진행함. 독서퀴즈대회에서 다룰 3권의 책을 선정하여 이 대회를 위해 3권의 책을 완독하였으며 중요한 내용을 뽑아 O/X 퀴즈 형태로 만듦		
느낀 점	❶ 도서를 전담으로 정리하는 한 사람의 수고로, 모든 친구들이 읽고 싶은 책을 정해진 기한 동안 읽을 수 있도록 도와준 것이 보람됨 ❷ 교내 도서주간행사에서 도서부원 모두가 한마음 한뜻으로 진행이 잘 이루어지도록 함께 계획하고 준비함으로써 협동심을 기르게 됨. 특히 독서퀴즈대회에서 다룰 책을 협의할 때 학생들에게 도움이 될 만한 책이 무엇인지를 생각하면서 선정하게 됨. 그리고 선정하는 과정에서 다양한 책을 접하면서 상식이 풍부해짐		
추후 심화 활동	학급문집 만들기 : 담임선생님께 건의하여 우리 학급문집을 만들 계획		
학생부 브랜딩	평소 책읽기를 좋아하며 책에서 인생의 지혜를 배우기를 좋아하던 학생은 책읽기 문화를 확산시키기 위해 학급 도서부원으로 신청하여 일년간 활동을 함. 평소에는 학급문고를 관리하여 도서 대출과 반납업무를 성실히 수행하여 급우들이 편리하게 도서를 대출할 수 있도록 함. 교내 도서주관(2020.10.10.–2020.10.14.)에는 급우들의 독서에 대한 흥미를 높이기 위해 고등학생들에게 필요한 책 3권을 선정하여 독서퀴즈를 출제하여 학급에서 퀴즈풀기 활동도 실시함. 이러한 활동을 통하여 학생들이 책읽기에 흥미를 가지며 책을 읽는 횟수가 늘어남에 따라 자신의 작은 노력이 학급의 문화를 바꿀 수 있음을 알게 되고 학급의 다양한 일에 더욱 적극적으로 참여하는 계기가 됨.		

이름	2학년 2반 2번 이름 : 김소통	기간	2020.05.02.
활동명 & 장소	강연회 & 시청각실	활동영역	자율/동아리/봉사/진로
주제	역사탐방 강연회에 참가함		
핵심 역량	학업역량/전공적합성/인성/발전가능성	세부 역량	탐구활동, 전공관련 활동과 경험
활동 계기 및 준비 과정	역사에 관심이 많고 특히 우리 땅인 독도에 관해 더 알고 싶은 마음에 강연을 듣게 됨. ❶ 독도에 관한 사전 조사 : 독도의 지리적, 역사적 근거 조사 ❷ 강연회 : 독도가 한국 땅인 이유를 역사적, 지리적 사실에 근거하여 이해함 ❸ 독도사랑 캠페인 : 독도에 대한 중요성을 깨닫고 독도에 관한 문서를 검색하여 정리하여 주변 친구들에게 내용을 설명하였고 그 이후에 학급게시판에 게시하면서 독도에 대한 이해를 높임		
활동 내용	내가 조사하여 알고 있었던 독도의 지리적, 역사적 배경은 빙산의 일각이었고 더 많은 사료를 통해 확실히 독도가 우리 땅임을 알게 됨		
느낀 점	❶ 강연회에서 교수님의 설명을 듣고 독도가 일본 땅이 아님을 확실히 알 수 있게 됨. 더 나아가 일본 땅이 아니라는 역사적 사실의 근거를 직접 확인하기 위해 책을 찾아보는 노력을 함 ❷ 주변 사람들에게 독도의 영역적 가치, 경제적 가치, 환경 · 생태적 가치에 대한 자료를 만들어 배포함으로써 독도의 중요성을 깨달았으며, 우리나라 영토인 독도를 지켜야겠다는 생각을 하게 됨		
추후 심화 활동	독도 관련 탐구보고서 작성 계획 : 독도가 우리 땅인 것에 대한 역사적 배경을 철저히 탐구하는 탐구보고서를 작성함으로써 나의 관심사인 역사에 대한 학업적인 역량을 보여 줄 예정임		
학생부 브랜딩	독도문제에 대해 관심을 가지며 고민하던 학생은 독도에 관련된 역사특강(2020.05.02.)이 있다는 소식을 듣고 사전조사를 통해 독도의 지리적, 역사적 근거를 정리하여 특강에 참여함. 특강을 통해 자신이 조사한 것은 우리가 알아야할 독도에 관한 자료의 일부분에 불과하였다는 것을 깨달았으며 역사적, 지리적 관점에서 독도가 우리 땅임을 확실히 알게되어 그 사실을 친구들에게도 알리고 싶어 독도에 관련된 탐구보고서를 작성하여 발표하는 활동에도 적극적으로 참여함.		

나를 브랜딩하라!

이름	학년 반 번 이름:	기간	
활동명 & 장소		활동영역	자율/동아리/봉사/진로
주제			
핵심 역량	학업역량/전공적합성/인성/발전가능성	세부 역량	
활동 계기 및 준비 과정			
활동 내용			
느낀 점			
추후 심화 활동			
학생부 브랜딩			

이름	학년 반 번 이름:		기간	
활동명 & 장소			활동영역	자율/동아리/봉사/진로
주제				
핵심 역량	학업역량/전공적합성/인성/발전가능성		세부 역량	
활동 계기 및 준비 과정				
활동 내용				
느낀 점				
추후 심화 활동				
학생부 브랜딩				

16

학생부 브랜딩

※ 다음 예시를 참고하여 학생부 브랜딩 연습을 해 보세요.

예시	**특기사항** 독도문제에 대해 관심을 가지며 고민하던 학생은 독도에 관련된 역사특강(2020.04.22.)이 있다는 소식을 듣고 사전조사를 통해 독도의 지리적, 역사적 근거를 정리하여 특강에 참여함. 특강을 통해 자신이 조사한 것은 우리가 알아야할 독도에 관한 자료의 일부분에 불과하였다는 것을 깨달았으며 역사적, 지리적 관점에서 독도가 우리 땅임을 확실히 알게 되어 그 사실을 친구들에게도 알리고 싶어 독도에 관련된 탐구보고서를 작성하여 발표하는 활동에도 적극적으로 참여함.
나만의 정리	

5 창의적 체험활동 상황 - 동아리활동

의미

창의적 체험활동의 여러 가지 영역 중에서도 희망전공학과와의 관련성과 본인의 역할 등을 잘 나타낼 수 있는 동아리활동의 중요성이 더욱 부각되고 있다. 이러한 동아리 활동은 정규동아리, 자율동아리, 학교스포츠클럽 동아리 활동으로 나눌 수 있으며 그 각각의 중요성이 잘 드러나도록 기록하는 것이 중요하다. 하지만 고등학교에 따라 희망전공과 관련된 세부적인 동아리의 구성과 활동이 어려운 경우가 많다. 이럴 때에는 전공학과 중심이 아닌 계열 중심의 동아리를 구성하여 활동한다면 전공적합성을 충분히 나타낼 수 있다. 동아리활동 특기사항에는 활동 내용이 구체적으로 기록되는 것이 좋다. 단순한 활동의 나열보다는 동기, 동아리 활동 중에서 개별적으로 어떤 역할을 맡아 어떤 활동을 했는지, 그 결과는 어땠는지, 뭘 배우고 느꼈는지 잘 나타날 수 있도록 기록하는 것이 좋다. 학교 내에 원하는 동아리가 없거나 원하는 동아리에 가입하지 못했다면 관심과 진로분야가 같은 친구들과 자율동아리를 만드는 것이 좋다. 학기 중에 만든 자율동아리는 학교생활기록부에 입력할 수 없기 때문에 반드시 학기 초에 동아리를 만들어 학교에 등록해야 한다. 자율동아리는 동아리활동 이수시간에는 포함되지 않지만 '세부능력 및 특기사항'에 동아리 이름을 포함하여 동아리 소개를 30자 이내로 적을 수 있다. 예전보다는 적을 수 있는 내용이 많이 축소되었지만 동아리에서 수행한 활동을 함축적으로 적을 수 있다면 자기소개서 작성에 큰 도움을 받을 수 있다. 아주 중요한 동아리 활동이지만 특기사항은 최대 500자까지만 기록이 가능하므로 활동을 적절히 나누어 기록하는 것도 중요하다.

예시

• 생활기록부 동아리활동 기재 예시 •		
동아리 활동	136	(경제동아리)(34시간) 수업시간에 배운 통화정책에 대한 내용을 바탕으로 언론에서 이야기하는 미국의 양적완화 축소에 대한 문제점과 해결 방안에 대해 이해하고 싶다는 생각으로 동아리 시간에 '미국의 양적완화 축소로 인한 문제점 분석 및 해결방안'토의를 실시함. 학생은 인터넷 분석자료와 '인플레이션 시대'를 요약한 감상문을 발표하며 신흥국 위기, 주식시장 둔화, 물가상승의 문제점을 제시하며 각각의 문제점에 대한 해결책도 같이 제시하여 같이 토론하는 동아리원들의 동의를 얻음. 토의 후 테이퍼링에 대해 더 깊게 이해하고 싶다는 생각에 'G2 전쟁'을 읽고 보고서를 작성하여 수업시간에 제출하는 활동을 추가로 함. 이러한 활동을 통해 평소 경제학자가 되고자하던 학생은 경제가 여러 분야와 관련성을 가지는 분야임을 알게 되어 경제와 관련된 다양한 분야에 더욱 관심을 가지면 공부하고자 하는 의지를 보임.

이름	2학년 2반 2번　　이름 : 김소통	기간	2020.06.30.~2020.07.04.
활동명 & 장소	경제동아리 & 경제동아리실	활동영역	자율/동아리/봉사/진로
주제	미국의 양적완화 축소로 인한 문제점 분석 및 해결방안 토의		
핵심 역량	학업역량/전공적합성/인성/발전가능성	세부 역량	전공에 대한 관심과 이해, 전공 관련 활동과 경험
활동 계기 및 준비 과정	수업시간에 배운 통화정책에 대한 내용을 바탕으로 하여, 언론에서 이야기하고 있는 미국의 양적완화 축소에 대한 문제점과 해결 방안을 이해하고 싶었음. 이를 위해 인터넷의 기사와 전문가들의 전망 자료들을 수집하였으며, '인플레이션 시대'를 읽고 그 내용을 요약하여 감상문을 작성함.		
활동 내용	'미국의 양적완화 축소'라는 주제를 가지고 그에 따른 문제점을 찾고 해결방안을 모색하는 활동을 함. 경제토의는 동아리활동 중 처음이라 긴장되었지만 '내가 해온 만큼 하자'라는 각오를 가지고 토의에 임하였음. 각자 자신이 준비한 자료를 바탕으로 5분 정도 의견을 발표하는 시간을 가졌으며, 나는 인터넷에서 찾은 분석자료와 '인플레이션 시대'를 요약한 감상문을 발표하면서 세 가지 문제점을 제시하였음. 첫 번째로는 신흥국 위기, 두 번째는 주식시장 둔화, 세 번째로는 물가상승이라는 문제점을 제시하였음. 이에 대한 해결방안으로는 먼저 신흥국들이 확장정책을 사용하여 테이퍼링이 종료될 때까지 금리를 동결하는 것이 좋을 것 같다는 해결방안을 제시하였음. 주식시장 둔화에서는 저점매수 등 타이밍 전략이 필요하고 달러에 영향을 받지 않는 실적주에 투자를 해야 한다는 해결방안을 제시함. 그리고 마지막 문제점인 인플레이션에서는 국산품을 애양하자는 의견을 제시함. 결론으로는 테이퍼링에 대한 개인적인 입장은 달랐으며, 테이퍼링이 시행됨에 따른 문제점을 찾는 과정에서 여러 가지 해결책이 나왔고, 추가적인 해결 방법으로는 경제가 안정화될 때까지 기다리는 방안과 기업 실적에 영향을 받는 실적주에 투자하는 방안 등이 나왔음.		
느낀 점	이번 경제 토의를 하면서 미국의 양적완화 축소에 대하여 수업 시간에 배운 이론을 바탕으로 하여 이해할 수 있게 되었고, 이를 경제 현상에 적용하여 분석하는 방법을 알게 되었음. 또 여러 가지 문제점에 대한 해결방안을 생각해냄으로써 경제가 여러 분야와 관련이 있다는 것을 느끼게 되었음.		
추후 심화 활동	테이퍼링에 대해 보다 쉽게 설명하고 있는 'G2 전쟁'이라는 책을 읽고 독서 감상문을 작성하기로 하였으며, '미국의 양적완화 축소'와 관련된 활동보고서를 작성함.		
학생부 브랜딩	수업시간에 배운 통화정책에 대한 내용을 바탕으로 언론에서 이야기하는 미국의 양적완화 축소에 대한 문제점과 해결 방안에 대해 이해하고 싶다는 생각으로 동아리 시간에 '미국의 양적완화 축소로 인한 문제점 분석 및 해결방안' 토의를 실시함. 학생은 인터넷 분석자료와 '인플레이션 시대'를 요약한 감상문을 발표하며 신흥국 위기, 주식시장 둔화, 물가상승의 문제점을 제시하며 각각의 문제점에 대한 해결책도 같이 제시하여 같이 토론하는 동아리원들의 동의를 얻음. 토의 후 테이퍼링에 대해 더 깊게 이해하고 싶다는 생각에 'G2 전쟁'을 읽고 보고서를 작성하여 수업시간에 제출하는 활동을 추가로 함. 이러한 활동을 통해 평소 경제학자가 되고자하던 학생은 경제가 여러 분야와 관련성을 가지는 분야임을 알게되어 경제와 관련된 다양한 분야에 더욱 관심을 가지면 공부하고자 하는 의지를 보임.		

이름	학년 반 번 이름:	기간	
활동명 & 장소		활동영역	자율/동아리/봉사/진로
주제			
핵심 역량	학업역량/전공적합성/인성/발전가능성	세부 역량	
활동 계기 및 준비 과정			
활동 내용			
느낀 점			
추후 심화 활동			
학생부 브랜딩			

학생부 브랜딩

※ 다음 예시를 참고하여 학생부 브랜딩 연습을 해 보세요.

예시	**특기사항**
	• (역사토론동아리)(34시간) 역사토론동아리 회장을 맡아 자기주도적으로 역사 관련 영화 감상, 도서읽기, 주제 토론, 동아리 발표 대회, 역사 캠프 등의 세부 활동계획을 세워 성실하고 책임감 있게 활동함. 특히 1학기 탐구과제로 '독도의 역사적 의미와 관련된 청소년 인식'이란 탐구과제를 설정하여 동아리원들과 함께 설문조사 문항을 만들어 통계자료를 산출한 후, 탐구보고서 형태로 발간하여 동아리 나눔 페스티벌에서 발표함으로써 학생들과 선생님들로부터 큰 호응을 받음. 여름방학을 이용하여 '찾아가는 역사 캠프'에서는 동아리원들과 함께 충북 청원에 위치한 단재 신채호 선생님의 기념관을 방문하여 단재의 삶을 조명하고 역사관이 형성된 환경과 그 의의를 이해하는 계기가 됨.
	• (시사 NIE반 : 자율 동아리) "한옥마을의 경제적 가치" 기사 분석, 검증, 보완 후 발표
	• (배드민턴반 : 학교스포츠클럽)(34시간)
나만의 정리	

6 창의적 체험활동 상황 - 봉사활동

의미

봉사활동은 교내 봉사활동과 개별적인 교외 봉사활동으로 구분된다. 봉사시간과 봉사기관, 활동과 배운 점 등을 토대로 공동체 일원으로서의 기초소양을 평가하는 항목이다. 진정성, 지속성, 태도와 변화, 공동체 의식 등을 중점적으로 확인한다. 따라서 봉사활동은 진정성을 가지고 진짜 봉사활동을 체험할 수 있는 기관에서 최소 1년 이상 꾸준히 하는 것을 추천한다. 대학에서 교내 봉사활동만 참여하였다고 해서 나쁘게 평가하는 것은 아니지만 진정한 봉사활동으로서의 가치 있는 활동이 아니라면 좋은 평가를 받기는 힘들다. 서울대학교는 교내 봉사활동만 했다 해서 별도의 감점을 하거나 하진 않는다. 다만, 단순한 교내 청소로만 일관된다면 좋은 평가를 받기는 쉽지 않을 것이다. 참고로 최상위권 대학에 합격한 학생들 중 일반고 출신의 평균 봉사시간은 140시간 내외, 특목고 및 자사고 출신 합격생들의 평균 봉사시간은 81 ~ 171시간으로 알려져 있다. 봉사활동은 '나눔포털(www.1365.go.kr)', 사회복지봉사활동 인증관리시스템인 'VMS(www.vms.or.kr)', 청소년봉사활동 포털사이트인 'DOVOL(dovol.youth.go.kr)'을 통해서 신청할 수 있고 학교에 사전 신청서를 제출하여 허가를 얻은 후에 활동한 봉사활동만 입력할 수 있다. 봉사활동 특기사항을 직접적으로 입력할 수 있는 항목은 없어졌지만 행동특성 및 종합의견에도 입력할 수 있으므로 보이기위해서가 아니라 자신에게 정말로 의미가 있는 봉사활동을 해보자.

예시

• 봉사활동 소통지 •

학생명	2학년 2반 22번 이름 : 김소통	일시	2020.04.30.~2020.05.17.
활동명	수학여행 가이드 북 제작	활동 장소	학교
활동 계기 및 준비 과정	수업 시간 도중 중국어, 중국 문화 관심 보여서 담당 지도 선생님의 추천으로 첨밀밀 노래를 하던 중 노래 가사 속 이화원에 관심을 갖게 됨.		
활동 내용	북경 수학여행에서 이화원 관련 자료를 조사, 동아리부스체험 진행, 문화진로 동아리 및 전체 학생들에게 PPT로 제작하여 하여 발표, 동아리 문집으로 제작, 학생들 수학여행 가이드북으로 만들어 봄.		
느낀 점	본인이 갖고 있는 작은 능력들이 모여 하나의 결실로 나와 너무 보람찬 활동이었음. 중국, 한국 문화의 공통점과 차이점을 비교 분석해 봄. 내가 목표로 하는 사회학자의 꿈을 찾는 데 지역 문화재 보전 및 유지를 위한 방법과 문화의 이해를 바탕이 되어야 함을 깨닫게 됨.		
추후 활동 계획	전통 문화에 대한 이해와 애향심 고취를 위한 문화재 보호 정책을 알아보기로 함. 도산서원 관련 봉사 활동을 추진하기로 함.		
학생부 브랜딩	평소 중국어와 중국 문화에 관심을 보이며 중국어 수업에 열심히 참가하던 학생은 수업시간에 들었던 첨밀밀 노래에 나오는 이화원에 관심을 가지며 조사하던 중 수학여행의 코스에 포함된 지역인 것을 알고 자료를 조사하고 PPT를 제작하여 친구들 앞에서 발표함. 또한 자료를 정리하여 가이드북으로 제작하여 수학여행(2020.05.18 – 05.22)에서 친구들이 잘 이용할 수 있도록 배려하는 모습이 보임.		

나를 브랜딩하라!

학생명	학년 반 번 이름:		일시	
활동명			활동 장소	
활동 계기 및 준비 과정				
활동 내용				
느낀 점				
추후 활동 계획				
학생부 브랜딩				

학생명	학년 반 번 이름 :	일시	
활동명		활동 장소	
활동 계기 및 준비 과정			
활동 내용			
느낀 점			
추후 활동 계획			
학생부 브랜딩			

학생부 브랜딩

※ 다음 예시를 참고하여 학생부 브랜딩 연습을 해 보세요.

학생부 특기사항을 기재할 수 있는 항목이 따로 없으므로 행동특성 및 종합의견에 적을 수 있도록 연습해 봅시다.

예시	
	특기사항
	'○○장애복지원(2020.03.23. – 2021.01.31./32시간) 봉사활동에 주기적으로 참여함. 평소 장애우에 대한 편견을 갖고 있었던 학생은 봉사활동을 하는 것을 어려워하였으나 장애복지원 봉사활동에 참여하는 친구에게서 많은 보람을 느꼈다는 말을 듣고 자신의 마음속에 갖고 있던 장애우에 대한 선입견을 뛰어넘고자 하는 생각으로 봉사활동에 참가함. 처음에는 장애우들에게 다가가는 것이 다소 서먹하고 망설여진다며 힘들어하는 모습을 보였으나 참고 지속적으로 참여하는 과정을 통해 동생쯤 되어 보이는 장애우와 친분을 쌓아가는 모습을 보임. 특히 그 장애우와 산책을 하면서 많은 대화를 나눔으로써 마음으로 교감하는 모습을 보이며 장애를 가진 사람도 소중한 인격을 갖춘 사람이라는 점에서 서로 존중해야 한다는 점을 깨닫는 모습을 보임. 그리고 장애복지원에서 만난 장애를 가진 할아버지나 할머니로부터 살아오신 이야기를 들을 때, 일제 강점기와 6.25 전쟁 등 교과서에서 보았던 내용을 실제 경험을 하신 분들의 생생한 말씀을 들으며 자신이 관심을 갖고 있는 역사 분야의 인식을 넓히는 소중한 경험을 하는 계기가 되었을 뿐만 아니라 역사를 자료로만 공부하는 것과 현장을 직접 경험하는 것에는 큰 차이가 있다고 생각하는 계기가 됨.
	※ 학생부 특기사항에 담기는 봉사활동 내용은 한 가지를 지속적으로 실천한 경우에 대하여 스토리를 갖춰 서술하되 진로와의 연관성이 있으면 더 바람직하다.
나만의 정리	

7 창의적 체험활동 상황 - 진로활동

의미

진로를 계획하고 준비하며 발전시킬 수 있도록 하는 활동으로 진로 수업, 진로 관련 검사, 진로 관련 탐색 활동 및 진로 상담 등의 내용이 모두 기록될 수 있는 항목이다. 진로희망사항과 연계하여 진로활동의 참여도, 열정 및 성숙도 등을 파악하여 학생의 지원동기 구체화, 자아성찰과정, 자기이해, 모집단위 관심, 발전가능성, 의욕 및 태도 등을 평가한다. 진로활동 특기사항은 학년이 올라감에 따라 성장하는 활동으로 구성하는 것이 좋다. 학교에서 이루어지는 행사에 참여한 사실만을 기재하는 것은 큰 의미가 없다. 반드시 그러한 활동에서 개인이 실행한 구체적 활동과 그 활동을 통해 배우고 느낀 점이 기록되는 것이 중요하다. 무엇보다도 학생의 전공에 대한 관심, 열정이 잘 나타나도록 기록하는 것이 중요하다. 직업 흥미검사 및 성격검사와 같은 검사의 결과를 기록한다면 그러한 검사 결과가 학생의 진로설정에 어떠한 영향을 주었는지 등의 내용을 같이 기록하는 것이 좋다.

예시

• 진로활동 소통지 •

학생명	2학년 2반 2번 이름 : 김소통	일시	2020.08.20
활동명	미래 체험 3D 프린팅 마스터	활동 장소	대한대학교 기계공학과
활동 계기 및 준비 과정	최근 성장하는 분야 중 하나인 3D프린팅 기술에 대해 더 알고 싶어 체험 학습에 참여함.		
활동 내용	1. 3D 프린터의 개념과 원리를 배움 2. 웹 브라우저 기반 3D 모델링 프로그램인 팅커 패드로 3D 모델 제작 3. 3D 프린터 산업의 전망에 대한 강의 경청 4. 3D 프린터, 드론, 전기차, 인공지능 등 미래 신산업 기술 설명 경청		
느낀 점	앞으로 우리의 미래를 3D 프린터, 드론, 전기차, 인공지능, VR(가상현실) 등 새로운 과학기술과 관련된 직업들이 많이 나온다고 함. 다양한 3D프린터와 그 원리를 실질적인 체험을 통해 배워서 새로웠음. 학교에서 다루어보던 x-y 평면이 3D프린팅에서는 x-y-z 공간이 된다는 것이 신기했음. 3D프린터의 기술이 생각보다 다양한 분야에 적용된다는 것을 알았음.		
추후 활동 계획	3D프린터 관련하여 도서관에서 '누구나 즐길 수 있는 3D프린팅(플로리안 흐르쉬)'의 책을 읽고 3D프린팅의 사용 방법에 대하여 많이 알게 됨. 인터넷으로 의료신소재학과 관련하여 대학 학과 및 전공을 탐색함.		
학생부 브랜딩	평소 공학에 관심을 가지고 있던 학생은 4차 산업혁명 시대에 저변확대되고 있는 3D 프린터에 대해 관심을 가지며 알아보던 중 실제로 체험하기 위해 '미래 체험 3D 프린팅 마스터' 프로그램에 참가함. 이 프로그램에서 3D 프린팅에 사용되는 설계도를 제작하기 위해서는 수학에서 배운 벡터를 사용해야한다는 것을 알고 공학에서의 수학과목에 대한 중요성에 대해 다시 인식하고 다양한 수학적 능력을 기르기 위해 수학과목에 대학 학습에 더 시간을 투자했을 뿐만 아니라 공학에 사용된 다양한 수학적 요소들에 대해 알아보는 노력을 기울임.		

나를 브랜딩하라!

학생명	학년 반 번 이름:		일시	
활동명			활동 장소	
활동 계기 및 준비 과정				
활동 내용				
느낀 점				
추후 활동 계획				
학생부 브랜딩				

학생명	학년 반 번 이름:	일시	
활동명		활동 장소	

활동 계기 및 준비 과정	
활동 내용	
느낀 점	
추후 활동 계획	
학생부 브랜딩	

학생부 브랜딩

※ 다음 예시를 참고하여 학생부 브랜딩 연습을 해 보세요.

| 예시 | **특기사항**
직업인과의 만남(2020.03.22.)의 시간에 평소 역사에 관심이 많던 학생은 **OO**박물관의 학예사가 진행하 는 강의에 참가하여 해당 직업의 특성에 대해 상세하게 알아보는 계기를 가짐. 또한 평소 궁금해 하던 학예사로서 갖춰야 할 자질 중에서 가장 중요한 것이 무엇인지 질문하여 '전문지식'이라는 대답을 듣 고, 고등학생으로 갖출 수 있는 역사에 대한 전문지식을 갖추기 위해 인터넷 동영상 중 '고전문헌과 역사문화 I'이라는 동영상을 꾸준히 시청하는 등 많은 노력을 기울이는 모습을 보임.

※ 자신의 진로를 개척하기 위해 고민하고 탐구하며 실천에 옮긴 내용을 선별하여 기록하는 것이 바람직하다. |
| 나만의
정리 | |

8 교과학습 발달상황

의미

고등학교 생활기록부 8가지 항목 중에서 학생부종합전형 지원 시 가장 많이 보고, 가장 중요하게 여기는 항목이 바로 교과 학습 발달상황이다. 특히 정량적 성적과 더불어 세부능력 및 특기사항을 통해 학생의 4가지 영역을 모두 평가할 수 있으므로 매우 중요한 항목이다. 특히 내신이 어느 정도 뒷받침되지 못한다면 아무리 비교과활동이 많다 하더라도 학생이 희망하는 대학에 합격하기는 쉽지 않다. 이는 기본적인 대학수학능력이 갖춰진 것을 전제한 상태에서 학생들의 역량을 평가해서 선발하기 때문이다. 그러므로 국영수사/과 및 전공 관련 과목의 내신 성적을 일정 수준 이상으로 유지하거나 시간이 지남에 따라 향상되는 경향이 되도록 노력하는 것이 중요하다. 내신 성적을 유지하는 것만큼이나 중요한 것이 세부능력 및 특기사항이다. 세부능력 및 특기사항은 교과 담당교사가 실시하는 일종의 '평가'이며, 교과목과 연관된 세부능력 및 수행평가, 학습활동 참여도 및 태도, 특기사항, 방과 후 학교 수강내용으로 구성되어 있다. 따라서 평가자들은 작성 내용을 보고 숨어 있는 행간의 의미를 파악하려고 노력한다는 것을 알아야 한다. 그러므로 세부능력 및 특기사항란에 일반적, 추상적, 공통적인 내용이 아니라 개인만의 구체적인 활동과 변화사항이 기재되도록 노력해야 한다. 수업시간과 수행평가 등에 더욱 집중하며 과목별 수업시간에 노력하는 모습을 보여야만 좋은 세부능력 및 특기사항이 입력될 수 있다는 것을 알아야 한다.

예시

· 수업활동 소통지 ·			
학생명	2학년 2반 22번 이름 : 김소통	활동 일시	2020년 6월 11일
과목명	수학I	활동 형식	강의식 / 활동수업
제목	등차수열	진로 희망	기계공학자
준비 과정 및 활동 계기	평소 기계공학자가 되고자 노력하고 있음. 기계공학에 가장 중요한 과목이 수학과 물리라고 들었기 때문에 수학시간에 집중하려고 노력하고 있음. 등차수열 수업을 듣기 전에 교과서를 보다가 생각열기에서 31게임에 대한 내용이 나와서 친구와 이 게임을 해 봄. 게임을 하면서 이것이 등차수열과 무슨 관계가 있을까 궁금했음.		
활동 내용	우리가 친구들끼리 자주하는 '西게임'이 등차수열을 이용한 것임을 수업을 통해 알게 되어 깜짝 놀람. 친구들과 31을 말하면 지는 '西게임'에서 유독 승률이 높은 친구가 있었는데 지금 공부하고 보니 그 친구는 등차수열을 알고 있었던 것 같음. 게임에서 이기고자 하는 마음으로 수업을 열심히 듣게 됨. 수열은 규칙성을 찾는 방법의 하나로 일반항을 알면 몇 번째 항이든 쉽게 구할 수 있다는 것을 알게 됨.		
추후 심화 활동	우리가 평소 하는 게임에 수학적 원리가 숨어 있다는 것을 알고 다른 게임에도 수학적 이론이 적용된 것은 없는지 인터넷 검색을 하다가 '피보나치 돌 줍기 게임'을 알게 되었고 그 원리를 공부하다가 피보나치 수열에 대해 알게 됨. 교과서에 없는 수열이라 정확하게 이해되지 않았지만 게임의 원리를 이해하고 필승법을 알기 위해 '피보나치가 들려주는 피보나치수열'이라는 책을 도서관에서 빌려 읽어보고 정리를 위해 보고서를 작성하여 선생님께 제출함.		
느낀 점	평소 수학은 시험을 위해서 공부하는 과목이라고 생각했는데 이 수업을 통해 우리 주변에 다양한 수학적 원리를 포함한 현상들이 존재한다는 것을 알게 됨. 수열에는 교과서에 있는 것만이 아니라 다양한 형태의 수열이 존재한다는 것도 알게 됨.		
학생부 브랜딩	평소 기계공학을 전공하기 위해 수학과 물리과목의 중요성을 인지하고 수학수업에 열심히 참여하던 학생은 교과서 등차수열의 생각열기에 있는 '31 게임'을 해 보면서 그 게임의 필승법에 등차수열이 적용된다는 것을 알고 놀라면서 즐거워하는 모습을 보임(2020.06.11.). '31 게임'과 같이 주변에 수학적 원리를 적용한 게임이 없는지 찾아보다가 '피보나치 돌 줍게 게임'을 알게 되어 필승법을 탐구하던 중 피보나치수열을 따르는 필승법이 있다는 것을 알고 피보나치수열에 대해 알기 위해 '피보나치가 들려주는 피보나치수열'이라는 책을 읽고 정리하여 보고서를 제출함. 이러한 활동을 통하여 앎에 대한 즐거움을 느끼며 자신이 공부하고 있는 고등학교 공부의 실용성을 이해하며 알아가고자 하는 의지를 보이며 수학수업에 참여함.		

나를 브랜딩하라!

학생명	학년 반 번 이름:		활동 일시	
과목명			활동 형식	/
제목			진로 희망	
준비 과정 및 활동 계기				
활동 내용				
추후 심화 활동				
느낀 점				
학생부 브랜딩				

교과		대단원		소단원	
날짜		수업방식		탐구방식	
주제					
탐구명단					
탐구협의					
탐구계획					
탐구일정					
활동시간					
탐구결과					

학생부 브랜딩 1

※ 다음 예시를 참고하여 학생부 브랜딩 연습을 해 보세요.

예시	**특기사항** **수학 I :** 평소 기계공학을 전공하기 위해 수학과 물리과목의 중요성을 인지하고 수학시간에 열심히 참여하던 학생은 교과서 등차수열의 생각열기에 있는 '西게임'을 해 보면서 그 게임의 필승법에 등차수열이 적용된다는 것을 알고 즐거워하는 모습을 보임(2020.05.30.). '西게임'과 같이 주변에 수학적 원리를 적용한 게임이 없는지 찾아보다가 '피보나치 돌 줍기 게임'을 알게 되어 필승법을 탐구하던 중 피보나치수열을 따르는 필승법이 있다는 것을 알고, 피보나치수열에 대해 알기 위해 '피보나치가 들려주는 피보나치수열'이라는 책을 읽고 정리하여 보고서를 제출함. 이러한 활동을 통하여 앎에 대한 즐거움을 느끼며 자신이 공부하고 있는 고등학교 공부의 실용성을 이해하며 알아가고자 하는 의지를 보이며 수학수업에 적극적으로 참여함.
나만의 정리	

학생부 브랜딩 2

※ 다음 예시를 참고하여 학생부 브랜딩 연습을 해 보세요.

예시	**[특기사항]** **국어:** 모둠협력학습으로 진행하는 'DNA 수업'에서 고전소설 '춘향전' 단원을 학습하고 모둠장으로서 모둠원들의 의견을 들어 '춘향전의 사랑에 비친 현대인의 모습'이란 탐구 주제를 선정하여 단원의 핵심 내용을 정확히 파악하고 이를 통하여 현대인의 사랑에 대한 인식을 희곡으로 구성하여 대본을 작성한 후, 각자 배역을 맡아 모둠 발표 시간에 공연을 진행한 바 춘향전에 대한 새로운 해석과 시각이 매우 돋보였고 특히 모둠장으로서 소극적인 모둠원까지 보듬어 모두가 함께 할 수 있도록 한 점은 나눔과 배려의 인성을 수업을 통하여 구현했다는 점에서 긍정적으로 평가할 수 있음.
나만의 정리	

학생부 브랜딩 3

※ 다음 예시를 참고하여 학생부 브랜딩 연습을 해 보세요.

예시

특기사항

개인별 세부능력 및 특기사항

개인 윤리와 사회 윤리의 불일치에 대한 니부어의 주장에 대해 공감하며 '어린이 대상 범죄의 현황과 실태에 따른 해결방안'이라는 주제로 방과후 남은 시간을 활용하여 자기주도적으로 탐구활동을 수행함. 어린이 범죄가 지역별 경제 규모가 낮을수록 범죄율이 높다는 사회적 통념의 진위 여부를 지역별 경제 규모와 범죄율을 확률과 통계 수업에서 배운 내용을 적용하여 통계 처리하여 실증적으로 따지고 사회적 편견과 통념의 원인을 전문가 인터뷰를 통해 경제 규모와 어린이 대상 범죄율의 시간대와 상황의 특징에서 분석함으로써 이를 극복할 수 있는 해결 대안으로 좁은 골목이나 어두운 길, 주변사람들이 없는 상황이라는 것을 발견하고 해결방안을 모색함.

나만의 정리

9 독서활동상황

독서활동상황은 개인별·교과별 독서활동 중 특기할 만한 사항이 있을 경우 입력하는 칸으로, 책의 제목과 저자명만 기재할 수 있다. 입학사정관은 독서 목록(독서량 포함)을 통해 학업역량, 전공적합성, 인성, 발전가능성 등을 평가할 수 있다. 따라서 독서량보다는 독서 경향이 더 중요하다. 독서의 태도는 먼저 다양한 분야의 책을 통해 융복합적 사고를 할 수 있도록 해야 하며, 이어서 점차 자신의 진로나 관심 분야와 관련된 독서활동을 통해 호기심을 구체화시키는 것이다. 단, 읽지 않은 책을 읽었다고 했다가 나중에 면접 때 이와 관련된 질문이 나올 수 있으니 읽은 책만 기록하자. 독서 계획은 1학년 때부터 체계적으로 세우는 것이 좋다. 지원 전공 관련 책이 점점 구체화되도록 계획을 세운다. 이때 사용하는 책의 목록은 인터넷에 돌아다니는 것이 아니라 본인이 최종적으로 읽을 목록을 결정해서 만드는 것이 중요하다. 책 목록은 가능한 한 다른 사람과 겹치지 않는 것이 좋다. 독서활동 소통지를 이용하여 줄거리만 정리하지 말고 책을 읽고 느낀 변화를 적는 게 중요하다. '변화'는 책을 읽고 그 책이 나의 진로에 어떤 영향을 미쳤고, 그로 인해 나에게 어떤 변화가 생겼는지를 구체적으로 기록해야 한다. 독서활동은 면접에서 질문으로 활용될 수 있기 때문에 본인이 읽은 책은 반드시 숙지하고, 명확한 이해가 수반되어야 한다.

예시

· 독서활동 소통지 ·

학생명	1학년 11반 11번 이름 : 김소통	기간	2020년 3월 4일 - 3월 30일
도서명/저자	국가대표 공학도에게 진로를 묻다 / 김경환	관련 영역	진로
주제명	기계공학이란 무엇인가?		
활동 계기 및 준비 과정	평소 공학 쪽으로 진로를 결정하고 어느 분야로 갈지 구체적인 동기가 없어 기계공학이라는 폭넓은 학과를 진학희망으로 선택하였는데, 그 분야에 대해 더 자세히 알아보고 필요한 부분은 미리 준비하는 것이 좋을 것 같아 책을 읽음.		
독서 내용	기계공학이란 역학을 기초로 하는 모든 것을 연구하는 학문으로 인간을 위해 움직이는 장치에 대한 전반적인 내용을 다룸. 기초 과목으로 가장 중요한 물리와 수학을 다루며 4대 역학을 배움. 기계 제도와 가공 실습, 시스템 제어 이론과 CAD 등을 배움. 기계공학의 주요 연구 분야는 유한 요소 설계분석으로 간단히 해석하기 힘든 물체를 컴퓨터의 도움을 받아 수천 개의 조각으로 나눠서 해석하는 방법임. 또한 로봇과 소음 제거, 음향과 같은 다양한 분야에서 쓰이게 됨. 기계공학은 여러 공학 중에서도 꼭 필요한 분야로 자동차, 중공업, 항공우주, 조선, 반도체, 가전제품, 건설 및 토목 등의 분야에서 널리 쓰이고 있음.		
느낀 점	책을 읽는 도중 물리학과와 기계공학과의 차이에 대한 설명이 있었음. 기계공학 분야 중에서 의료나 항공 기계 부품을 직접 제작하여 소비자들과 소통을 하며 제품을 판매하는 것을 생각했었는데 기계공학이 물리학과는 다르게 역학을 바탕으로 인간에게 더 실용적인 문제를 해결하는 데 집중한다고 해서 나에게 적합한 학문이라는 것을 알게 됨.		
추후 심화 활동	기계공학에 있어서 재료에 대한 이해가 높아야 하는데 금속이라는 것이 예전부터 발전해 오늘날까지도 영향을 미치고 있음. 이러한 기초적인 금속 공학의 발전을 알고 있으면 좋겠다는 생각이 들어 '전통 속의 첨단 공학 기술'이라는 책의 금속공학 파트를 읽어보면서 현재에도 쓰이는 예전의 기술과 금속공학기술이 쓰인 갑옷과 신종에 관해 좀 더 자세히 알게 됨.		
학생부 브랜딩	평소 기계공학을 전공하고자 생각하고 있었지만 본인이 기계공학의 어떠한 분야를 전공하고 싶은지 알지 못해 자신의 진로를 더욱 확실히 결정하기 위해 '국가대표 공학도에게 진로를 묻다'라는 책을 읽고 기계공학과 물리학의 차이를 정확하게 이해하고 자신의 성향에 기계공학이 더욱 적합하다는 것을 알게 됨. 또한 기계공학이 역학을 기초로 하는 모든 것을 연구하는 학문으로 인간을 위해 움직이는 장치에 대한 전반적인 내용을 다루는 학문임을 이해하고 수학과 물리학을 기반으로 하는 학문임을 알게 됨. 본인이 희망하는 진로로 진학하기 위해 수학과 물리수업에 더욱 집중하며 높은 성취도를 얻기 위해 노력하는 모습이 보임.		

과목	역사	도서명(저자)	백범일지(김구)	독서 날짜	2020.07.08.

읽게 된 계기	한국사시간에 근현대사를 배우면서 우리나라 근현대사에 대해 내가 알지 못하는 부분이 많다는 것을 깨달았음. 특히 집에서 우연히 본 '대장 김창수'라는 영화에서 끝날 때 쯤 그가 김구라는 사실을 알고 많이 놀랐음. 이러한 이유로 김구에 대해 더 자세히 알아보고 싶다는 생각이 들어 읽게 됨.
도서명(저자) 및 내용(줄거리)	김구는 상놈의 자식으로 태어나 주어진 신분을 답습하지 않고 국문을 깨우치는 등 배움에 대한 열망이 깊었음. 그는 어려서부터 세상의 불합리한 모순을 깨닫고 동학의 접주가 되어 나라를 위해 일어섰으며 때로는 스님, 기독교 신자, 교사 등 다양한 이력을 소유하게 됨. 일제치하에서는 상해로 건너가 대한민국 임시정부의 주석으로 이봉창, 윤봉길 의사 등의 폭탄 투척 사건 등을 일으키고 독립군을 결성하여 조국 광복을 위해 헌신함. 반외세 완전 독립을 주장하던 김구는 그토록 고대하던 광복된 조국에서 안두희의 저격으로 세상을 떠남.
느끼고 배운 점	교과서에서 배운 백범 김구 선생님께서 살아오신 시대적 상황과 격변의 시기에 임시정부를 수립하여 대한민국의 독립을 위해 헌신해 오셨던 모습을 통하여 개인의 안위보다 중요한 것은 국가이며 그와 같은 역사관이 대한민국의 오늘을 있게 한 원동력이고 미래 세대의 애국심을 고취하는 데 매우 중요한 역할을 한다는 사실을 깨닫게 됨.
후속활동	김구를 살해한 안두희란 인물에 대해 궁금증을 가져 여러 가지 자료를 찾아 그가 왜 김구를 암살했는지에 대해 알아보는 활동을 함.

과목	역사	관심 주제	조선시대 건축물의 기능과 특징에 대한 관심	독서 날짜	2020.07.08.

읽게 된 계기	수학시간에 배운 사이클로이드 곡선이 우리 전통건축물에도 나타난다는 이야기를 듣고 신기하게 생각하여 우리나라 전통 건축물은 어떠한 원리로 지어졌으며 어떠한 특징이 있는지 궁금증을 가지게 되어 몇 권의 책을 읽게 됨.
도서명(저자) 및 내용(줄거리)	· 무량수전 배흘림기둥에 기대서서(최순우) : 부석사, 무량수전, 불상, 금속공예, 백자, 회화에 이르기까지 우리 문화유산 대표작을 해설한 내용으로 한국의 미를 느낌. · 조선시대 건축의 이해(김동욱) : 조선시대 건축의 특성에 대한 내용으로 주택, 도시와 성곽, 제사 시설, 궁궐, 서원, 사찰 등의 배경과 구조적 특징에 대한 내용을 이해할 수 있었음. · 쑹내관의 재미있는 궁궐 기행(송용진) : 경복궁, 창덕궁, 경희궁 등 각 궁전의 구조와 특징을 알기 쉽게 이해할 수 있었으며 그 안에 담긴 다양한 구조물의 특징도 파악할 수 있었음.
느끼고 배운 점	우리나라 전통건축물은 아주 과학적으로 설계되고 지어졌다는 것을 알게 됨. 또한 조선시대에도 생각보다 다양한 건축물과 건축양식이 존재한다는 것을 알게 되었으며, 아무리 부자라 할지라도 집의 크기가 99간을 넘지 못하게 한 것이 궁궐보다는 작은 집을 지어야한다는 이유에서 시작되었다는 재미있는 사실도 알게 됨.
후속활동	조선시대에 사용된 건축물을 짓는 기술 중 현재 사회에 접목할 수 있는 기술은 없을까 고민하던 결과, 현재에도 황토집이나 통나무집 등이 지어지고 있으며 이것이 친환경 주택의 대표적인 모델임을 알게 되어 그러한 분야로 더욱 연구하고자 하는 마음을 가짐.

나를 브랜딩하라!

학생명	학년 반 번 이름:	기간	
도서명 저자		관련 영역	
주제명			
활동 계기 및 준비 과정			
독서 내용			
느낀 점			
추후 심화 활동			
학생부 브랜딩			

과목		도서명(저자)		독서 날짜	
읽게 된 계기					
도서명(저자) 및 내용(줄거리)					
느끼고 배운 점					
후속활동					

과목		관심 주제		독서 날짜	
읽게 된 계기					
도서명(저자) 및 내용(줄거리)					
느끼고 배운 점					
후속활동					

학생부 브랜딩

※ 다음 예시를 참고하여 학생부 브랜딩 연습을 해 보세요.

독서를 통해 배우고 느끼고 변화된 것은 과목별 세부능력 특기사항이나 창의적 체험활동 다른 항목에 기재할 수 있습니다.

예시	
	특기사항
	과목별 세부능력 및 특기사항
	한국사 : 우연히 본 '대장 김창수'라는 영화에서 끝날 때쯤 그가 김구라는 사실을 알고 자신이 근현대사에 대해 잘 알지 못하고 있다는 사실을 느끼며 수업시간에 근현대사를 공부할 때 더 자세히 집중해서 공부하는 모습을 보임. 특히 김구 선생님에 대해 더 알아보고 싶다는 호기심을 해결하기 위해 백범 김구 선생님께서 살아오신 시대적 상황과 격변의 시기에 임시정부를 수립하여 대한민국의 독립을 위해 헌신해 오셨던 자취에 대해서 자료를 찾아보고 다큐멘터리도 시청함. 이러한 활동을 통해 개인의 안위보다 중요한 것은 국가이며 그와 같은 역사관이 대한민국의 오늘을 있게 한 원동력이고 미래 세대의 애국심을 고취하는 데 매우 중요한 역할을 한다는 사실을 깨닫게 됨
나만의 정리	

10 행동특성 및 종합의견

의미

담임교사가 학생을 수시로 관찰해 행동특성 등을 종합하여 기록하는 항목이다. 이 항목에서 평가자는 인지적·정의적 특성, 자기주도적 학습능력, 창의성과 예체능 활동 등을 파악하여 학업역량, 전공적합성, 인성 등을 평가한다. 대입전형 간소화의 일환으로 추천서를 폐지하는 쪽으로 정책이 변하고 있는 과정에서 행동특성 및 종합의견은 교사 추천서로서의 성격을 갖고 있으며, 지원자의 특성 파악에 용이한 자료를 제공한다는 측면에서 추천서보다 더 중요한 항목이며, 특히 추천서를 받지 않는 대학에서는 아주 중요하게 여기는 항목이라고 할 수 있다. 따라서 평소 담임 선생님과 많은 대화를 하며 자신의 생각과 노력 등을 말씀드리고 조언을 얻는 것도 좋은 방법이다. 대학에서는 서류 평가 시스템을 통해 중복 확인이 가능하므로 같은 학교 다른 학생의 기재 내용과 중복되는 내용이 많다거나 형식적이고 일반적인 칭찬과 내용이 다수를 차지하면 좋은 평가를 받을 수 없다. 담임교사에게 그 학생은 크게 중요한 학생이 아니었다고 평가될 수 있기 때문이다. 학교생활기록부의 다른 항목에는 기록할 수 없는 학생의 특징과 장점 등을 이 항목에 기록할 수 있으므로 이러한 부분도 부각하여 기록하는 것도 좋은 방법이다. 평가자들은 행동특성 및 종합의견에서 선생님이 주로 사용하는 용어와 단어, 진정성, 전체적인 맥락, 개별적인 정성 등을 중요하게 보고 평가한다. 이 항목은 학교생활기록부를 전체적으로 요약하는 것이 아니라 최종적으로 평가하는 항목이다. 그래서 어떻게 보면 담임 선생님의 '평가권한'이 가장 잘 발휘되는 곳이라고 할 수 있다. 따라서 구체적 사례(근거)의 활용 없이 '성실한, 우수한, 탁월한' 등의 추상적인 표현으로만 기재된 경우에는 신뢰도가 떨어진다.

예시

• 학습경험 소통지 •

구분	날짜	활동 내용
학업능력	2020.04.08	교내에서 진행된 역사관련 다양한 활동에 적극적으로 참여하는 모습을 보임. 특히, 학교축제 때 지역 역사 골든벨 행사에 사용되는 지역 역사에 관련된 잘 알려지지 않은 내용을 직접 찾아 문제로 만들어 행사가 잘 운영될 수 있도록 노력하는 모습을 보임. 학교축제 이후 지역 역사에 대해 더 알릴 방법을 찾던 중 '지역 역사 알리미'라는 앱을 개발하여 보급하기도 함.

• 교내활동 소통지 •

구분	날짜	활동 내용
리더십	2020.03.02 - 2020.08.20	1학기 학급반장으로 담임교사를 도와 급우들이 학업에 전념할 수 있도록 면학 분위기를 조성하고 학급 청소 당번을 자율적으로 구성하여 청결한 환경을 유지할 수 있도록 함은 물론이고 교내 체육대회 당시 출전 선수들을 격려하기 위하여 조직적으로 응원을 펼치는 등 리더로서의 책임감 있는 자세를 보임.

• 인성실천 소통지 •

구분	날짜	활동 내용
나눔과 배려	2020.05.08	주말을 이용하여 편의점을 운영하는 부모님께 잠시 휴식을 취할 수 있도록 일을 도와드리는 등 효행심이 지극하여 가정의 달을 맞이하여 효행이 뛰어난 학생으로 선정됨.
	2020.06.08	자율학습 도중 친구가 코피를 흘리자 재빨리 지혈을 한 후, 보건실로 데리고 가서 쉴 수 있도록 함.
소통능력	2020.09.02	학급회의 시간에 자신의 의견에 반대하는 의견을 제시하는 친구의 주장을 끝까지 듣고, 자신의 의견을 예시를 들어가며 반대하는 친구들이 이해할 수 있도록 쉽게 설명함.
협업능력	2020.10.21	수학이 부족한 친구에게 점심시간마다 질문을 받고 답변을 해 주는 멘토 활동을 함.
도덕성	2020.03.02 – 2021.12.31	단 한 번도 복장이나 두발 등 학교의 정해진 규칙을 위반하여 벌점을 받은 일이 없을 정도로 성실하게 생활함.
성실성	2020.03.02 – 2020.12.31	학급에서 1년 동안 칠판 지우는 역할을 맡아 매 시간 칠판지우개를 깨끗이 털어 수업에 지장이 없도록 최선을 다함.

나를 브랜딩하라!

구분	날짜	활동 내용

구분	날짜	활동 내용
나눔과 배려		
소통능력		
협업능력		
도덕성		
성실성		

행동특성 및 종합의견

행동특성 및 종합의견

행동특성 및 종합의견

학생부 브랜딩 1

※ 다음 예시를 참고하여 학생부 브랜딩 연습을 해 보세요.

예시	학업역량 역사 관련 동아리에서 회장으로 활동하면서 중국의 동북공정에 담긴 전략에 대한 연구 과제를 설정하여 이를 탐구보고서로 제작하여 교내 탐구 보고서 발표 활동에서 우수한 성적을 거두었고 일반 학생들도 동북공정의 의미를 알기 쉽게 이해할 수 있도록 UCC를 제작하여 교내 방송을 통하여 소개함. 주 단위, 월 단위, 학기 단위의 학습량을 미리 계획한 후 이에 따라 하루도 빠짐없이 정해진 양만큼의 문제를 풀고, 오답 노트를 만들어 틀린 문제를 분석하고, 주 1회 이상 모의고사 기출문제를 풀면서 수능에 대비한 실전 감각을 익힘. 먼저 개념서를 통해 기본 개념을 다지고 기본 문제 풀이, 심화 응용문제 풀이의 순서로 체계적인 학습 방법을 사용하여 전국 단위 각종 시험에서 뛰어난 학업 성취를 보여줌.
나만의 정리	

학생부 브랜딩 2

※ 다음 예시를 참고하여 학생부 브랜딩 연습을 해 보세요.

예시	전공적합성 예의가 바르며 자신이 맡은 일에 최선을 다하려는 자세를 가진 학생임. 평소 쉬는 시간과 점심시간에 학교 도서관에 들러 책을 많이 빌리거나 읽으면서 지식과 사고력의 폭을 넓히기 위해 노력함. 교내 도서관에서 실시한 9월 독서의 달 행사 내용 중 도서관에 정리되지 않은 책들을 정리하여 도서부원에게 확인을 받는 '책 정리 미션'과 책 제목을 맞히는 '책 제목을 맞혀라!'에 적극적으로 참여함. '한국의 CSI'를 읽고 대한민국 최고의 과학 수사원을 꿈꾸는 학생으로 과학자 초청 강연회를 비롯한 과학 관련 분야의 행사에 열심히 참여하였으며 특히 실험탐구 방과후학교에서 스스로 실험 주제를 정하고 탐구하는 활동함.
나만의 정리	

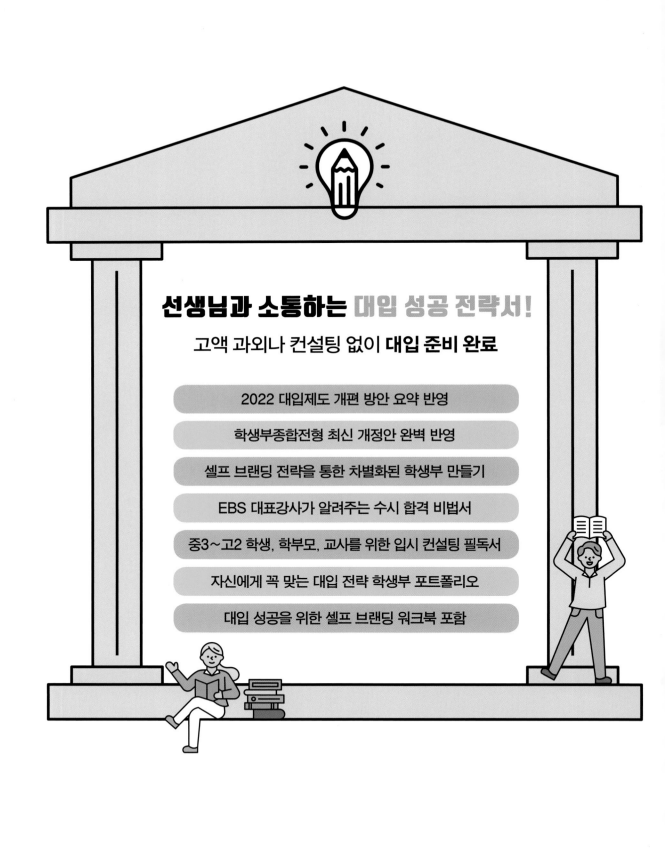

NEXUS Edu

구사일생

구문독해로 4주 안에 1등급 만드는 생존 필살기

구사일생 BASIC

- 예비고~고2를 위한 기초 구문독해 대비서
- 독해 필수 어휘를 미리 정리하는 Voca Check
- 전국 모의고사 기출 문장을 토대로 한 핵심 구문 Key Sentence
- 기출 문제로 학습 내용을 확인하는 Point & Chapter Review
- 바로바로 정답이 보이는 직독직해 훈련 코너 제공
- 한눈에 파악되는 문장구조 분석을 통한 상세한 해설 수록

| 구사일생 구문독해 BASIC | BOOK 1 | 김상근 지음 | 205×265 | 248쪽(정답 및 해설 포함) | 14,000원 |
| | BOOK 2 | 김상근 지음 | 205×265 | 268쪽(정답 및 해설 포함) | 14,000원 |

핵심구문 204개로 직독직해 완전정복!

구문독해 204

★★★★★
강남인강
선정 교재
★★★★★

- 독해와 어법을 한번에 끝내는 효과적인 학습서
- 핵심 구문 204개로 막힘 없이 직독직해 완성
- 2000개의 문제를 통한 핵심 구문 반복학습 효과
- 혼동하기 쉬운 구문의 비교 학습을 통한 이해력 향상
- 실제 시험 유형의 장문 어법 문제 수록

| 구문독해 204 | BOOK 1 | 김상근 지음 | 205×265 | 320쪽(정답 및 해설 포함) | 15,000원 |
| | BOOK 2 | 김상근 지음 | 205×265 | 340쪽(정답 및 해설 포함) | 15,000원 |

단기완성 영문법 특강

한눈에 정리되는 이미지 영문법
그래머 캡처

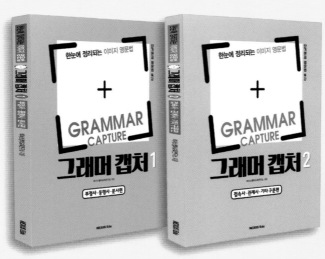

내신 + 수능
대비

+ 중·고등학교 내신 및 수능 필수 영문법 제공

+ 필수 문법 포인트를 한눈에 캡처하기 쉽게 시각화

+ 내신 서술형 문제 및 수능 어법 문제로 「내신 + 수능」을 한번에!

+ 최신 기출 변형 문제 풀이를 통한 내신 + 수능 완벽 대비

+ 문법/어법/독해/쓰기의 기본기를 다지는 서술형 대비 워크북 제공

추가 제공 자료(www.nexusbook.com)

| 어휘 리스트 & 테스트지 | 통문장 영작 테스트지 | 통문장 해석 테스트지 | 동사·비교급 변화표 & 테스트지 | 문법 용어집 | 모바일단어장 문법 포인트 갤러리 |

그래머 캡처
GRAMMAR CAPTURE

부정사/동명사/분사편 | 넥서스영어교육연구소 지음 | 205×265 | 120쪽(정답 및 해설 포함) | 9,000원

접속사/관계사/기타 구문편 | 넥서스영어교육연구소 지음 | 205×265 | 120쪽(정답 및 해설 포함) | 9,000원